안드로이드 모의해킹 입문

실습을 통한 취약점 진단

안드로이드 모의해킹 입문

실습을 통한 취약점 진단

저자 소개

박도현

현재 정보보안 컨설턴트로 활동하며, 다양한 기업과 개인을 대상으로 보안 컨설팅을 제공하고 있다. 지난 5년 간의 근무 경험을 통해 모바일 앱 취약점 진단과 보안 강화에 필요한 실무 지식을 쌓아왔다.

정보보안 분야에 처음 발을 들인 이들이 겪는 어려움을 직접 경험하고, 같은 고민을 나누기 위해 지식을 글로 정리하고 있다.

Blog: 땅콩킹땅콩(https://blog.peanutz.site)

들어가며

머리말

수많은 사람이 다양한 앱을 통해 일상생활에서 필요한 서비스와 기능을 사용하고 있다. 소셜 네트워킹, 엔터테인먼트, 금융, 건강, 교육 등 다양한 영역에 간편하게 접근할 수 있다. 그러나 편리성과 재미는 동시에 보안과 관련된 걱정을 불러올 수 있다. 2023년 1월 기준 안드로이드의 모바일 운영체제 시장 점유율은 70% 이상을 차지한다. 시장에서의 높은 점유율로 안드로이드 사용자들이 공격자들의 주요 공격 대상이 되고 있어 안드로이드 앱은 보안, 개인 정보 보호 측면에서 많은 논의가 이루어지고 있다. 앱의 취약점을 발견하고 보안 대책을 적용하는 것은 안드로이드 사용자들을 대상으로 한 공격자들의 공격 위험을 줄이고, 보안 및 개인 정보 보호 문제를 해결하기 위한 자연스러운 수단이 되고 있다.

앱 개발자는 사용자들에게 유용한 기능을 제공하면서도 취약점 진단과 보안에 대한 노력을 동시에 해야 한다. 앱을 개발하면서 보안 취약점을 최소화하고, 사용자들의 개인 정보를 안전하게 보호하기 위한 조치를 취해야 한다. 이러한 보안 대책은 앱 개발자들과 보안 전문가들에 의해 이루어진다. 이들은 앱 소스코드에 시큐어 코딩을 적용하고, 적절한 인증 및 암호화 기술을 사용함으로써 보안을 강화한다. 또한, 다양한 취약점 스캐닝 도구를 활용하여 보안 위협을 지속적으로 검토하고 대응한다. 하지만 진단을 위한 기초 지식이 없는 상태에서 단순한 체크리스트 기반 점검만으로는 어떠한 분석도 자신 있게 수행할 수 없다. 이 책에서는 정형화된 체크리스트 진단 항목을 기반으로 유래된 기초 지식부터 발생할 수 있는 위협까지 다루며, 실습을 통한 실제 진단도 수행한다. 이로써 안드로이드 앱에 대한 보안 향상 및 악용 사례 최소화를 위한 기반을 제공한다.

보안 전문가는 취약점 진단을 통해 앱 사용자에게 신뢰를 줄 뿐만 아니라, 개인 정보를 안전하게 제공할 수 있다. 사용자는 안전한 환경에서 더 많은 기능과 서비스를 경험하며 이는 결국 앱이 사용자의 만족도를 높이고, 긍정적인 평가를 받는 데 도움이 된다.

사용자에게 재미나 필요한 기능을 제공하려는 개발자의 목적과, 보호된 환경을 제공하려는 보안 전문가의 관점이 한 방향을 바라볼 때 궁극적으로 안전한 환경을 만들어 나갈 수 있다.

책 소개

이 책은 모바일 모의해킹에 입문하고자 하는 초보자를 위한 가이드이다. 안드로이드 운영체제와 보안 생태계를 이해하고, 정적 분석과 동적 분석을 통해 앱의 취약점을 찾는 방법부터 심화된 프리다^{Frida} 도구를 활용하여 앱의 런타임 모니터링과 수정까지 다룬다. 어셈블리어와 리버싱 기초 지식을 가진 이에게 새로운 모바일 취약점 발굴의 기회를 제공한다.

안드로이드 취약점 진단을 위해서는 정적 분석과 동적 분석 기술이 필요하다. 정적 분석은 앱의 소스코드나 바이너리를 분석하여 취약점을 찾아내는 과정이다. 정적 분석을 위해 디컴파일, 리버싱 등의 기술을 사용할 수 있다. 동적 분석은 직접 앱을 실행시키면서 안드로이드 운영체제의 동작 원리와 앱의 구조를 이해하고, 후킹^{hooking} 등의 기술을 활용하여 모니터링, 변조, 중간자 공격 등을 수행하는 과정이다.

안드로이드 운영체제에서 발견되는 취약점들은 계속해서 패치되고 기술 또한 발전하고 있다. 새로운 안드로이드 버전에서 발생할 수 있는 취약점이 존재하며, 이를 발견하고 안전하게 만들기 위한 과정은 끊임없이 반복되어야 한다. 독자들은 최신 안드로이드 운영체제 및 모의해킹 도구에 대한 업데이트를 탐구하고 지식을 유지할 필요가 있다.

보안은 점점 중요한 시장이 되고 있으며 많은 기업은 소비자 접근성, 홍보 채널 등을 이유로 모바일 시장에 투자하고 있다. 안드로이드는 세계적으로 많이 사용되는 플랫폼이며 안드로이드 모의해킹에 대한 수요는 끊임없이 증가하고 있다. 앱의 보안 취약점은 새로운 기능의 업데이트와 함께 지속적으로 발견되어야 한다. 모바일 보안 전문가, 개발자, 보안 컨설턴트 등의 전문적인 서비스를 통해 안드로이드 앱의 보안 취약점을 발견하고 대응하려는 수요를 충족시킬 수 있다.

이 책의 특징

- 악성 앱 분석이 아닌 상용 앱과 유사한 앱을 개발하거나 준비된 코드를 이용하여 현실에서 발생할 수 있는 취약점을 연구할 수 있다.
    - 간단한 기능을 개발하거나 예제 코드를 살펴보면서 개발자가 취약하게 개발할 수 있는 부분을 직접 실습한다.
- 단순 진단 도구 활용을 넘어 코드 레벨에서 직접 스크립트 작성 실습을 통해 다양한 응용 프로그램 인터페이스(Application Programming Interface, API)를 실행하고 후킹하여 분석한다.
- 안드로이드 14 이상 최신 API를 바탕으로 한 실습을 제공한다.
    - 예를 들어 안드로이드 단말기 내 저장되는 데이터의 경우 저장 위치가 버전별로 다르다. 구글에서 안내하고 있는 방법을 포함하여 해당 취약점을 안전하게 조치하는 방법을 제시한다.
- 2024년 컨설팅 현업에 적용 중인 취약점 진단 항목을 진단할 수 있다.
    - 기술의 발전에 따른 새로운 취약점을 포함한다.
- 클라우드 환경에서 발생할 수 있는 취약점에 대한 진단도 실시하며 기존 진단 항목에 어떻게 접목할 수 있는지 소개한다. 모바일 앱 개발은 제로베이스부터 완성까지 쌓아 올리는 것이 아닌 여러 API를 조합해서 개발하고자

하는 아이디어를 완성하는 과정이다. 분석 방법을 학습하는 과정에서 어떻게 인증 과정을 견고하게 할지, 비밀 정보를 단말기 내에 안전하게 보관하는 일이 왜 중요한지 이해할 수 있다. 클라우드 인증 API 키 노출, 불충분한 OAuth 인증 등 단순히 앱 내에서만 발생하는 취약점이 아닌 다른 외부 기술과 접목했을 때 발생할 수 있는 취약점도 함께 설명한다. 또한 취약점 분석 및 진단 과정에서 자동화할 수 있는 작업의 경우 스크립트를 작성하여 시간을 단축할 수 있는 방법도 소개한다.

준비 사항

실습 위주로 구성되어 있어 실습 환경의 준비가 필요하다. 이 책에서 사용한 실습 환경은 다음과 같다. 다른 운영체제 및 호환 가능한 범위를 최대한 반영하였으며 호환이 불가능한 특수한 경우에는 내용 중 별도로 표기한다.

	Windows	OSX
PC 사양	OS: Windows 10 CPU: i7-8700 RAM: 16GB	OS: Ventura 맥북에어 M2
개발 도구, 가상 머신	Android Studio, 안드로이드 에뮬레이터(Android Virtual Device, AVD)	
파이썬	Python 3.7 이상	
코드 편집기	VS Code, Sublime Text, Notepad++ 등	
프록시 도구	Burp Suite, Fiddler	
SSH Client	Putty, mobaXterm	xTerm2
디컴파일러	Jadx, APK Studio, jeb3	Jadx, jeb3

안드로이드 가상 머신 구동을 위한 최소 사양이 필요하다. 또는 루팅rooting된 안드로이드 단말을 구비하여 실습에 사용할 수 있다. 루팅은 안드로이드에서 최고 권한을 얻는 것이며 기기 보증 제한 등의 단점이 따르므로 진단용 단말을 별도로

마련하는 것을 권장한다.

이 책에서는 다양한 실습 코드 또는 실습 앱을 사용한다. 다만, 이 책은 앱 개발에 관한 내용이 아닌 취약점 진단에 중점을 두고 있으므로 앱의 전체 코드를 상세히 다루지는 않는다. 취약점 진단 실습을 위해서 안드로이드 취약점 실습 앱$^{Damn\ Insecure\ and\ Vulnerable\ App,\ DIVA}$을 사용한다. 실습을 위해 DIVA 앱을 사전에 다운로드하여 준비한다. DIVA 깃허브 페이지(https://github.com/payatu/diva-android)에서 소스코드를 내려받아 컴파일해도 되며, APK 파일로 제공되는 깃허브 페이지(https://github.com/0xArab/diva-APK-file)에서 APK 파일만 내려받아 분석할 수 있다. 다음 QR 코드를 통해서도 다운로드가 가능하다.

DIVA 앱 다운로드

질문

독자들의 질문은 언제나 환영한다. 책과 관련해서 질문이 있는 독자는 필자의 블로그(https://gomguk.tistory.com/)에서 소통할 수 있다.

차례

저자 소개 4
들어가며 5
   머리말 5
   책 소개 6
   이 책의 특징 7
   준비 사항 8
   질문 9

Part 01 안드로이드 운영체제 이해

Chapter 01 객체지향 언어와 안드로이드   19

1.1 객체지향 프로그램의 특징 19
   1.1.1 클래스와 객체 19
   1.1.2 캡슐화와 정보 은닉 19
   1.1.3 상속 20
1.2 자바와 코틀린 20

Chapter 02 안드로이드 앱 보안 기초 지식   23

2.1 안드로이드 아키텍처 설계 23
   2.1.1 안드로이드 앱 설계 패턴 23
   2.1.2 안드로이드 앱 설계 원칙 28

2.2 정보보안 기본 원칙 - 기본에 충실하기 31
   2.2.1 정보보안 기본 원칙 31
   2.2.2 접근 제어 보안 원칙 33
2.3 위협 모델링 34
2.4 안드로이드 운영체제 구조 35
   2.4.1 사용자부터 운영체제까지 35
   2.4.2 안드로이드 운영체제 구조 37
   2.4.3 안드로이드 운영체제 주요 기술 41

Part 02 안드로이드 정적 분석

Chapter 03 분석 준비 49

3.1 컴파일과 디컴파일 49
   3.1.1 컴파일 50
   3.1.2 디컴파일 51
3.2 빌드 및 패키징 51
3.3 APK 54
   3.3.1 개념 54
   3.3.2 APK 분석하기(압축 해제) 56
   3.3.3 APK 분석하기(디컴파일) 57
   3.3.4 smali 코드 62
   3.3.5 네이티브 코드 64
   3.3.6 AndroidManifest.xml 65

Chapter 04 취약점 진단하기 77

4.1 NDK 취약 함수 사용 78

        4.1.1 개요 78
        4.1.2 진단 방법 81
        4.1.3 보안 대책 82
    4.2 DexClassLoader 84
        4.2.1 개요 84
        4.2.2 진단 방법 86
        4.2.3 보안 대책 86
    4.3 하드코딩된 중요 정보 87
        4.3.1 개요 87
        4.3.2 진단 방법 91
        4.3.3 보안 대책 107

Chapter 05 정적 분석 정리 및 한계   109

Part 03 안드로이드 동적 분석

Chapter 06 분석 준비   115

    6.1 정적 분석과 동적 분석 115
        6.1.1 정적 분석 115
        6.1.2 동적 분석 115
    6.2 동적 분석 준비 117
        6.2.1 동적 분석 환경 준비 118
        6.2.2 안드로이드 디버그 브리지 119
        6.2.3 안드로이드 앱 번들 설치 121

Chapter 07 단말 취약점 진단 123

7.1 단말기 내 중요 정보 저장 ... 123
7.1.1 개요 ... 123
7.1.2 진단 방법 ... 124
7.1.3 보안 대책 ... 138

7.2 디버그 로그 내 중요 정보 노출 ... 141
7.2.1 개요 ... 141
7.2.2 진단 방법 ... 144
7.2.3 보안 대책 ... 148

7.3 백그라운드 화면 보호 ... 148
7.3.1 개요 ... 148
7.3.2 진단 방법 ... 150
7.3.3 보안 대책 ... 152

7.4 액티비티 강제 실행 ... 153
7.4.1 개요 ... 153
7.4.2 진단 방법 ... 157
7.4.3 보안 대책 ... 158

7.5 코드 패치와 앱 무결성 검증 ... 160
7.5.1 개요 ... 160
7.5.2 진단 방법 ... 179
7.5.3 실습하기 – 앱 코드 패치 ... 181
7.5.4 보안 대책 ... 189

7.6 메모리 내 중요 정보 평문 노출 ... 192
7.6.1 개요 ... 192
7.6.2 진단 방법 ... 196
7.6.3 보안 대책 ... 198

7.7. 클립보드 내 중요 정보 저장 ... 200

7.7.1 개요 200
7.7.2 진단 방법 202
7.7.3 보안 대책 203

Chapter 08 인텐트 취약점 진단 205

8.1 개요 205
    8.1.1 매니페스트 파일 209
    8.1.2 엑스트라 209
    8.1.3 자원 식별자 211
8.2 브로드캐스트 리시버 213
    8.2.1 개요 213
    8.2.2 진단 방법 220
    8.2.3 보안 대책 222
8.3 컨텐트 프로바이더 223
    8.3.1 개요 223
    8.3.2 진단 방법 224
    8.3.3 보안 대책 227
8.4 딥링크 228
    8.4.1 개요 228
    8.4.2 진단 방법 237
    8.4.3 실습하기 – MBTI 앱 238
    8.4.4 보안 대책 245

Chapter 09 통신 구간 취약점 진단 249

9.1 HTTP 패킷 스니핑 & 변조 249
    9.1.1 개요 249
    9.1.2 진단 방법 251
    9.1.3 보안 대책 265

9.2 TCP 패킷 스니핑 & 변조 ·· 267
   9.2.1 개요 ·· 267
   9.2.2 진단 방법 ··· 267
   9.2.3 보안 대책 ·· 281

Part 04 후킹과 프리다

Chapter 10 후킹   285

10.1 프로시저 링크 테이블 및 전역 참조 테이블을 이용한 후킹 ·········· 288
10.2 디버깅 함수를 이용한 후킹 ·· 290

Chapter 11 프리다   292

11.1 프리다 개요 및 설치 ··· 292
   11.1.1 프리다 개요 ·· 292
   11.1.2 진단 PC에 프리다 설치 ····································· 293
   11.1.3 단말에 프리다 서버 설치 ··································· 295
   11.1.4 프리다 통신 확인 ··· 298
11.2 프리다 주요 기능 ·· 300
   11.2.1 프리다를 이용한 후킹 실습 1 ······························ 300
   11.2.2 프리다 스크립트 실행 방식 ································· 304
11.3 프리다 - 파이썬 바인딩 ··· 307
11.4 프리다를 이용한 후킹 실습 2 ······································· 310
11.5 함수 호출 인자 변경 ·· 313
11.6 프리다 스크립트 생성 ·· 315
11.7 프리다 후킹 스크립트 예제 ··· 317
   11.7.1 클래스, 메서드 목록 나열 ··································· 318

11.7.2	네이티브 함수 후킹	318
11.7.3	바이트코드를 문자열로 변환	320
11.7.4	호출 스택 확인	320

11.8 프리덤프 ... 321

11.9 프리다 트레이스 ... 324

11.10 프리다와 동적 분석 ... 326

Chapter 12 루팅 탐지 로직과 우회 기법 328

12.1 su 파일 및 시스템 경로 접근 확인 ... 328

12.2 루팅 시 설치되는 바이너리 존재 여부 확인 ... 330

12.3 프리다 탐지 로직 ... 332
    12.3.1 프리다 서버 파일 존재 여부 확인 ... 332
    12.3.2 프리다 프로세스 실행 여부 확인 ... 334

12.4 추가 실습 앱 소개 ... 336
    12.4.1 루트 비어 ... 336
    12.4.2 안디터 ... 340

12.5 추가 루팅 탐지 우회 기법 ... 343
    12.5.1 루팅 탐지 로직으로 분기하지 않도록 코드 패치 ... 343
    12.5.2 설정된 루팅 탐지 로직을 직접 우회 ... 343
    12.5.3 루팅 탐지 로직을 포함하는 함수의 반환값 후킹 ... 343
    12.5.4 루팅 탐지 우회 솔루션 사용 ... 344

마치며 ... 348
    진단 프레임워크 소개 ... 348

맺는말 ... 350
    보안 취약점 진단 컨설팅을 시작하는 분들께 ... 350
    취약점에서 위협으로 ... 351
    라이선스 ... 352

PART 01

안드로이드 운영체제 이해

Part 01에서는 안드로이드 플랫폼의 구조와 동작 원리부터 시작하여 앱의 런타임 분석이나 취약점 분석을 위한 다양한 배경지식을 설명한다.

CHAPTER 01 객체지향 언어와 안드로이드

안드로이드는 자바 기반의 플랫폼에서 동작한다. 자바는 객체지향 언어로 객체와 클래스를 중심으로 설계되었다. 자바의 객체지향적 특성은 안드로이드 애플리케이션 개발에도 중요한 역할을 하며 객체지향 프로그래밍의 원리가 안드로이드 개발에 많은 영향을 끼친다. 다음은 객체지향 프로그램의 특징이다.

1.1 객체지향 프로그램의 특징

1.1.1 클래스와 객체

자바는 클래스와 객체를 이용해서 프로그램을 구성한다. 클래스는 객체를 생성하기 위한 템플릿이며 객체는 클래스의 인스턴스이다. 안드로이드에서는 액티비티, 서비스, 프래그먼트 등의 클래스를 사용하여 애플리케이션의 다양한 컴포넌트를 구현한다.

1.1.2 캡슐화와 정보 은닉

캡슐화는 일반적으로 변수와 클래스를 하나로 묶는 작업이다. 캡슐화의 주요 목적은 중요한 데이터를 보존 및 보호하는 데 있다. 정보 은닉은 클래스 내부의 세부 구현을 외부로부터 감추는 것을 의미한다. 안드로이드 앱에서는 이를 통해 모듈성과 보안성을 높일 수 있다.

1.1.3 상속

속성과 함수 같은 상위 클래스의 멤버를 하위 클래스가 자신의 멤버처럼 사용할 수 있는 기능이다. 자바에서는 상속을 통해 클래스 간의 계층 구조를 구성할 수 있다. 상속을 통해 상위 클래스의 속성과 함수를 하위 클래스가 상속받을 수 있으며 이를 통해 코드의 재사용성을 높일 수 있다. 안드로이드에서는 여러 컴포넌트가 상속을 통해 공통된 기능을 사용하고, 확장하여 개별적인 동작을 구현한다.

1.2 자바와 코틀린

코틀린은 젯브레인JetBrains에서 만든 프로그래밍 언어로 2016년 1.0 버전 출시 이후 2017년 5월에 안드로이드의 공식 개발 언어로 채택되었다. 자바와 마찬가지로 안드로이드 소프트웨어 개발 도구Software Development Kit, SDK와 API에 접근하여 안드로이드 앱을 개발하는 데 사용된다. 개발 도구와 프레임워크에서 자바와 코틀린 모두 지원하고 있으므로 개발자는 언어를 선택하여 개발할 수 있다.

코틀린은 간결하고 표현력이 뛰어난 문법을 가지고 있으며, 개발자가 코드를 읽기 쉽고 유지보수하기 쉽게 작성할 수 있도록 돕는다. 널 안전성null safety, 데이터 클래스, 확장 함수, 람다 식 등의 기능을 제공하여 간결한 코드 작성을 통한 개발 생산성을 향상시킨다. 다음은 두 가지 언어로 작성한 안드로이드 앱 예제 코드이다. [코드 1-1]과 [코드 1-2]의 예제는 모두 버튼을 클릭했을 때 'Hello World!' 토스트 메시지toast message를 보여주는 코드이다. 전부 이해할 필요는 없지만 자바로 작성된 코드와 코틀린으로 작성된 코드의 특징을 구분해볼 수 있다.

코드 1-1 자바로 작성한 안드로이드 앱 Hello World 예제

```java
import android.os.Bundle;
import android.view.View;
import android.widget.Button;
import android.widget.Toast;

public class MainActivity extends AppCompatActivity {
    private Button button;

    @Override
    protected void onCreate(Bundle savedInstanceState) {
        super.onCreate(savedInstanceState);
        setContentView(R.layout.activity_main);

        button = findViewById(R.id.button);
        button.setOnClickListener(new View.OnClickListener() {
            @Override
            public void onClick(View v) {
                Toast.makeText(MainActivity.this, "Hello World!", Toast.LENGTH_SHORT).show();
            }
        });
    }
}
```

자바로 작성된 예제는 MainActivity 클래스에서 onClickListener를 구현한다. findViewById를 이용해서 버튼을 찾고 onClick 함수를 이용하여 클릭 시 수행할 동작을 정의한다. 버튼 클릭 시 토스트 메시지를 보여준다.

코드 1-2 코틀린으로 작성한 안드로이드 앱 Hello World 예제

```kotlin
import android.os.Bundle
import android.widget.Button
```

```
import android.widget.Toast
import androidx.appcompat.app.AppCompatActivity

class MainActivity : AppCompatActivity() {
    private lateinit var button: Button

    override fun onCreate(savedInstanceState: Bundle?) {
        super.onCreate(savedInstanceState)
        setContentView(R.layout.activity_main)

        button = findViewById(R.id.button)
        button.setOnClickListener {
            Toast.makeText(this@MainActivity, "Hello World!", Toast.LENGTH_SHORT).show()
        }
    }
}
```

코틀린의 경우 함수형 프로그래밍을 표방하고 있다. 자바의 객체지향 프로그래밍은 선언된 클래스 내에서만 함수를 선언하고 로직을 수행하지만, 함수형 프로그래밍은 선언된 위치에 제한 없이 작성할 수 있다. 그러나 코틀린으로 안드로이드 앱을 개발할 때는 자바와 동일하게 클래스 객체를 선언한 다음 클래스 내에서 로직을 작성해야 한다.

코틀린으로 작성된 예제는 람다 표현식을 이용하여 OnClickListener를 구현한다. 또한 lateinit을 사용하여 나중에 초기화되는 변수를 선언한다. 람다 표현식과 확장 함수 등의 편리한 기능을 제공하므로 코드가 간결하고 가독성이 높아진다. 코틀린은 자바와 상호 운용이 가능하여 기존의 자바 코드와도 쉽게 통합될 수 있다.

CHAPTER 02 안드로이드 앱 보안 기초 지식

잘 설계된 아키텍처를 구성하는 것은 안드로이드 앱에서 보안을 강화하는 중요한 요소이다. 세계 여러 곳에서 보안 사고가 지금도 발생하고 있고, 데이터 유출이나 가용성 침해 등 피해 범위도 더 넓어지고 있다. 안드로이드 앱의 아키텍처 설계 패턴과 개발 원칙을 알아보고 발생할 수 있는 취약점에 대해 알아본다.

2.1 안드로이드 아키텍처 설계

2.1.1 안드로이드 앱 설계 패턴

소프트웨어 개발 방법에서 사용되는 디자인 패턴은 개발 중인 코드에 알고리즘을 적용하기 위해 꾸준히 발전되어 왔다. 개발 과정에서 발견된 설계의 문제를 해결하면서, 이후에 **재이용하기 좋은 형태로 규약을 붙여서 정리**한 것이다. 안드로이드 앱 개발에서 사용하는 주요 아키텍처 패턴은 MVC$^{Model-View-Controller}$, MVP$^{Model-View-Presenter}$, MVVM$^{Model-View-ViewModel}$이다. 각각의 아키텍처 패턴은 코드의 구조와 역할 분담을 조직화하여 앱의 유지보수성, 확장성, 테스트 용이성을 향상시킨다.

- MVC

안드로이드 앱 개발에서 가장 많이 사용하는 MVC 패턴은 산재된 코드를 역할에 따라 나누기 위해 만들어졌다.

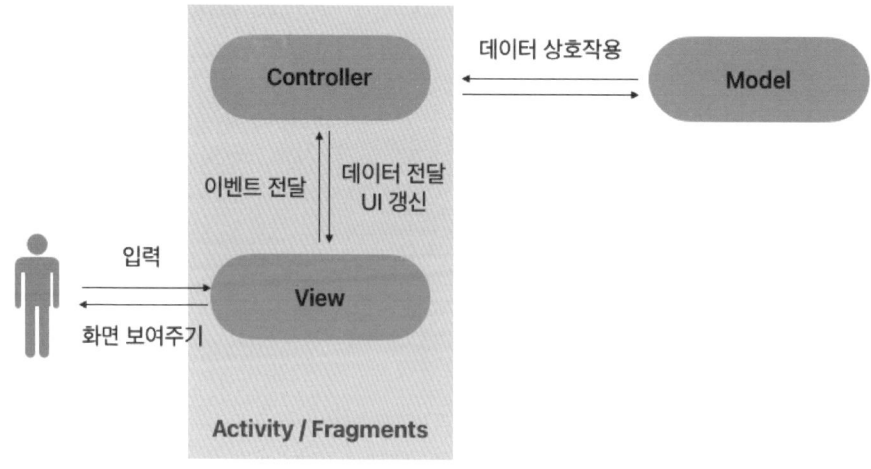

그림 2-1 MVC 디자인 패턴 다이어그램

① **모델**: 앱의 데이터와 비즈니스 로직을 담당한다. 데이터베이스, 네트워크 요청, 파일 입출력 등의 작업을 처리하며 데이터의 상태 변화에 따라 알림을 전달한다.
② **뷰**: 사용자에게 데이터를 시각적으로 제공한다. 액티비티, 프래그먼트, XML 레이아웃 파일 등을 포함한다. UI 요소를 관리하고 모델의 데이터를 표시하거나 사용자의 입력을 받아 모델에게 전달한다.
③ **컨트롤러**: 모델과 뷰 사이에서 데이터 흐름을 관리하고, 사용자의 액션에 따라 적절한 작업을 수행한다. 뷰에서 받은 사용자 입력을 처리하고 모델과 뷰를 조정하여 앱의 동작을 제어한다.

안드로이드에서는 액티비티와 프래그먼트가 뷰와 컨트롤러의 역할을 동시에 수행한다. 코틀린으로 작성한 Hello World 예제를 통해 MVC 패턴을 살펴보자.

코드 2-1 코틀린 MVC 코드 예제

```kotlin
// Model (모델)
class GreetingModel {
    fun getGreetingMessage(): String {
        return "Hello World!"
    }
}
// View (뷰)
class MainActivity : AppCompatActivity() {
    private lateinit var button: Button
    private lateinit var greetingModel: GreetingModel
    override fun onCreate(savedInstanceState: Bundle?) {
        super.onCreate(savedInstanceState)
        setContentView(R.layout.activity_main)
        greetingModel = GreetingModel()
        button = findViewById(R.id.button)
        button.setOnClickListener {
            val greetingMessage = greetingModel.getGreetingMessage()
            Toast.makeText(this@MainActivity, greetingMessage, Toast.LENGTH_SHORT).show()
        }
    }
}
```

제시한 코드에서 GreetingModel은 데이터와 비즈니스 로직을 담당하는 모델이다. getGreetingMessage 함수를 통해 Hello World! 메시지를 반환한다.

MainActivity라는 액티비티에 뷰와 컨트롤러가 포함되어 있다. onCreate 함수에서 버튼 클릭 이벤트를 처리하고, 클릭 시 GreetingModel에서 메시지를 가져와 토스트 메시지로 표시한다.

모델은 데이터와 로직을 캡슐화하고 뷰는 사용자 인터페이스를 관리하며 컨트롤러는 모델과 뷰를 연결하여 데이터 흐름을 조정한다. MVC 패턴은 규모가 작은 앱에서 개발 기간을 단축할 수 있다는 장점이 있지만 코드의 양이 증가하거나 시간이 흐를수록 유지보수가 어렵다는 단점이 있다. 컨트롤러가 뷰와 모델에 의존하고 있어 높은 결합도 때문에 유닛 테스트가 어렵다.

■ **MVP**

MVC 패턴의 단점인 높은 결합도를 해결하기 위해 MVP 패턴을 사용한다. 모델과 뷰의 역할은 MVC와 비슷하지만 컨트롤러 대신 프레젠터라는 중간 개념을 도입하여 뷰와 모델을 분리한다.

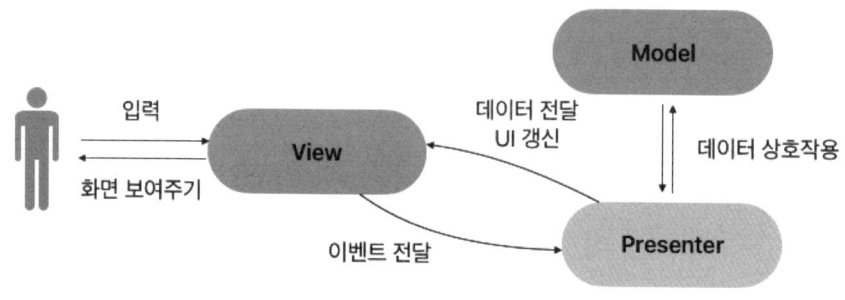

그림 2-2　MVP 디자인 패턴 다이어그램

① **모델**: MVC의 모델과 동일하게 데이터와 비즈니스 로직을 담당한다. 데이터의 상태 변화에 따라 알림을 전달한다.
② **뷰**: 사용자에게 데이터를 시각적으로 표시하고, 사용자 입력을 받는다. MVP 패턴에서는 액티비티의 일부를 뷰로 간주한다.
③ **프레젠터**: 뷰와 모델 사이의 중간 계층으로 두 계층 사이에서 상호작용을 관리한다.

MVP 패턴은 뷰와 모델의 분리와 프레젠터의 인터페이스를 통한 통신 등의 특징을 가지고 있다. 이를 통해 코드의 유연성과 테스트 용이성이 향상된다.

코드 2-2 코틀린 MVP 코드 예제

```kotlin
// Model (모델)
class GreetingModel {
    fun getGreetingMessage(): String {
        return "Hello World!"
    }
}
// View (뷰)
interface GreetingView {
    fun displayMessage(message: String)
}
class MainActivity : AppCompatActivity(), GreetingView {
    private lateinit var button: Button
    private lateinit var presenter: GreetingPresenter
    override fun onCreate(savedInstanceState: Bundle?) {
        super.onCreate(savedInstanceState)
        setContentView(R.layout.activity_main)
        button = findViewById(R.id.button)
        presenter = GreetingPresenter(this)
        button.setOnClickListener {
            presenter.onButtonClicked()
        }
    }
    override fun displayMessage(message: String) {
        Toast.makeText(this@MainActivity, message, Toast.LENGTH_SHORT).show()
    }
}
// Presenter (프레젠터)
class GreetingPresenter(private val view: GreetingView) {
    private val model = GreetingModel()
    fun onButtonClicked() {
        val greetingMessage = model.getGreetingMessage()
        view.displayMessage(greetingMessage)
    }
}
```

MVC 패턴과 다르게 GreetingPresenter는 프레젠터 클래스로, 뷰와 모델 간의 중개 역할을 수행한다. 버튼 클릭 이벤트를 처리하고, 모델로부터 메시지를 가져와 GreetingView의 displayMessage 함수를 호출하여 메시지를 표시한다.

모델과 뷰의 의존성이 없어졌으므로 관련된 코드만 수정하는 것이 간편하다. MVC와 달리 명확하게 컴포넌트가 구분되기 때문에 역할에 따라 분리가 잘 된 코드를 볼 수 있지만, 프레젠터와 뷰가 1:1 관계를 가지고 있어서 프로젝트가 커질수록 프레젠터 또한 비례해서 늘어난다.

이 외에도 MVVM, MVI 패턴 등 이전 패턴에서 발생하는 다양한 문제를 해결하기 위한 새로운 패턴이 제안되고 있다. 패턴의 이름에서 알 수 있듯 모델과 뷰의 구조는 유지되며, 이들과 상호작용하는 주체가 달라진다. 예를 들어 MVVM에서는 뷰모델이 MVI 패턴에서는 인텐트가 상호작용을 맡는다. 이 책은 개발이 아닌 취약점 진단을 목적으로 하기 때문에 모든 패턴을 자세하게 다루지 않는다. 각 아키텍처 패턴에는 장단점이 존재하므로 앱 기능 및 목적에 따라 선택해야 한다.

다양한 설계 아키텍처에 대한 이해는 앱의 내부 동작과 구조에 대한 깊은 통찰을 제공한다. 아키텍처에 대한 이해를 바탕으로 앱의 코드 구조, 데이터의 흐름 및 의존성을 명확히 파악할 수 있다. 예를 들어 뷰와 모델 간의 의존성을 최소화하는 아키텍처는 데이터 누출 방지에 기여하며, 적절히 계층화된 아키텍처는 권한 부여와 접근 제어를 강화하는 데 효과적이다. 대부분의 보안 취약점은 설계가 느슨할 때 나타나기 때문에 견고한 아키텍처 설계는 보안 취약점을 줄이는 데 핵심적인 역할을 한다.

2.1.2 안드로이드 앱 설계 원칙

스마트폰이 사용자와 더욱 밀접하게 연결됨에 따라 소프트웨어와 하드웨어를 통해 공유되는 데이터의 양과 민감도가 증가하고 있어 보안의 중요성이 커지고 있다. 스마트 워치와 같은 웨어러블 기기나 사물인터넷 기기를 주변 사물에 연결하여 동작과 제어가 가능해지면서 광범위한 연결성을 보호할 수 있는 안전한 아키텍처 설계의 필요성이 강조되고 있다.

소프트웨어 설계 원칙으로 많은 개발자가 차용하고 있는 SOLID 원칙에 대해 소개한다. SOLID는 로버트 마틴이 소개한 객체지향 프로그램 다섯 가지 원칙을 앞글자만 따서 명명한 것이다.

- **단일 책임의 원칙** Single Responsibility Principle, SRP

> 어떤 클래스를 변경해야 하는 이유는 오직 하나뿐이어야 한다.
>
> – 로버트 C. 마틴

하나의 클래스는 하나의 책임만 가져야 한다. 클래스가 여러 가지 역할을 수행하면 코드가 복잡하고 이해하기 어려워진다.

예를 들어 사용자 인증과 데이터베이스 접근을 담당하는 클래스가 한곳에 작성되어 있다면 사용자 인증 로직에 관련한 보안 취약점이 데이터베이스 접근에도 영향을 미칠 수 있다.

- **개방 폐쇄의 원칙** Open Close Principle, OCP

> 소프트웨어 엔티티(클래스, 모듈, 함수)는 확장에 대해서는
> 열려 있어야 하지만 변경에 대해서는 닫혀 있어야 한다.
>
> – 로버트 C. 마틴

기존의 코드를 변경하지 않고도 새로운 기능을 추가할 수 있도록 설계되어야 한다. 새로운 요구 사항이나 변경 사항이 발생할 때 기존 코드를 수정하면 다른 부분에도 영향을 미치고 에러가 발생할 수 있다.

예를 들어 인증 방법에 2차 인증 기능을 추가하는 경우, 기존의 코드를 수정해야 한다면 인증 우회 등 새로운 취약점이 발생할 수 있다.

■ 리스코프 치환 원칙 Liscov Substitution Principle, LSP

> 서브 타입은 언제나 자신의 기반 타입으로 교체할 수 있어야 한다.
>
> — 로버트 C. 마틴

인터페이스나 부모 클래스를 사용하는 곳에서 자식 클래스를 사용해도 문제가 발생하지 않아야 한다. 사용 중인 클래스를 자식 클래스로 대체하여도 정상 동작하도록 설계해야 한다.

예를 들어 암호화된 데이터를 저장하는 클래스와 해당 데이터를 복호화하여 사용하는 클래스가 있다고 가정하자. 복호화 클래스가 암호화 클래스와 호환되지 않는다면 암호화 및 복호화 로직이 제대로 동작하지 않을 수 있다.

■ 인터페이스 분리 원칙 Interface Segregation Principle, ISP

> 클라이언트는 자신이 사용하지 않는 메서드에 의존해서는 안 된다.
>
> — 로버트 C. 마틴

각 인터페이스는 단독으로 동작해야 한다는 원칙이다. 앞에서 살펴본 자바로 개발된 안드로이드 인터페이스 중 onClickListener와 같이 다양한 인터페이스들이 존재한다. 사용하지 않는 인터페이스를 구현해서는 안 되고, 하나의 큰 인터페이스를 상속받기보다는 구체적이고 작은 단위로 분리시켜 필요한 인터페이스만 상속해야 한다. 인터페이스가 분리되지 않고 다양한 기능을 가진 인터페이스에 의존한다면 하나의 기능에 문제가 생겼을 때 다른 인터페이스에도 영향을 끼칠 수 있다.

■ 의존 역전 원칙 Dependency Inversion Principle, DIP

> 저차원 모듈이 고차원 모듈에 의존하면 안 된다. 두 모듈 모두 다른 추상화된 것에 의존해야 한다. 추상화된 것은 구체적인 것에 의존하면 안 된다.
> 구체적인 것이 추상화된 것에 의존해야 한다.
>
> — 로버트 C. 마틴

의존 관계는 추상화에 의존해야 하며 구체적인 구현에 의존해서는 안 된다는 원칙이다.

예를 들어 데이터베이스 접근 클래스가 직접적으로 특정 데이터베이스에 의존한다면 다른 데이터베이스에 재사용이 불가능하며 해당 데이터베이스에서 발생하는 취약점이 전체 앱에 영향을 미칠 수 있다.

SOLID 원칙을 지키지 않으면 코드의 유연성과 재사용성이 저하되며 이는 보안 취약점으로도 이어질 수 있다. 처음에 설계가 제대로 된 앱이라 하더라도 기능 수정 및 추가로 인한 업데이트 시 코드의 구조가 변경될 수 있다. 의도하지 않은 데이터 유출, 인증 우회 등 많은 보안 취약점이 발생하는 지점이 아키텍처 설계 원칙을 따르지 않은 지점인 경우가 많다.

2.2 정보보안 기본 원칙 - 기본에 충실하기

정보보안이란 정보 및 정보 시스템을 허가되지 않은 접근, 사용, 공개, 손상, 변경, 파괴 등으로부터 보호함으로써 무결성, 기밀성, 가용성을 제공하는 것을 뜻한다.

2.2.1 정보보안 기본 원칙

정보보안에는 다양한 정의가 있지만 안드로이드 운영체제에 대해 깊이 있게 이해하기 위해서는 먼저 정보보안 기본 원칙을 살펴보는 것이 중요하다. 이 섹션에서 다루는 원칙은 안드로이드 앱 개발뿐만 아니라 모든 보안 시스템에 적용되는 보편적인 원칙이다.

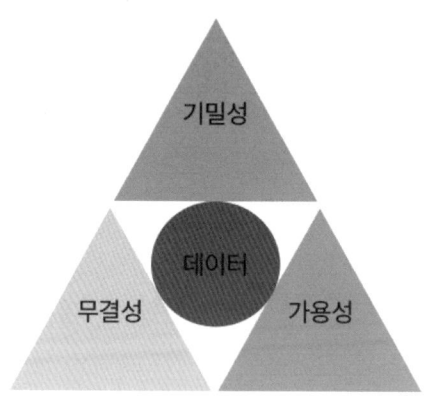

그림 2-3 데이터 보호를 위한 정보보안 3원칙

- **기밀성**confidentiality

인가된 사용자만이 시스템에 접근할 수 있으며 권한 없는 접근이나 변경에 데이터가 노출되지 않는다.

- **무결성**integrity

데이터가 변경되지 않았음을 확신할 수 있다는 특성이다. 내부 시스템에서 생성되거나 프로세스를 거친 데이터는 신뢰할 수 있는 데이터이다.

- **가용성**availability

시스템은 승인된 사용자에게 필요한 시점에 제공 가능해야 한다는 특성이다. 시스템이 허가된 사용자에게 서비스를 제공하는 것을 거부하지 않는다.

세 가지 원칙의 앞 글자만 따서 CIA 원칙이라고도 부른다. 원칙은 서로 의존 관계를 가지고 있다. 예를 들어 기밀성이 훼손된 경우라면 무결성을 보장하기 어렵다. 하나라도 훼손된 경우에 보안 메커니즘 전체가 무의미해지고 결과적으로 신뢰할 수 없는 시스템이 된다.

정보보안 기본 원칙은 안드로이드 앱에서도 중요한 요소이다. 앱이 개인 정보, 금융 정보, 민감한 사용자 데이터를 다루는 경우, 기밀성과 무결성을 확보하고 가용성을 유지해야 한다.

2.2.2 접근 제어 보안 원칙

앞에서 소개한 세 가지 원칙은 다음과 같은 다른 특성들과 함께 동작한다.

- **인증** authentication

멀리 떨어져 있는 두 사용자의 신원을 확인하는 방법이다. 서버는 서비스를 제공하기 전에 앱 사용자가 신뢰 당사자인지 확인해야 한다. 로그인을 통해 아이디, 비밀번호 등 사용자가 알고 있는 정보를 확인하는 방법이 있다.

- **인가** authorization

인증한 사용자에게 권한을 부여한다. 예를 들어 헬스장 회원 관리 앱에서 체육관 원장은 가장 높은 수준의 권한을 가지며, 트레이너와 회원권을 가진 회원에게는 각각 역할에 맞는 권한이 부여된다. 이를 통해 일반 회원은 다른 회원의 정보를 볼 수 없으며 회원권의 기간을 변경하는 권한도 가질 수 없다. 권한 부여 메커니즘은 애플리케이션의 보안을 강화하고 데이터의 무결성을 유지하는 데 기여한다.

- **부인 방지** non-repudiation

부인 방지는 정보 주체가 데이터 전송과 같은 특정 행위를 했다는 사실을 부정하지 못하게 하는 보안 원칙이다. 이를 위해 행위나 동작에 대한 증거를 남겨 부인을 방지한다. 예를 들어 은행 송금의 경우, 송금을 받은 사용자는 송금된 돈을 받았다는 사실을 부정할 수 없어야 하며 이를 입증할 수 있는 기록이나 증거가 남아 있어야 한다.

2.3 위협 모델링

위협 모델링threat modeling은 시스템이나 앱에 영향을 미칠 수 있는 잠재적 위협을 식별하고 분석하는 과정이다. 이 과정은 애플리케이션에서 발생할 수 있는 잠재적인 위협을 식별하고 분석 및 대응할 수 있도록 한다. 위협 모델링은 보안 전문가뿐만 아니라 설계자, 개발자 및 프로젝트 관리자 등 프로젝트에 관련된 모든 이해관계자가 참여하는 과정이다. 위협 모델링을 통해 보호해야 할 자산을 식별하고 공격 가능한 경로를 통해 발생하는 취약점을 예방할 수 있다. 위협 모델링의 순서는 다음과 같다.

① 위협 식별

시스템, 앱, 데이터 등에 영향을 미칠 수 있는 위협을 식별한다. 시스템이 어떤 운영체제에서 동작하는지, 어떤 아키텍처를 적용하고 있는지 식별하는 과정이다.

이때 **신뢰 경계**trust boundaries를 설정하는 것이 중요하다. 신뢰 경계는 앱에서 신뢰할 수 있는 영역과 신뢰할 수 없는 영역을 구분하는 논리적 또는 물리적 경계를 의미한다. 신뢰 경계를 설정함으로써 앱에서 보호해야 할 주요 자산을 식별할 수 있다. 사용자 정보, 암호화키, 세션값과 같이 민감한 데이터가 신뢰 경계 내부에 있는 데이터에 해당한다. 신뢰 경계를 설정함으로써 보안 전문가는 애플리케이션 내에서 보호해야 할 중요한 자산을 명확히 식별하고, 이 자산들이 외부 위협으로부터 안전하게 보호될 수 있도록 적절한 보안 조치를 취할 수 있다.

② 위협 분석

각 위협의 잠재적 영향과 공격 가능한 경로를 분석한다. 앞서 언급한 신뢰 경계를 명확히 했다면 앱 내부와 외부 사이의 인터페이스 및 상호작용을 명확히 할 수 있다. 단말기 내에서 다른 사용자도 접근이 가능한 저장소에 데이터가 저장되거나 단말기 외부로 전송되는 채널은 위험 요소로 식별할 수 있다.

③ 위협 평가

위협의 심각도와 가능성을 평가하여 우선순위를 정한다. 제한된 자원 안에서 취약점을 진단하는 중이라면 앞서 위협 분석한 내용을 바탕으로 위험도를 측정한다. 위험도가 높은 순서대로 공격을 시도할 수 있다.

④ 보안 대응

식별된 위협에 대해 적절한 대응과 보완 대책을 적용한다. 데이터 누출, 인증 우회, 원격 코드 실행 등의 취약점은 주로 신뢰 경계를 통해 발생할 수 있다. 이를 식별하고 대응책을 적용함으로써 취약점을 제거하고 위협을 줄일 수 있다.

⑤ 주기적 반복

위협 모델링은 지속적인 프로세스이다. 전체 과정을 다시 반복해야 할 만큼 변경 사항이 발생할 수 있다. 따라서 식별된 위험과 구현된 위험 처리에 대해 앞서 언급한 일련의 과정을 주기적으로 반복할 필요가 있다.

2.4 안드로이드 운영체제 구조

2.4.1 사용자부터 운영체제까지

안드로이드 운영체제는 사용자, 애플리케이션, 운영체제로 구성된다. 안드로이드는 최종 사용자에게 사용성이 집중되어 사용자 친화적인 환경을 제공한다.

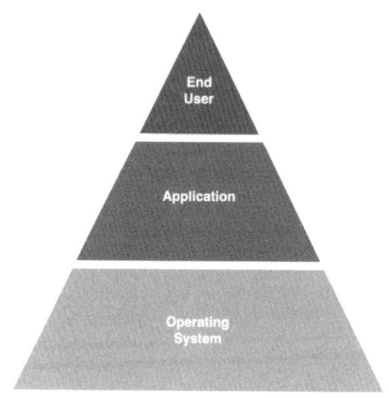

그림 2-4 안드로이드 동작 3계층

사용자는 아래의 두 계층이 안전하다고 생각하고 안드로이드 운영체제와 애플리케이션을 사용한다. 취약점 진단의 입장에서는 다음의 두 가지 단계에서 발생할 수 있는 위협에 대해 고려해야 한다.

첫 번째 단계는 **애플리케이션 수준의 보안**이다. 안드로이드 앱은 다양한 권한을 요구하고 사용자의 개인 정보를 처리한다. 악의적인 목적으로 개발된 앱은 권한을 남용하여 사용자의 개인 정보를 수집하거나 악성 코드를 실행할 위험이 있다. 사용자는 앱을 설치하기 전에 앱이 요구하는 권한을 신중하게 검토해야 한다. 신뢰할 수 없는 앱은 개인 정보 유출, 악성 앱 설치 등의 문제를 일으킬 수 있으므로 신뢰할 수 있는 출처에서 앱을 다운로드하고 설치해야 한다.

두 번째 단계는 **운영체제 수준의 보안**이다. 안드로이드 운영체제의 취약점도 공격자에 의해 악용될 수 있다. 사용자 권한을 초과하여 시스템 명령을 실행하거나 정보를 유출하는 등의 문제가 발생할 수 있다. 안드로이드는 이를 방지하기 위해 지속적으로 업데이트되며 사용자는 보안을 유지하기 위해 최신 버전으로 운영체제를 업데이트할 수 있다.

안드로이드 취약점 진단은 주로 애플리케이션 수준에서 진행된다. 앱의 코드, 권한 사용, 통신 구간 등을 분석하여 취약점을 식별하고 보안성을 강화한다. 그러나 취약점은 종종 다른 계층과 연계하여 발생하며 이는 앱에 영향을 미칠 수 있다. 이 경우, 애플리케이션 수준의 진단뿐만 아니라 운영체제의 업데이트와 보안 패치 적용을 통해 시스템 전반의 보안을 강화해야 한다.

2.4.2 안드로이드 운영체제 구조

안드로이드 운영체제는 사용자 중심의 편리한 환경을 제공하는 한편, 보안 위협에 노출될 수 있는 요소를 포함한다. 취약점 진단가는 애플리케이션 수준과 운영체제 수준에서 발생할 수 있는 보안 위협에 대해 명확하게 구분할 수 있어야 한다. 취약점 진단은 주로 애플리케이션 수준에서 이루어지지만 다른 계층과의 연계를 이해하는 것도 중요하다. 이 섹션에서는 안드로이드 운영체제의 구성 요소와 특징에 대해 알아본다.

그림 2-5 안드로이드 오픈소스 소프트웨어 스택(출처: android developers)

안드로이드 운영체제를 스택 구조로 나타낸 그림이다. 가장 하단의 커널kernel을 기반으로 각 레이어가 제 역할을 수행한다. 각 요소에 대해 알아보자.

- **커널**

안드로이드 운영체제의 핵심 요소로 리눅스 기반의 커널이다. 커널은 하드웨어와 소프트웨어 간 인터페이스 역할을 수행하며 메모리 관리, 프로세스 관리, 단말 드라이버 관리 등 시스템 기능을 제공한다. 스레드 관리, 메모리 관리 기법 등은 리눅스의 동작 원리를 따른다.

- **하드웨어 추상화 계층**

하드웨어 추상화 계층Hardware Abstraction Layer, HAL은 카메라, 블루투스, 센서와 같은 다양한 하드웨어 장치와 안드로이드 운영체제 간 인터페이스 역할을 한다. HAL은 각 하드웨어 장치에 대해 드라이버를 제공하며 이를 통해 안드로이드 앱은 하드웨어를 제어하고 사용할 수 있다. 다양한 제조사에서 안드로이드 단말기를 만들고 있기 때문에 하나의 하드웨어 표준이 정해져 있지 않다. 소프트웨어 개발자는 모든 하드웨어의 동작을 정의할 수 없기 때문에 프레임워크 API를 호출한다. 그러면 안드로이드 시스템이 HAL을 통해 하드웨어 모듈을 로드하여 사용할 수 있다.

안드로이드 8.0 변경 사항

기존 HAL은 특정 이름 및 버전이 지정된 바이너리 수준 인터페이스Application Binary Interface, ABI와 일치하는 인터페이스이다. 안드로이드 8.0에서 지원 중단되었다.

- 기존 HAL은 하드웨어와 직접적으로 상호작용하는 데 초점을 두고 있다.
- 하드웨어 장치의 드라이버 코드가 운영체제 내부에 포함되어 있으며, 하드웨어와의 특정한 프로토콜이나 API를 사용하여 통신한다.
- 따라서 각 하드웨어 제조사별로 개별적으로 구현해야 했으며, 운영체제의 업그레이드가 필요한 경우 해당 제조사가 업그레이드된 HAL을 제공해야 했다.

패스 스루 HAL을 통해 기존 HAL의 한계를 극복하고 다양한 하드웨어 장치를 지원한다.

- 하드웨어 장치나 특정 프로토콜에 종속되지 않고, 일반적인 프레임워크를 통해 통신한다.
- 하드웨어 장치 제조사는 패스 스루 HAL 인터페이스를 구현하고, 필요한 하드웨어 기능을 제공하는 라이브러리를 제공한다.
- 운영체제는 패스 스루 HAL 인터페이스를 통해 하드웨어에 접근하고, 하드웨어 제조사가 제공하는 라이브러리를 사용하여 하드웨어 기능을 활용한다.

패스 스루 HAL은 안드로이드 운영체제의 하드웨어 호환성과 유연성을 향상시키기 위해 도입된 방식이다. 이를 통해 안드로이드는 다양한 하드웨어 장치를 지원하면서도 운영체제의 업그레이드를 효율적으로 관리할 수 있다.

안드로이드 API 레벨이란?

새로운 안드로이드 버전이 출시될 때마다 보안 성능을 개선하고 사용자 경험을 향상시키는 변경 사항이 반영된다. 변경 사항 중 일부는 대상 API 수준$^{target\ API\ level}$이라고도 하는데, 개발 시점에 이 수준에 동작하도록 앱을 구성하면 해당하는 안드로이드 버전에서 사용할 수 있다.

2023년 기준, 안드로이드 10(API Level 29)부터 안드로이드 5.1(API Level 22) 이하를 타겟팅하는 경우 앱을 처음 시작할 때 사용자에게 경고가 표시된다. 이 경고는 사용자에게 해당 앱이 더 이상 최신 안드로이드 보안 표준을 준수하지 않을 수 있음을 알린다. 사용자가 구글에서 지원하지 않는 앱을 사용함으로써 발생할 수 있는 보안 위험에 대해 경고한다. 이는 사용자가 자신의 데이터와 개인 정보를 보호할 수 있도록 하는 구글의 정책이다.

앱을 구글 플레이 스토어에 배포하기 위해서는 구글에서 정한 API 수준 요구 사항을 만족해야 한다.

예를 들어, 23년 8월 31일 기준은 다음과 같다.

- 새로운 앱은 안드로이드 13(API Level 33) 이상을 타겟팅해야 하며, Wear OS 앱은 안드로이드 11(API Level 30)과 안드로이드 13(API Level 33) 사이의 버전을 타겟팅해야 한다.
- 기존 출시된 앱 업데이트 시 안드로이드 13 이상을 타겟팅하고 안드로이드 13의 동작 변경 사항을 반영해야 한다.

> - 특정 조직의 사용자로 제한되고 내부 배포 전용인 영구 비공개 앱은 대상 API 수준 요구 사항을 충족할 필요가 없다.
>
> 운영체제 수준의 보안 위협을 줄이고 사용자의 안전한 운영체제 사용을 위한 구글의 정책이다.

■ 안드로이드 런타임

안드로이드 런타임$^{Android\ Runtime,\ ART}$은 안드로이드 운영체제의 실행 환경을 관리하는 컴포넌트이다. ART는 기존에 사용되던 달빅 가상 머신$^{Dalvik\ VM,\ DVM}$의 후속 버전으로 도입되었다. 각 앱은 자신의 프로세스 안에서 독립적인 ART 인스턴스로 실행된다. ART는 AOT$^{Ahead-of-Time}$ 컴파일을 사용하며 안드로이드 7.0부터는 AOT, JIT$^{Just-in-Time}$ 컴파일 방식을 조합하여 사용한다. 둘은 앱 실행 최적화와 컴파일 시점에서 차이가 있다. 컴파일에 대해서는 다음 챕터에서 자세하게 다루므로 지금은 안드로이드 운영체제 구조에 집중한다.

■ C/C++ 라이브러리$^{Native\ C/C++\ Library}$

안드로이드는 C, C++로 작성된 여러 라이브러리를 포함하고 있다. 이를 네이티브 라이브러리라고 한다. 네이티브 라이브러리는 성능이 중요한 작업을 수행하며, 개발자는 이를 이용하여 고성능 및 저수준 작업을 처리할 수 있다. C 또는 C++ 코드가 필요한 앱을 개발하는 경우 안드로이드 NDK를 사용하여 네이티브 코드에서 직접 기능을 구현할 수 있다.

■ 자바 API

자바 API를 이용하여 안드로이드 운영체제에서 제공하는 기능을 사용할 수 있다. 모듈식으로 구성된 API는 다양한 기능 및 서비스에 대한 인터페이스를 제공하며, 개발자는 이를 활용하여 앱의 기능을 구현할 수 있다.

- **시스템 앱**

안드로이드에는 미리 설치된 시스템 앱이 포함되어 있다. 시스템 앱은 기본적인 기능을 제공하며 전화, 메시지, 카메라 등이 있다. 개발자는 개발하는 앱과 시스템 앱을 연계하여 기능을 확장할 수 있다.

각 구성 요소는 안드로이드 앱의 실행과 하드웨어 간 상호작용을 담당한다. 개발자는 구성 요소를 활용하여 안드로이드 앱을 개발할 수 있으며 앱의 기능성, 사용자 인터페이스, 하드웨어 제어 등을 구현한다.

2.4.3 안드로이드 운영체제 주요 기술

- **샌드박스 실행**

안드로이드 앱은 샌드박스를 통해 각각 독립된 환경에서 실행된다. 각 앱은 다른 앱 혹은 시스템 리소스에 접근하기 위해 명시적인 권한 요청이 필요하다. 이를 통해 하나의 앱이 다른 앱이나 시스템에 영향을 미치는 것을 막고 사용자의 개인정보와 단말을 보호한다.

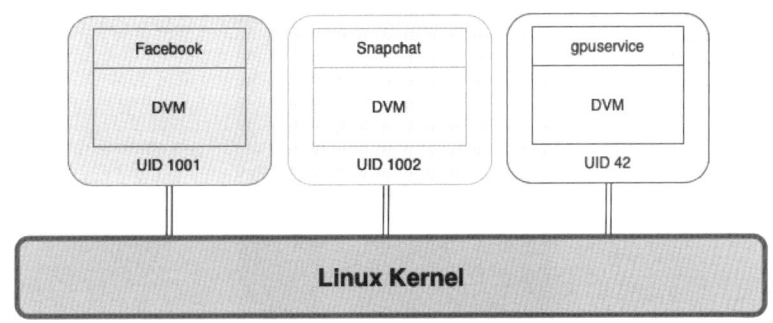

그림 2-6 안드로이드 Sandbox 앱 실행

- **루팅**

루팅은 안드로이드 기기의 최고 권한인 루트 권한을 얻는 과정이다. 루트 권한은 운영체제의 모든 부분에 접근할 수 있다. 루트 권한을 통해 시스템 파일을 수정하거나 앱의 보안을 우회할 수도 있다. 일반적인 단말에는 루트 권한이 비활성화되어 있으나 사용자가 루팅이라는 과정을 통해 루트 권한을 활성화할 수 있다. 악의적인 목적을 가진 사용자가 단말의 루트 권한을 얻으면 사용자 단말기 내 중요 정보를 탈취하거나 공격에 악용할 수 있다.

■ 권한

앱이 사용자의 단말과 시스템 자원에 접근하고 기능을 수행할 수 있도록 허용하는 권한을 정의한다. 앱이 특정 권한을 요청할 때 사용자는 앱을 설치하거나 실행하는 과정에서 해당 권한에 대한 승인 여부를 결정할 수 있다. 권한 관리 시스템은 앱의 보안과 개인 정보 보호를 강화하기 위해 사용한다. 안드로이드에는 여러 종류의 권한이 있으며 여기에는 카메라, 위치, 연락처, 저장소 접근 등이 포함된다.

그림 2-7 앱 실행 및 기능 사용 시 권한 요청 화면(출처: android developers)

앱이 불필요한 권한을 요청하거나 수집한 정보를 적절하게 처리하지 못하면 사용자의 개인 정보가 위협받을 수 있다. 따라서 개발자는 사용자에게 권한 요청의 이유를 명확하게 설명해야 한다. 또한, 사용자는 권한의 필요성을 이해하고 승인해야 한다. 자신이 사용하는 앱의 권한이 적절하게 부여되고 사용되는지 주의를 기울일 필요가 있다.

안드로이드 6.0 변경 사항

안드로이드 리소스 접근 권한 확인 시점이 버전에 따라 변경되었다. 사용자에게 앱이 어떤 권한을 사용하려고 하는지 명확하게 알려주기 위함이다.

안드로이드 5.1.1 이하에서는 앱을 설치하는 시점(Install-time permissions)에 앱에서 사용하는 모든 권한을 확인하고 승인 여부를 결정할 수 있다. 사용자가 앱을 설치하면 앱은 모든 요청한 권한을 얻어 사용할 수 있게 된다.

앱 설치 시점에만 권한 승인이 이루어지기 때문에, 사용자가 앱을 설치한 이후에 권한을 변경하거나 취소할 수 없다. 앱을 재설치해야 권한 변경이 가능하다.

안드로이드 6.0 이상에서는 앱이 권한을 필요로 하는 시점(Runtime permissions)에 권한을 승인 또는 거부할 수 있다. 앱의 설치 시점에는 실행에 필요한 필수 권한 외에는 요청하지 않고 앱이 특정 기능 또는 리소스에 접근할 때 대화상자를 표시한다.

사용자는 대화상자에서 리소스 접근 권한을 부여할 수 있다. 부여한 권한은 언제든지 설정에서 변경할 수 있다.

이 방식은 사용자에게 더 많은 권한 제어 방식을 제공하고, 불필요한 권한 요청을 최소화한다.

■ **저장소**

안드로이드 앱은 다양한 저장소 옵션으로 데이터를 관리한다. 개발자는 콘텐츠 유형, 접근 방법, 다른 앱 접근 가능 여부 등에 따라 저장할 위치를 선택할 수 있다.

저장하는 데이터 종류	접근 방법	필요 권한
앱 내부에서만 사용하는 파일	내부 저장소: getFilesDir / getCacheDir 외부 저장소: getExternalFilesDir / getExternalCacheDir	내부 저장소: 불필요 외부 저장소: Android 4.4 이상 (API Level 19)부터 불필요
미디어 파일 (이미지, 오디오, 비디오)	MediaStore API	다른 앱의 파일에 접근할 때 (Android 11 이상; API Level 30): READ_EXTERNAL_STORAGE (Android 10; API Level 29) READ_EXTERNAL_STORAGE / WRITE_EXTERNAL_STORAGE
문서 및 파일 (다른 공유 가능한 데이터)	저장소 접근 프레임워크	불필요
키-값 쌍	Jetpack Preferences 라이브러리 (ex. Shared Preferences, PreferenceDataStore)	불필요
데이터베이스 (구조화된 데이터)	Room 라이브러리, SQLite API	불필요

안드로이드의 파일 시스템은 모바일 기기의 특성에 맞는 구조를 가지고 있다. 리눅스 시스템에서는 /bin, /etc, /home과 같은 경로가 존재하지만 안드로이드는 /system, /data, /sdcard 등의 경로를 사용한다. 또한, 단일 파티션에 모든 파일 시스템이 포함되는 리눅스와 달리 안드로이드는 시스템 파티션과 데이터 파티션을 구분하여 사용한다. 시스템 파티션에는 운영체제 및 시스템 앱이 위치하고 데이터 파티션에는 사용자 데이터가 저장된다. 이 외에도 안드로이드 시스템에서 사용하는 주요 디렉터리는 다음과 같다.

파일 시스템	설명
/boot	안드로이드 부트 파티션
/system	안드로이드 운영체제 및 시스템 애플리케이션 경로
/recovery	시스템 문제 발생 시 복구 부팅을 위한 대체 파티션
/data	사용자 데이터 파티션, 연락처, SMS, 설정 앱 등 기본 앱을 포함한 사용자 설치 앱 경로
/cache	안드로이드 시스템이 자주 접근하는 데이터 및 앱 컴포넌트
/misc	시스템 설정 정보 관련 파일 저장, Fastboot 모드 진입, 안전 모드 진입에 필요한 명령 등
/sdcard	기기의 외부 저장 장치를 추가한 경우 마운트되는 경로, 최신 버전의 안드로이드에서는 내부 저장 공간의 일부로 간주되기도 함, 미디어, 다운로드 파일 등 멀티미디어 콘텐츠 저장 공간 사용 환경에 따라 /storage/emulated/0에 마운트

안드로이드와 리눅스 모두 파일 및 디렉터리에 대한 권한을 관리하지만 안드로이드는 더 세분화된 권한 관리 시스템을 가지고 있다. 일반 사용자는 시스템 파티션에 접근이 불가하며 오직 루트 권한을 가진 사용자만이 접근할 수 있다.

안드로이드에 앱이 설치되는 경로와 사용자 데이터가 관리되는 경로는 다르다. 데이터를 분리하여 관리하고 격리된 환경을 제공하여 무결성을 목적으로 한 운영체제의 정책이다. 앱 사용자 데이터 파일에 접근하려면 앱 권한이 부여되어야 하며 일반 사용자가 직접 접근하는 것은 보안상 권장하지 않는다.

안드로이드 앱의 보안을 강화하는 데 중요한 기술들을 소개했다. 적절한 저장소 옵션을 선택하고 앱 간 격리 및 권한을 함께 잘 관리하면 개인 정보 보호와 앱의 보안성을 높일 수 있다. 책의 목적은 일반 안드로이드 앱 계층에서 발생할 수 있는 보안 취약점을 발견하고 보안 대책을 제안하는 것이다. 따라서 주로 오픈 마켓에 배포되거나 개발 단계의 안드로이드 앱에서 발생할 수 있는 취약점을 중점적으로 다룬다. 또한 공격자가 루트 권한을 획득하여 발생하는 위협도 포함한다. 기기의 루트 권한을 통해 시스템 레벨의 파일과 경로에 접근하는 방법도 다룬다. 해커가 공격을 시도할 때 루트 권한을 사용하는 시나리오가 많지만 일반적인 사용 환경은 루트 환경이 아니다. 이 때문에 취약점 분석을 통해 발생할 수 있는 위협을 개발자나 제조사에 명확하게 설명할 필요가 있다.

PART 02

안드로이드 정적 분석

신뢰할 수 있는 앱은 모든 상황과 가능한 모든 입력에 대해 작동해야 한다. 그러나 아무리 정교한 앱이라 하더라도 전혀 예상치 못한 입력이나 상황에 직면할 때 에러가 발생할 수 있다. 에러가 발생하더라도 그 영향을 최소화하는 것이 중요하며, 이를 위해서는 신속하게 에러를 찾아내고 처리하는 것이 가장 좋다. 개발자는 비정상적인 입력이나 상황을 예측하고 이에 대비하는 방어적인 개발 방식을 채택하여 앱의 안정성과 신뢰성을 높일 수 있다.

정적 분석 단계에서 확인할 수 있는 취약점에 대해 알아본다. 정적 분석에서는 코딩 에러로 인해 발생하는 다양한 취약점을 확인할 수 있다. 코딩 에러는 앱 취약점을 유발하는 주요 원인이다. 취약점에 대한 보고와 익스플로잇[1]에 대한 제보는 끊임없이 이루어지고 있으며 이러한 보고 중 많은 부분이 치명적인 보안 결함으로 이어진다.

자바는 상대적으로 안전한 언어로 간주된다. 자바는 명시적인 포인터 조작을 허용하지 않으며 배열 및 문자열 경계를 자동으로 확인하고, 널 포인터 참조 시도를 제한한다. 형 변환 또한 플랫폼에 독립적이며, 내장된 바이트코드 검증기는 검사가 항상 이루어진다. 하지만 개발자의 실수로 인해 앱의 안전성이 침해되는 경우가 있다. Part 02에서는 잘못된 개발이나 설정으로 개발된 취약한 코드 예제와 취약점에 대응하는 방법을 설명한다. 소개하는 모든 규칙이 모든 앱에 해당하는 것은 아니며 앱 배포 방식과 운영 형태에 따라 달라질 수 있다.

---

1 보안 취약점이나 버그를 악용하여 시스템 또는 애플리케이션을 공격하는 행위나 그 방법을 의미한다.

CHAPTER 03 분석 준비

정적 분석을 시작하기 전에 소스코드가 어떻게 안드로이드 설치 파일, 즉 APK^{Android} $^{Application\ Package}$ 파일로 변환되는지 이해하는 것이 중요하다. 이 과정은 크게 세 단계로 구성된다. 소스코드 개발, 컴파일, 빌드와 패키징 과정을 걸쳐 안드로이드 설치 파일이 만들어진다.

3.1 컴파일과 디컴파일

앱을 분석하는 데 있어 컴파일과 디컴파일은 핵심적인 개념이다. 개발자는 컴파일을 통해 작성한 코드를 기계가 이해할 수 있는 언어로 변환한다. 반면, 진단가는 디컴파일을 통해 앱의 코드를 다시 사람이 이해할 수 있는 형태로 변환하여 분석하고 앱의 동작을 이해한다. 안드로이드 운영체제가 발전하면서 성능 최적화, 리소스 최적화, 난독화 등의 과정이 추가되었고 이에 따라 컴파일 및 빌드 과정 또한 복잡해졌다. 다음 그림은 컴파일과 디컴파일 과정을 간략하게 나타낸 것이다.

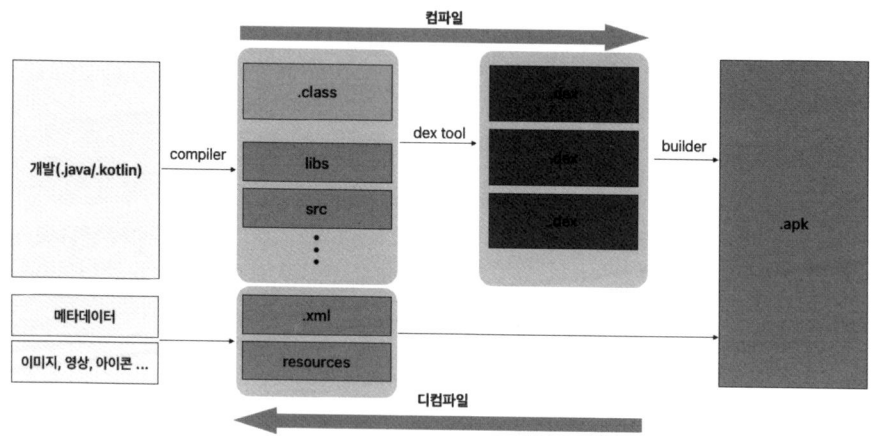

그림 3-1 앱 컴파일과 디컴파일 과정

3.1.1 컴파일

컴파일compile은 안드로이드 앱을 개발한 소스코드를 기계어로 변환하는 과정이다. 개발자가 작성한 소스코드는 사람이 이해할 수 있는 고수준 언어인 자바 또는 코틀린으로 작성되어 있다. 컴파일러는 고수준 언어 코드를 안드로이드 운영체제에서 실행할 수 있는 기계어로 변환하여 앱을 실행할 수 있도록 준비한다. 소스코드에서 앱 설치 파일까지 빌드하는 과정을 간단한 순서를 살펴본다.

 안드로이드 소스코드 컴파일 과정

1. 자바나 코틀린으로 프로그램을 작성한다.
2. 컴파일러compiler로 소스코드를 바이트코드로 변환한다.
   - 안드로이드 4.4 API 20 이하는 생성한 바이트코드를 달빅 가상 머신에서 실행한다.
   - 안드로이드 5.0 API 21 이상부터는 ART 가상 머신을 사용한다. 따라서 바이트코드를 바로 안드로이드에서 실행할 수 없다.
3. 컴파일된 바이트코드를 덱스Dalvik Executable, DEX 형식으로 변환한다. DEX 변환은 바이트코드의 최적화를 통해 메서드 개수, 메모리 사용량 등을 줄이는 과정도 포함한다.
4. 소스코드와 함께, 리소스 파일도 컴파일 과정에 포함된다. 리소스 파일 또한 덱스 파일에 포함되어 앱의 리소스를 관리하는 데 사용된다.

3.1.2 디컴파일

디컴파일decompile은 이름에서부터 알 수 있듯이 컴파일의 반대 과정을 수행하는 것이다. 이미 컴파일된 기계어 코드를 다시 원래 언어 코드 수준으로 변환한다. 진단자는 앱의 원래 코드가 아닌 컴파일된 기계어 코드만 확인할 수 있기 때문에 디컴파일 과정을 거쳐 앱을 분석하게 된다. 디컴파일된 코드는 개발 시 작성한 코드와 다른 모습인 경우가 많으며 이를 이해하기 위해서는 개발에 관한 지식과 안드로이드 앱의 구조에 대한 이해가 필요하다.

3.2 빌드 및 패키징

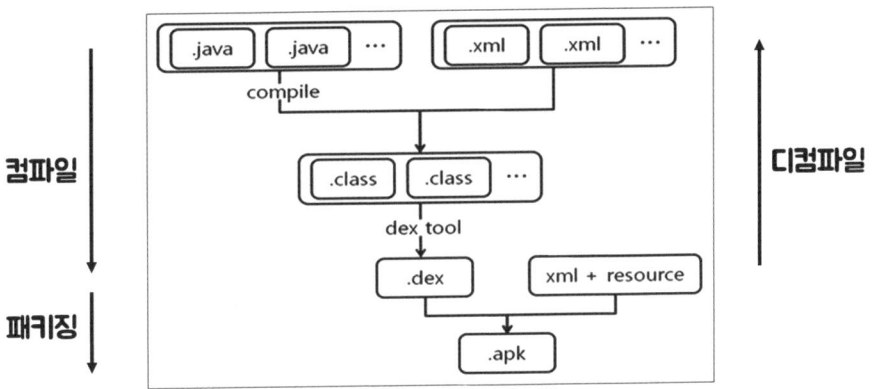

그림 3-2 컴파일 이후 패키징 과정 및 디컴파일 과정

컴파일이 완료된 파일은 실행 파일이 되기 전 몇 가지 추가적인 과정을 거친다. 앞서 아키텍처 설명에서 언급한 바와 같이, NDK 등 C/C++와 관련된 .so$^{shared\ object}$ 파일들이 합쳐져 앱 설치 파일이 만들어지게 된다. 이 과정에서는 개발자의 직접적인 개입 없이 빌드 프레임워크, 예를 들어 그래들^{Gradle}을 이용해서 처리한다.

안드로이드 빌드 프레임워크 변경 사항

안드로이드 스튜디오가 사용하고 있는 그래들이라는 프레임워크는 빌드 과정을 내부적으로 처리해주며 개발자에게 많은 개입을 요구하지 않는다.

초기 버전의 그래들은 안드로이드 프로젝트의 빌드를 간단하게 관리하는 기본적인 기능만을 제공했다. 앱을 빌드하기 위한 많은 설정과 플러그인들을 개발자가 직접 설정해야 하는 불편함이 있었다. 컴파일, 빌드 설정을 위해서 그래들 스크립트도 직접 작성해야 했고 패키지 간 의존성 관리도 개발자가 직접 해야 했다.

최신 버전의 그래들은 빌드에 필요한 많은 기능을 자동화하고 개발자의 개입을 최소화하는 방향으로 발전하고 있다.

- 안드로이드 그래들 플러그인과 통합하여 안드로이드 개발자에 특화된 기능 제공
- 코틀린 도메인 특정 언어Domain Specific Language, DSL를 사용하여 더 간결하고 가독성 높은 빌드 스크립트 작성
- 빌드 캐시를 이용하여 빌드 시간 단축
- 동적 전달과 App Bundles 등의 기능으로 앱의 크기를 최적화하고 다양한 기기에 대응하는 빌드 제공
- 안드로이드 빌드 플러그인과 통합된 인스턴트 실행, AndroidX 지원 등의 기능으로 개발 생산성 향상

앞서 설명한 일련의 과정들로 생성한 파일들을 하나로 모아서 APK 파일 포맷을 최종 파일로 얻게 되며, 마켓에 업로드하거나 사용자가 직접 파일을 다운로드하여 설치하는 사이드로딩 방식으로 배포할 수 있다. 사용자가 앱을 다운로드하면 안드로이드 운영체제는 APK 파일을 읽어 앱을 설치하고 실행한다.

컴파일과 빌드 과정에서는 다루지 않았지만 코드와 리소스를 최적화하기 위한 과정이 더 진행된다. 또한 하나의 컴파일러만 사용하는 것이 아니라 필요와 용도에 따라 여러 컴파일러를 함께 사용한다. 안드로이드에서는 앱 사용 경험을 향상시키기 위해 로직을 지속적으로 발전시키고 적용하고 있다. 다음 그림은 컴파일 이후 설치 파일을 만드는 과정을 세분화한 흐름도이다.

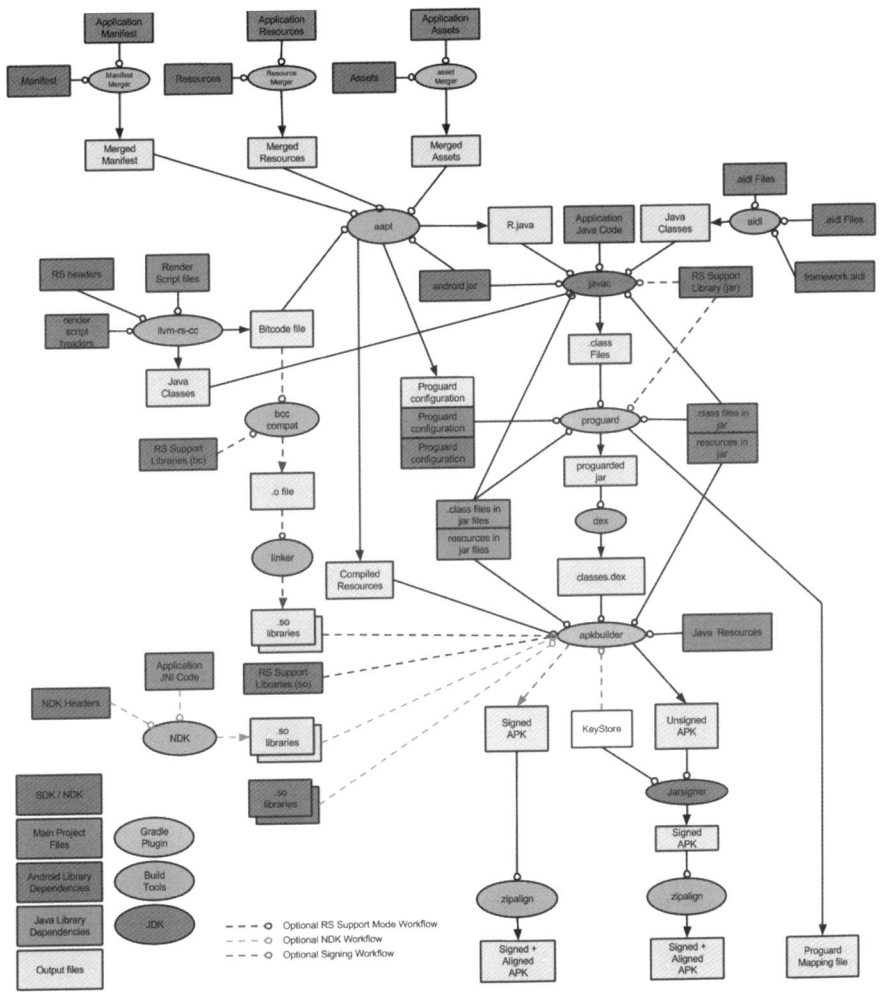

그림 3-3 APK 빌드 흐름도

대표적으로 앱의 리소스를 패키징하고 컴파일하는 데 사용되는 도구인 AAPT2^{Android Asset Packaging Tool 2}, 컴파일 시 dex 파일 최적화를 위해 사용하는 R8, D8 컴파일러 등이 있다. 하지만 이는 개발자가 더 빠르고 안정적으로 앱을 개발하기 위해 지원하는 도구이므로 앱 분석 시 필요한 내용은 분석 단계에서 다룬다.

> **컴파일 단계 코드 최적화 더 알아보기**
> 자세한 정보는 안드로이드 공식 문서(https://developer.android.com/build/optimize-your-build)를 참고할 수 있다.

3.3 APK

3.3.1 개념

APK 파일은 안드로이드 앱 패키지 파일로, 소스코드를 컴파일한 결과물이다. 이 파일 형식은 안드로이드 앱을 설치하는 데 사용되며 앱의 패키지를 포함하는 압축 파일 형태로 구성된다. APK 파일 안에는 안드로이드 운영체제에서 앱을 설치하고 실행하는 데 필요한 모든 리소스와 코드가 포함되어 있다. 이 파일은 앱의 실제 구동에 필요한 바이너리 코드, 리소스 파일, 매니페스트 파일 등을 포함하며 APK 파일의 구조와 설명은 다음 그림에서 확인할 수 있다.

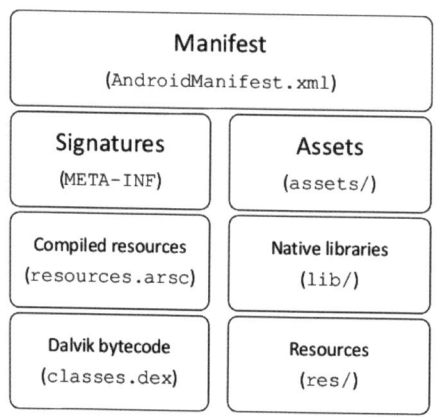

그림 3-4 APK 파일 구조

- **매니페스트**

매니페스트$^{AndroidManifest.xml}$는 메타데이터, 앱의 실행 정보, 권한, 액티비티 목록 등을 제공하는 파일이다. 앱의 패키지명 정보를 확인할 수 있으며 앱의 화면 단위인 액티비티, 리소스와 같은 응용 프로그램의 모든 구성 요소를 이 파일 내에 명시해야 앱에서 사용할 수 있다. 또한 앱을 실행하는 데 필요한 권한 및 앱 실행에 필요한 최소 안드로이드 버전이 명시되어 있다.

- **리소스**

앱의 리소스는 동영상, 큰 파일, 아이콘, 그림, 작은 파일을 포함한다. 개발자가 제어하는 폴더 계층 안에 위치한다. 예를 들어 프로그램이 비디오를 표시하거나 일부 문서 템플릿과 함께 제공되는 경우 assets 폴더에 저장된다. 또한 특정 프레임워크는 assets 폴더를 사용하여 코드와 데이터를 저장한다. 예를 들어, 코도바^{cordova} 또는 리액트$^{react-native}$ 응용 프로그램은 assets 폴더에 자바스크립트 코드를 저장한다. 자마린^{xamarin} 응용 프로그램은 어셈블리 폴더에 동적 링크 라이브러리$^{Dynamic Link Library, DLL}$ 파일을 저장하며 이는 동일한 방식으로 작동한다.

- **덱스**

덱스는 안드로이드 가상 머신인 달빅^{Dalvik}이 이해할 수 있는 코드이다. 자바 가상 머신 버전을 위한 구글의 독점 포맷으로, 달빅이라는 특정 바이트코드로 컴파일된 모든 자바나 코틀린 코드를 포함하고 있다. APK 파일은 dex 포맷의 제한으로 인해 둘 이상의 classes.dex 파일을 포함할 수 있다. 추가 파일에는 번호가 지정된다. 앱의 난독화 솔루션의 경우 여러 개의 dex 클래스를 생성한 후 흐름 재배치를 이용하여 dex 파일 내에서 원래 응용 프로그램의 코드 흐름을 난독화하는 기법을 사용하기도 한다.

dex 제한점과 multi-dex 개념

안드로이드 APK 파일은 dex의 실행 가능 바이트코드 파일을 포함하고 있다. 개별 dex 파일은 다음과 같은 제한 사항이 있다.

- 64K 참조 제한: dex 파일 하나당 최대 메서드 개수는 65,536개(64×1024)로 제한된다.

안드로이드 앱을 개발하다 보면 프로젝트가 커지거나 라이브러리 종속 관계가 많아질 경우 dex 파일이 제한을 초과하여 빌드에 문제가 발생할 수 있다. 이 문제를 해결하기 위해 여러 개의 dex 파일을 사용하는 멀티 덱스$^{multi-dex}$ 개념이 도입되었다.

디컴파일했을 때, 가장 핵심이 되는 classes.dex 파일과 여러 dex 파일이 함께 있는 경우가 이 경우이다.

공식 문서: https://developer.android.com/studio/build/multidex.html

3.3.2 APK 분석하기(압축 해제)

직접 APK 파일을 분석해본다. 실습을 위한 APK 파일이 필요하다. **준비 사항**에서 언급한 DIVA 앱을 다운받는다. 직접 개발한 안드로이드 앱을 사용해도 좋다.

APK 파일은 여러 리소스의 집합으로 이루어진 파일이다. 그래서 단순히 압축 해제만으로도 파일의 구성을 살펴볼 수 있다. 하지만 분석이 불가능한 파일도 일부 존재한다. 직접 압축 해제해보자.

그림 3-5 APK 파일 압축 해제

다음의 질문에 대한 해답을 얻을 수 있는지 확인한다.

- **질문 1** 라이브러리 폴더에는 다양한 아키텍처별로 미리 컴파일된 파일이 존재하는가?
- **답변 1** 네이티브 라이브러리가 들어있는 폴더이다. 안드로이드는 여러 종류의 아키텍처를 지원하는 크로스 플랫폼이기 때문에 지원되는 각 프로세서에 대한 하위 폴더를 포함한다.
- **질문 2** res에는 다양한 기기 해상도별로 리소스 파일이 존재하는가?
- **답변 2** 기기의 해상도, 화면 회전 해상도 등 환경에 맞는 파일을 확인할 수 있다.
- **질문 3** AndroidManifest.xml을 열어서 구조 파악이 가능한가?
- **답변 3** 파일은 존재하지만 에디터로 열었을 때 문자가 올바르게 표시되지 않는다.

3.3.3 APK 분석하기(디컴파일)

APK 파일이 어떤 소스들로 구성되어 있는지 확인하는 방법이다. 개발자가 작성한 안드로이드 소스코드를 컴파일하여 기계어로 변환하는 과정을 거친다면, 디컴파일은 이를 역순으로 수행하여 기존의 코드를 사람이 분석 가능하도록 한다.

앱 디컴파일에는 APKtool, dex2jar, jd-gui, APK Studio, jeb3 등 다양한 도구들

을 사용할 수 있다. APK Studio는 안드로이드 앱 파일을 분석하고 리버싱을 위한 도구 중 하나이다. APKtool, jadx, uber-APK-signer 등을 하나의 도구에서 실행할 수 있도록 GUI 환경을 제공한다. APK Studio의 주요 기능과 사용 방법을 소개한다.

■ APK 디컴파일

APK 파일을 디컴파일하여 소스코드, 리소스 파일 등 다른 앱 동작에 필요한 파일을 추출할 수 있다. APK 파일을 열고 [디컴파일] 옵션을 선택하여 소스코드와 리소스 파일을 추출한다.

■ 리소스 및 레이아웃 분석

디컴파일된 앱의 리소스 파일과 레이아웃을 분석하는 기능을 제공한다. 이를 통해 앱의 사용자 인터페이스 요소, 이미지, 문자열 등을 확인할 수 있다. 디컴파일된 앱의 리소스 경로를 탐색하여 xml 레이아웃 파일이나 이미지 파일을 확인한다.

■ smali 코드 분석

디컴파일된 앱의 smali 파일을 열어 코드를 분석할 수 있다. 앱의 동작 로직을 분석하고 필요한 경우 직접 수정할 수 있다.

■ 리소스 수정 및 패치

디컴파일된 앱을 직접 수정하고 패치하는 기능을 제공한다. 수정 후에는 다시 컴파일하고 서명하여 새로운 APK 파일을 생성한다.

> **개발과 리버스 엔지니어링**
>
> 안드로이드 앱 리버스 엔지니어링(리버싱)을 하고자 하는 분들에게 가장 추천하는 방법은 간단한 무엇이든지 직접 앱을 빌드해보는 것이다. 안드로이드의 경우 튜토리얼 강의와 오픈소스가 많이 공개되어 있기 때문에 개발 환경이 잘 마련되어 있다.
>
> 리버싱은 개발자가 무언가 빌드하는 방법을 이해하는 것부터 시작한다.

개발자의 깃허브 페이지(https://github.com/vaibhavpandeyvpz/apkstudio/releases)에서 다운받을 수 있다. 사용 중인 PC의 아키텍처에 맞는 파일을 다운받으면 된다. 실습 환경과 동일한 경우 APKStudio-5.2.4-x64.zip 파일을 다운받는다.

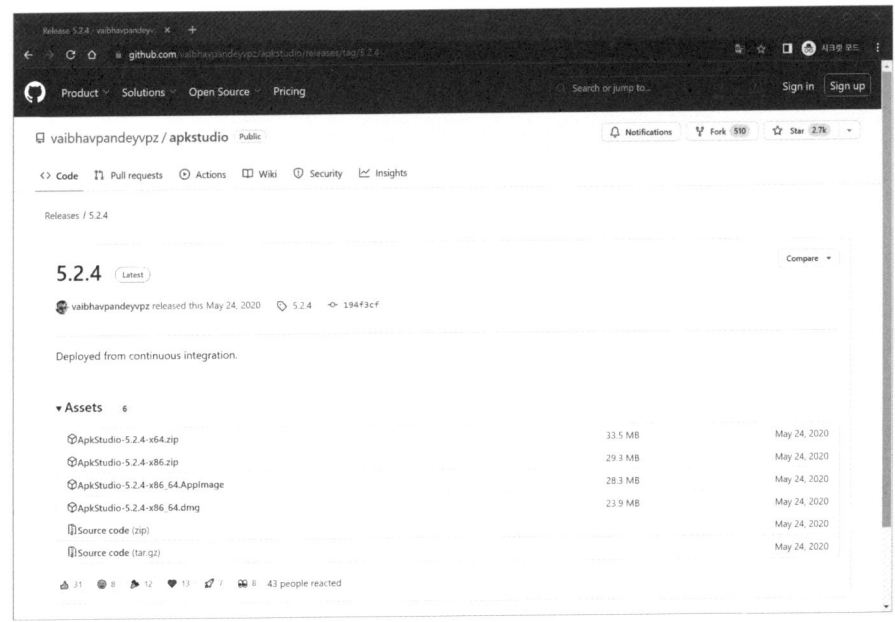

그림 3-6 APK Studio 다운로드 페이지(깃허브)

다운로드 후 압축을 해제한 이후에 처음으로 실행하면 필요한 바이너리들을 다운받고 경로를 지정해주어야 한다. 톱니바퀴 아이콘을 클릭한 후 나타나는 설정창에서 [Binaries]를 선택하면 자바, APKtool, Jadx, ADB 그리고 Uber APK Signer까지 다운로드하고 경로를 설정할 수 있다. 경로를 지정한 이후 APK Studio를 재실행했을 때 하단의 버전 정보들이 제대로 나타나는지 확인하면 된다.

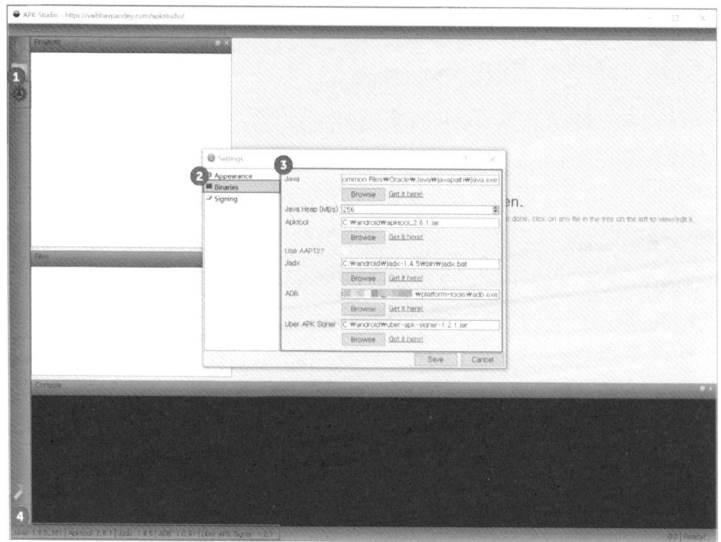

그림 3-7 APK Studio 초기 설정

APK Studio의 초기 설정을 완료했다면 좌측 상단의 안드로이드 아이콘을 클릭하고 디컴파일할 APK 파일을 선택한다. 상태바가 나타나면서 디컴파일을 진행하며 완료된 화면은 다음과 같다.

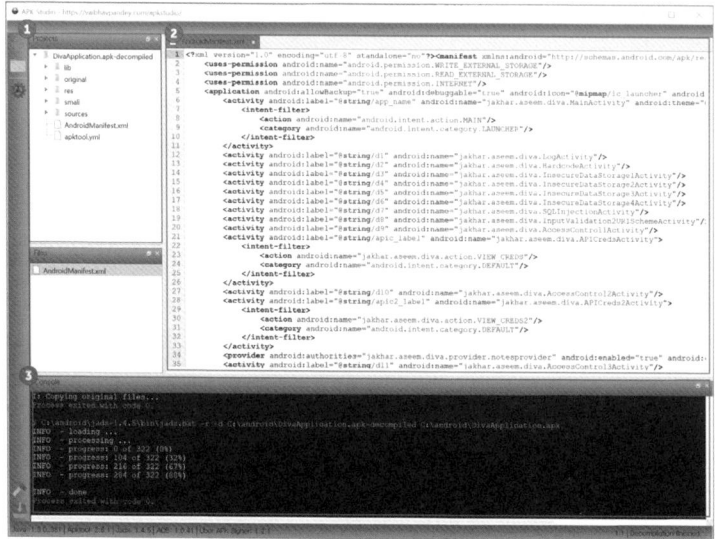

그림 3-8 APK Studio 디컴파일 결과

최초 실행 시 보이는 화면이 그림과 다른 경우에는 좌측의 빈 곳을 우클릭해서 필요한 영역을 체크하면 된다. 디컴파일 결과 화면에서 ①번은 프로젝트 영역으로 작업 단위를 관리할 수 있다. 프로젝트 영역에서 파일을 선택하면 ②번의 코드 영역에서 파일의 내용을 확인할 수 있다. 디컴파일이나 리패키징 작업을 할 때는 ③번의 콘솔에서 로그와 결과를 확인할 수 있다.

여러분은 방금 앱 분석을 위해 디컴파일이라는 위대한 첫걸음을 내디뎠다. 다음의 내용을 확인하며 APK Studio를 익혀보자.

- 파일 탐색기에서 어떤 폴더나 파일이 생성되었는가?
- 생성된 파일을 다른 편집기 도구를 사용해서 열었을 때 APK Studio와 동일한 결과를 보여주는가?
- 디컴파일 결과로 생성된 파일 중 APK Studio에서 직접 수정이 가능한 파일이 있는가?

디컴파일 에러

디컴파일에 실패하거나 기타 에러 발생 시 코드 영역에 아무것도 표시되지 않고 APK Studio 하단의 콘솔에서 프로세스 종료 코드가 0이 아닌 값과 함께 에러를 나타낸다. 에러가 발생하는 이유는 크게 다음과 같다.

- 자바 환경 변수가 설정되어 있지 않거나 버전이 호환되지 않는 경우
- 디컴파일 경로에 '한글'이 포함되어 있거나 APK 파일 내 인코딩 에러

시현되는 에러 메시지와 함께 검색해보면 다른 문제에 대해서도 해결할 수 있다.

디컴파일한 결과와 APK 파일을 압축 해제한 결과를 비교했을 때 어떤 차이가 있는지 살펴본다. 폴더와 파일의 존재는 유사하지만 smali와 같은 새로운 폴더가 생기고 이전에 열리지 않던 xml 파일들도 평문으로 확인이 가능하다. 이러한 파일의 특징과 디컴파일이 어떤 과정으로 생기는지 알아본다.

3.3.4 smali 코드

디컴파일 과정을 거친 후 smali 폴더 내부에서 클래스별로 분류된 smali 확장자의 파일을 확인할 수 있다. smali 코드는 사람이 읽을 수 있는 달빅 바이트코드 Dalvik Bytecode이다. smali 코드는 C언어의 어셈블리 코드보다는 가독성이 높지만, 원래의 자바 소스코드와는 상당한 차이가 있다.

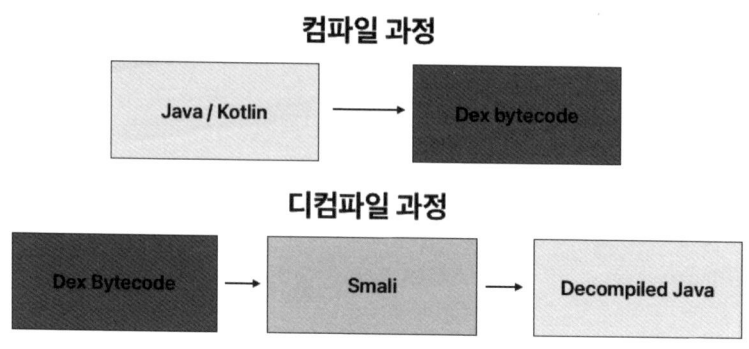

그림 3-9 컴파일과 디컴파일 과정 시 코드 흐름

컴파일 단계가 완료될 때 생성되는 기계어 코드는 바이트코드bytecode라고 불린다. 디컴파일 과정에서는 이 바이트코드를 니모닉nemonic[2]을 기반으로 하여 사람이 읽기 쉬운 형태로 변환한다. smali 코드는 이 과정에서 생성되며, 컴파일된 바이트코드를 읽기 쉽고 이해하기 쉬운 형태로 얻기 위해 텍스트 코드 형태로 제공한다.

다음은 원본 자바 코드와 디컴파일 후 smali 코드를 비교한 예시이다. 예시는 앱의 전체 코드가 아닌 일부 코드이며, 이 코드는 버튼 클릭 시 "Hello World!" 팝업 메시지를 출력하는 기능을 수행한다. 원본 자바 코드와 변환된 smali 코드에서 각 메서드가 어떻게 다른 형태로 보이는지 살펴본다.

---

[2] 바이트코드의 니모닉 기반 해석은 안드로이드 공식 문서(https://source.android.com/docs/core/runtime/dalvik-bytecode)에서 확인할 수 있다.

코드 3-1 자바 원시 코드

```java
public class MainActivity extends Activity {
    @Override
    protected void onCreate(Bundle savedInstanceState) {
        super.onCreate(savedInstanceState);
        setContentView(R.layout.activity_main);
        Button button = findViewById(R.id.button);
        button.setOnClickListener(new View.OnClickListener() {
            @Override
            public void onClick(View v) {
                // 버튼 클릭 시 "Hello World!" 팝업 메시지 출력
                Toast.makeText(MainActivity.this, "Hello World!", Toast.LENGTH_SHORT).show();
            }
        });
    }
}
```

코드 3-2 디컴파일 후 smali 코드

```
# MainActivity classes
.class final Lcom/example/myapp/MainActivity$1;
.super Ljava/lang/Object;
.source "MainActivity.java"
# direct methods
.method constructor <init>(Lcom/example/myapp/MainActivity;)V
    .locals 0
    invoke-direct {p0}, Ljava/lang/Object;-><init>()V
    return-void
.end method

# virtual methods
.method public onClick(Landroid/view/View;)V
    .locals 1
    const-string v0, "Hello World!"
```

```
    invoke-static {p0, v0, 0}, Landroid/widget/Toast;->makeText(Landroid/
content/Context;Ljava/lang/CharSequence;I)Landroid/widget/Toast;
    move-result-object v0
    invoke-virtual {v0}, Landroid/widget/Toast;->show()V
    return-void
.end method
.end class
```

smali 코드는 디컴파일 코드에 비해 양이 많고 수정이 가능하다. 바이트코드를 직접 하나씩 해석하는 것은 상당한 시간이 소요되기 때문에 smali 코드를 통해 앱의 동작을 효율적으로 분석할 수 있다. 디컴파일된 결과는 처음에 작성한 소스코드와 완전히 일치하지 않을 수 있다. 실제로 DIVA 깃허브 페이지에서 확인한 원본 소스코드와 비교해보자. smali 코드와 원본 코드와의 차이는 컴파일 과정에서의 최적화, 난독화, 컴파일러의 특성 등 다양한 이유에서 발생한다.

첫 번째로 원본 소스코드를 컴파일하는 과정에서 컴파일러는 최적화를 수행한다. 이 최적화 과정에서 불필요한 코드가 제거되거나 변경될 수 있다. 예를 들어 컴파일러는 간단한 계산의 결과를 컴파일 시점에 미리 계산하여 실행 시점에 수행하지 않도록 할 수 있다.

두 번째로 앱의 보안을 강화하기 위해 개발자가 난독화 도구를 사용해서 앱의 코드를 변형하는 경우가 있다. 실행에 영향을 주지 않는 임의의 코드를 삽입하거나, 로직을 변경해서 분석하는 것을 어렵게 하는 것이 목적이다. 또한 코드 보호 기술을 사용해서 앱의 중요한 로직이나 알고리즘을 숨길 수 있다. 이 경우 디컴파일된 결과는 원본 코드와 다른 형태로 나타난다.

3.3.5 네이티브 코드

C 또는 C++ 코드를 안드로이드 앱 프로젝트 내에 포함시킬 수 있다. 이 코드는

프로젝트를 빌드할 때 그래들이 함께 패키징할 수 있는 라이브러리를 포함시켜서 네이티브 라이브러리에 컴파일한다. 그러면 자바 또는 코틀린 코드가 자바 네이티브 인터페이스^{Java Native Interface, JNI}를 통해 네이티브 라이브러리에서 함수를 호출할 수 있다. 네이티브 코드를 개발하여 JNI를 사용하는 것은 여러 가지 장점을 제공한다. 네이티브 코드는 자바로 작성된 코드보다 하드웨어와 직접 상호작용할 수 있으며, 더 빠른 성능을 제공한다. 그리고 C 또는 C++ 언어로 작성된 기존 라이브러리를 앱에서 활용할 수 있다. 기존 코드를 재사용하여 개발 효율성을 높인다.

분석을 위해 APK 파일을 디컴파일하는 경우, C 또는 C++로 컴파일한 코드는 공유 객체^{shared object, so} 파일로 존재한다. 이 파일이 존재하면 앱 개발 중 일부 기능을 C 코드로 작성했다는 의미이다. 개발자가 관리하는 C 코드로 작성된 라이브러리를 호출하기 위해 JNI 인터페이스를 구축하는 것이 쉽거나, 컴파일된 C 코드가 자바보다 더 성능에 이점이 있을 때 사용한다.

3.3.6 AndroidManifest.xml

AndroidManifest.xml 파일은 안드로이드 앱의 메타데이터 정보를 담고 있는 파일이다. 앱을 출시할 때 구글에 앱에 대한 필수 정보를 설명하기 위해 제공하며, 설치 및 실행 시점에는 안드로이드 운영체제에게 앱의 구성 요소를 설명하는 데 필수적인 파일이다. 구성 요소에는 어떤 것들이 있으며 어떤 취약점이 발생할 수 있는지 알아본다. 다음에서 설명하는 구성 요소를 정의하고 어떤 작업을 수행할지 시스템에 알려준다.

앱 기본 정보	패키지명, 레이블, 아이콘 정보 등
앱 구성 요소	액티비티
	서비스
	브로드캐스트 리시버
	컨텐트 프로바이더
권한 설정	인터넷 연결, 파일 시스템 접근, 위치(GPS) 정보 등
인텐트 필터	액션, 데이터, 카테고리 등

디컴파일한 결과에서 AndroidManifest.xml 파일을 해석하는 방법은 텍스트 편집기나 디컴파일 도구를 사용해서 파일을 직접 열어보는 방법이 있다. 파일을 열어보면 XML 형식으로 작성되어 있으며 각 요소는 태그로 구분되어 있다. 각 태그의 속성을 확인하여 앱의 구성 요소들과 권한 설정을 확인할 수 있다.

■ 앱 기본 정보 – 패키지명

앱 이름과 패키지명은 서로 다른 개념이다. 앱 이름은 사용자에게 표시되는 이름으로, 사용자가 앱을 구분하고 인식하는 데 사용된다. 일반적으로 사용자 친화적이고 앱의 기능과 목적을 잘 나타내는 이름을 선택해서 앱을 홍보하고 설치하게끔 유도한다. 하지만 앱 패키지명은 안드로이드 시스템 내에서 고유하게 식별하기 위해 사용되는 것으로, 매니페스트 파일 내 package 속성에 명시된다.

```
<manifest xmlns:android="http://schemas.android.com/apk/res/android"
          package="string"
          android:sharedUserId="string"
          android:sharedUserLabel="string resource"
          android:sharedUserMaxSdkVersion="integer"
          android:versionCode="integer"
          android:versionName="string"
          android:installLocation=["auto" | "internalOnly" | "preferExternal"] >
    ...
</manifest>
```

그림 3-10 AndroidManifest.xml 내 패키지명(안드로이드 공식 홈페이지)

패키지명은 앱을 플레이 스토어에 등록하거나 다른 앱과의 충돌을 방지하기 위해 사용되기 때문에 중요하다. 시스템 내 같은 패키지명을 가진 앱은 설치될 수 없으므로 앱의 컴포넌트(액티비티, 브로드캐스트 리시버, 다른 서비스 등)들과 리소스를 구분하고 관리하는 데 사용되어 앱의 안정성과 정확성을 보장한다.

■ 앱 실행 필요조건

① **권한**: 앱에서 필요한 권한은 〈uses-permission〉 요소를 사용하여 명시한다. 명시된 권한은 필요 시점에 따라 사용자에게 허용을 요청한다. 사용자가 해당 권한을 승인하면 앱에서 기능을 사용할 수 있다.

```
<manifest ... >
  <!-- Include this permission any time your app needs location information. -->
  <uses-permission android:name="android.permission.ACCESS_COARSE_LOCATION" />

  <!-- Include only if your app benefits from precise location access. -->
  <uses-permission android:name="android.permission.ACCESS_FINE_LOCATION" />
</manifest>
```

그림 3-11 AndroidManifest.xml 내 위치 정보 요청 권한 선언(안드로이드 공식 홈페이지)

안드로이드에서 런타임 권한은 사용자의 개인 정보와 관련된 데이터에 접근하거나, 시스템 및 다른 앱에 영향을 미칠 수 있는 중요한 작업을 실행할 때 필요한 권한을 말한다. 런타임 권한은 사용자로부터 명시적인 승인을 받아야 사용할 수 있다. 대부분 위치, 카메라, 마이크, 연락처, 전화, 문자 메시지, 일정, 센서 등 개인 정보와 밀접하게 연관된 기능에 적용된다. 안드로이드 공식 문서(https://developer.android.com/reference/android/Manifest.permission)에서 전체 권한 목록을 확인할 수 있다.

② **하드웨어 & 소프트웨어 필요조건**: 앱에서 필요한 하드웨어나 소프트웨어의 최소 필요조건을 선언한다. 구글 플레이 스토어는 앱에서 요구하는 기능이나 시스템 버전을 제공하지 않는 기기에는 사용자가 앱을 설치할 수 있도록 허용하지 않는다. 이는 개발자가 빌드 설정 파일 내 minSdkVersion으로 포함하여

배포 시 해당 버전을 만족하지 않는 사용자에게는 설치를 제한하도록 안내할 수 있다.

■ **액티비티**

액티비티^{activity}는 앱에서 사용자가 단일 작업으로 처리할 수 있는 단위이다. 거의 모든 액티비티는 사용자와 상호작용하므로 액티비티 클래스는 뷰를 사용하여 UI를 배치할 수 있는 화면을 생성하는 작업을 한다. 사용자와 상호작용하기 위해 화면을 표시하고, 사용자 입력에 반응하거나 다른 액티비티와 상호작용하기도 한다. 각 액티비티는 독립적으로 실행되며, 여러 개의 액티비티가 조합되어 앱을 구성한다. 앱에서 사용하는 모든 액티비티는 AndroidManifest.xml 파일에 명시되어 있어야 한다.

```
<manifest ... >
    <application ... >
        <activity android:name="com.example.myapp.MainActivity" ... >
        </activity>
    </application>
</manifest>
```

그림 3-12 AndroidManifest.xml 내 액티비티 선언(안드로이드 공식 홈페이지)

동시에 앱을 분석하는 데 가장 중요한 지점은 분석을 시작할 위치를 정하는 것이다. 앱의 아이콘을 눌러서 실행하는 일반적인 실행 환경일 때 가장 먼저 실행할 액티비티를 매니페스트 파일에서 파악할 수 있다.

코드 3-3 AndroidManifest.xml 내 런처 액티비티

```
<manifest xmlns:android="http://schemas.android.com/APK/res/android"
    package="com.example.myapp">
    <application
        ...>
        ...
        <activity
```

```xml
            android:name=".MainActivity"
            android:label="@string/app_name">
            <intent-filter>
                <action android:name="android.intent.action.MAIN" />
                <category android:name="android.intent.category.LAUNCHER" />
            </intent-filter>
        </activity>
        ...
    </application>
</manifest>
```

액티비티의 경우 android:name 속성은 해당 액티비티를 구현하는 자바 또는 코틀린 클래스의 이름을 나타낸다. 앱의 매니페스트 파일에 〈activity android:name=".MainActivity"〉와 같이 선언되어 있다면, 이는 패키지 내에서 'MainActivity'라는 이름의 클래스를 액티비티로 사용하겠다는 것을 의미한다. 클래스 이름 앞에 점(.)이 오는 경우, 앱의 패키지 이름을 기준으로 상대적인 경로를 나타낸다. 따라서 앱의 패키지 이름이 com.example.app이고, android:name 속성의 값이 .MainActivity라면, 해당 액티비티 클래스의 전체 이름은 com.example.app.MainActivity가 된다. 전체 이름은 패키지명과 클래스명의 조합으로 이루어져 안드로이드 시스템이 해당 클래스를 정확히 찾을 수 있게 한다.

앱의 진입점을 정의하기 위해 〈intent-filter〉라는 요소를 사용한다. android.intent.action.MAIN 액션과 android.intent.category.LAUNCHER 카테고리를 각각 설정하여 해당 액티비티가 앱의 진입점 역할을 수행하도록 한다.

■ 액티비티 생명주기

액티비티 간에 데이터 전달, 인텐트 호출 등의 흐름을 분석하기 위해서는 액티비티 생명주기 activity lifecycle에 대한 이해가 필요하다. 액티비티 생명주기는 액티비티의 생성부터 소멸까지의 단계를 나타낸다. 액티비티는 다양한 생명주기 콜백 함수[3]를 통해 해당하는 단계의 작업을 수행하며, 이를 통해 앱의 상태 변화를 관리한다. 예를 들어 소셜 네트워크 서비스 앱을 사용하다가 카메라 앱을 실행하여 사진을 찍을 수 있고, 게임을 하다가 전화를 받고 다시 게임 화면으로 돌아가는 상태들을 관리하기 위한 기술이다.

주요 생명주기 콜백 함수는 다음과 같다.

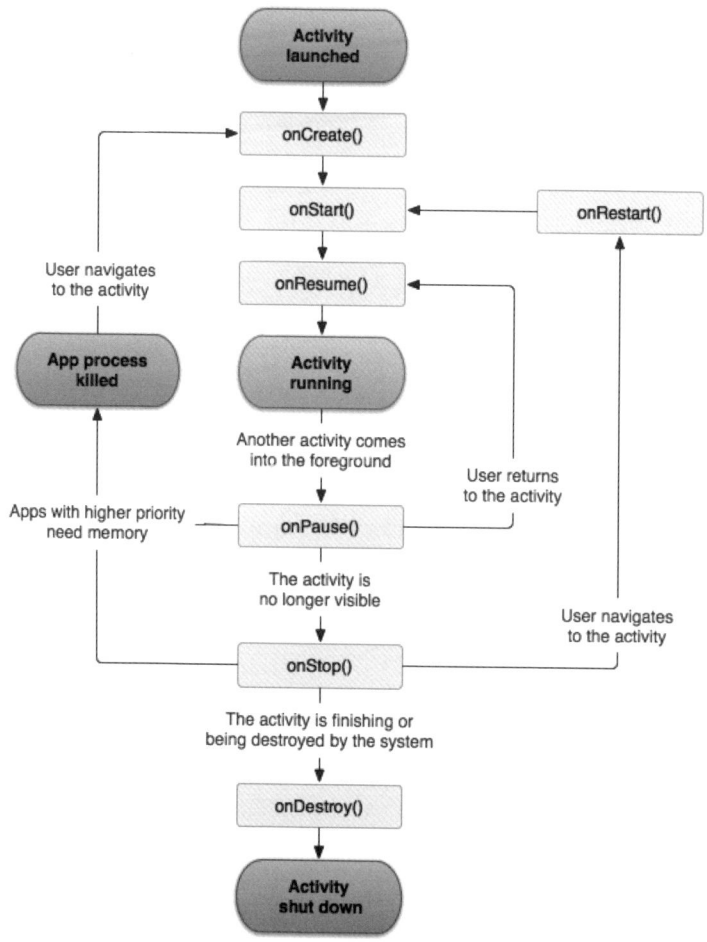

그림 3-13 액티비티 생명주기(출처: android developers)

---

3   작성된 코드 순서대로 실행되지 않고 이벤트, 요청 발생 시 동작하는 함수

① **onCreate**: 액티비티가 생성될 때 가장 먼저 실행된다. 화면의 초기 설정이나 초기화 작업을 수행한다.
② **onStart**: 액티비티가 사용자에게 보이기 직전에 호출된다. 화면이 보이고 사용자와 상호작용 가능한 상태가 된다.
③ **onResume**: 액티비티가 사용자와 상호작용하기 시작할 때 호출된다. 중지되었다가 다시 시작할 때도 호출된다.
④ **onPause**: 액티비티가 일시적으로 중단되거나 다른 액티비티가 최상위로 올라올 때 호출된다. 화면이 가려지거나 일시 정지 상태가 된다.
⑤ **onDestroy**: 액티비티가 소멸될 때 호출된다. 메모리가 부족하거나 앱이 종료되면 호출된다.

취약점 분석 관점에서 액티비티의 이해와 생명주기 파악은 중요하다. 예를 들어, 중요 작업을 수행하는 액티비티에서 사용자 인증 없이 접근을 허용하면, 앱의 데이터나 기능에 비인가 사용자가 접근할 수 있게 된다.

■ **서비스**

서비스는 사용자 인터페이스$^{User\ Interface,\ UI}$ 없이 백그라운드에서 실행된다. 서비스를 시작할 수 있는 방법은 무수히 많으며 애플리케이션의 또 다른 진입점이 된다. 앱이 종료되거나 화면이 전환되어도 계속 실행될 수 있으며 오랫동안 실행되는 작업이나 백그라운드 작업을 처리할 때 유용하다. 예를 들어 음악 앱은 음악 재생을 위해 백그라운드에서 서비스로 실행한다. 음악 재생이 계속되도록 서비스를 실행하고 앱이 전환되거나 화면이 종료되어도 음악 재생을 계속할 수 있다.

```
<service android:description="string resource"
         android:directBootAware=["true" | "false"]
         android:enabled=["true" | "false"]
         android:exported=["true" | "false"]
         android:foregroundServiceType=["camera" | "connectedDevice" |
                                        "dataSync" | "location" | "mediaPlayback" |
                                        "mediaProjection" | "microphone" | "phoneCall"]
         android:icon="drawable resource"
         android:isolatedProcess=["true" | "false"]
         android:label="string resource"
         android:name="string"
         android:permission="string"
         android:process="string" >
    ...
</service>
```

그림 3-14 AndroidManifest.xml 내 서비스 선언(안드로이드 공식 홈페이지)

- **노출된 컴포넌트**(서비스 & 액티비티)

서비스와 액티비티에서 android:enabled 속성은 서비스가 사용 가능한지를 지정하며, android:exported 속성은 외부 앱이 서비스에 접근할 수 있는지를 지정한다. 서비스를 외부에서 호출하는 경우, 앱 컴포넌트가 startService 또는 bindService 함수를 호출하여 서비스를 시작하거나 바인딩한다.

외부에서 서비스를 호출하는 경우에는 보안에 유의해야 한다. android:exported 속성을 true로 설정하면 외부 앱이 서비스에 접근할 수 있으므로 꼭 필요한 경우에만 true로 설정해야 한다. 접근을 허용하는 경우에도 권한을 제한하고, 필요한 경우에만 안전하고 제한된 인터페이스를 통해 외부 앱과 통신하도록 구현되어 있는지 확인해야 한다.

- **인텐트 필터**

인텐트는 시작할 액티비티를 설명하고 모든 필수 데이터를 담고 있다. 〈intent-filter〉는 AndroidManifest.xml 파일에서 액티비티, 서비스, 브로드캐스트 리시버 등의 컴포넌트에 대한 인텐트를 정의하는 데 사용된다. 인텐트 필터는 해당 컴포넌트가 어떤 액션과 카테고리를 처리할 수 있는지를 지정하며 다른 앱이나 시스템에서 해당 컴포넌트를 호출할 때 어떤 인텐트와 일치하는지 결정하는 역할을 한다.

코드 3-4 AndroidManifest.xml 내 인텐트 필터

```xml
<activity android:name=".MyActivity">
    <intent-filter>
        <!-- 앱의 진입점으로 설정 -->
        <action android:name="android.intent.action.MAIN" />
        <category android:name="android.intent.category.LAUNCHER" />
    </intent-filter>

    <intent-filter>
        <!-- 웹 주소 처리 -->
        <action android:name="android.intent.action.VIEW" />
        <category android:name="android.intent.category.DEFAULT" />
        <data android:scheme="http" />
    </intent-filter>
</activity>
```

① **앱의 진입점 정의**: MAIN 액션과 LAUNCHER 카테고리를 지정하여 앱 아이콘을 클릭하거나, 다른 앱이나 시스템에서 앱을 실행할 때 지정한 액티비티가 실행되도록 한다.

② **인텐트 처리 지정**: 컴포넌트가 처리할 수 있는 인텐트를 정의하여 해당 앱에 대한 호출을 구분한다. 예를 들어 http://로 시작하는 웹 주소 링크를 클릭했을 때 브라우저 앱이나 다른 앱을 호출할 수 있도록 BROWSE 액션과 DEFAULT 카테고리를 지정할 수 있다.

주의하기

인텐트를 사용하여 앱 내의 서비스를 시작하는 경우 명시적으로 인텐트를 호출하여 사용하여야 보안에 안전하다. 암시적 인텐트 호출 시 다음의 위협이 발생할 수 있다.

- 앱 사용자에게 보이지 않는 인텐트 존재 시 공격자가 앱 외부에서 호출하여 앱의 기능을 사용하거나 데이터를 유출할 수 있다.
- 사용자가 앱 사용 시점에 허가한 권한을 이용하여 앱의 다른 기능을 호출할 수 있다.

암시적 호출은 앱에서 어떤 서비스가 응답할지 확인할 수 없기 때문에 보안상 취약하여 안드로이드 5.0(API 21)부터 bindService()를 통한 호출 시 시스템 예외를 발생시킨다.

이 외에도 안드로이드 공식 문서에서 제공하는 정보를 https://developer.android.com/guide/topics/manifest/manifest-intro에서 확인할 수 있다. 매니페스트 파일만으로 취약점 진단을 수행할 수는 없지만, 분석 초반 단계에서 가장 많은 정보를 얻을 수 있기 때문에 많이 참조하는 파일이다. 앱에서 불필요하게 과도한 권한이 선언되어 있다거나 android:exported, android:sharedUserId와 같은 속성이 true로 설정된 컴포넌트가 존재하는 경우, 취약점이 발생할 수 있는 부분으로 판단하여 진단 우선순위를 선정할 수 있다.

 안드로이드 API 29 이후 변경 사항

android:sharedUserId 속성은 앱 간에 리소스와 데이터를 공유하는 데 사용된다. 그러나 구글에서는 해당 속성 사용을 권장하지 않으며 향후 안드로이드 버전에서 제거될 수 있다.

여러 앱이 동일한 sharedUserId를 공유하면 데이터와 리소스에 대한 접근 권한의 구분이 어렵다. 이로 인해 앱이 의도하지 않은 데이터나 리소스에 접근하거나 조작할 수 있으며 데이터 유출, 변조 등의 보안 위협이 발생한다.

또한, 액티비티 항목을 확인하여 개발할 때 포함된 테스트용 기능이 실수 또는 관리의 목적으로 포함되어 있을 경우 해당 액티비티를 통해 서버 접속 정보, 개인 정보, 기기 정보 등이 유출될 수 있으므로 참고하여 진단한다.

■ **[실습]** 실습 앱 AndroidManifest.xml 분석하기

실습 앱 또는 실제 앱을 통해 직접 분석해본다. 분석을 진행하면서 다음 질문에 대한 답을 찾을 수 있다.

```xml
<?xml version="1.0" encoding="utf-8"?>
<manifest xmlns:android="http://schemas.android.com/apk/res/android" android:versionCode="1" android:versionName="1.0" package="jakhar.aseem.diva"
    <uses-sdk android:minSdkVersion="15" android:targetSdkVersion="23"/>
    <uses-permission android:name="android.permission.WRITE_EXTERNAL_STORAGE"/>
    <uses-permission android:name="android.permission.READ_EXTERNAL_STORAGE"/>
    <uses-permission android:name="android.permission.INTERNET"/>
    <application android:theme="@style/AppTheme" android:label="@string/app_name" android:icon="@mipmap/ic_launcher" android:debuggable="true" and
        <activity android:theme="@style/AppTheme.NoActionBar" android:label="@string/app_name" android:name="jakhar.aseem.diva.MainActivity">
            <intent-filter>
                <action android:name="android.intent.action.MAIN"/>
                <category android:name="android.intent.category.LAUNCHER"/>
            </intent-filter>
        </activity>
        <activity android:label="@string/d1" android:name="jakhar.aseem.diva.LogActivity"/>
        <activity android:label="@string/d2" android:name="jakhar.aseem.diva.HardcodeActivity"/>
        <activity android:label="@string/d3" android:name="jakhar.aseem.diva.InsecureDataStorage1Activity"/>
        <activity android:label="@string/d4" android:name="jakhar.aseem.diva.InsecureDataStorage2Activity"/>
        <activity android:label="@string/d5" android:name="jakhar.aseem.diva.InsecureDataStorage3Activity"/>
        <activity android:label="@string/d6" android:name="jakhar.aseem.diva.InsecureDataStorage4Activity"/>
        <activity android:label="@string/d7" android:name="jakhar.aseem.diva.SQLInjectionActivity"/>
        <activity android:label="@string/d8" android:name="jakhar.aseem.diva.InputValidation2URISchemeActivity"/>
        <activity android:label="@string/d9" android:name="jakhar.aseem.diva.AccessControl1Activity"/>
        <activity android:label="@string/apic_label" android:name="jakhar.aseem.diva.APICredsActivity">
            <intent-filter>
                <action android:name="jakhar.aseem.diva.action.VIEW_CREDS"/>
                <category android:name="android.intent.category.DEFAULT"/>
            </intent-filter>
        </activity>
        <activity android:label="@string/d10" android:name="jakhar.aseem.diva.AccessControl2Activity"/>
        <activity android:label="@string/apic2_label" android:name="jakhar.aseem.diva.APICreds2Activity">
            <intent-filter>
                <action android:name="jakhar.aseem.diva.action.VIEW_CREDS2"/>
                <category android:name="android.intent.category.DEFAULT"/>
            </intent-filter>
        </activity>
        <provider android:name="jakhar.aseem.diva.NotesProvider" android:enabled="true" android:exported="true" android:authorities="jakhar.aseem.d
        <activity android:label="@string/d11" android:name="jakhar.aseem.diva.AccessControl3Activity"/>
        <activity android:label="@string/d12" android:name="jakhar.aseem.diva.Hardcode2Activity"/>
        <activity android:label="@string/pnotes" android:name="jakhar.aseem.diva.AccessControl3NotesActivity"/>
        <activity android:label="@string/d13" android:name="jakhar.aseem.diva.InputValidation3Activity"/>
    </application>
</manifest>
```

그림 3-15 DIVA 앱의 AndroidManifest.xml

다음의 질문에 대한 해답을 얻을 수 있는지 확인한다.

- **질문 1** 앱에 선언되어 있는 권한은 어떤 것들이 있는가?

  답변 1 〈uses-permission〉 태그 내 선언되어 있다.

  WRITE_EXTERNAL_STORAGE (외부 저장소 쓰기 권한)

  READ_EXTERNAL_STORAGE (외부 저장소 읽기 권한)

  INTERNET (인터넷 접속 권한)

- **질문 2** 앱을 실행할 때 가장 먼저 실행되는 액티비티명은 무엇인가?

  답변 2 android.intent.action.MAIN 액션과 android.intent.category.

LAUNCHER 카테고리가 포함된 액티비티이다. "jakhar.aseem.diva.MainActivity"

- **질문 3** 외부로 노출된 컴포넌트가 존재하는가?

  답변 3 android:exported 속성이 true로 되어 있는 컴포넌트가 존재한다.

과도하게 권한을 부여하거나 실수 또는 관리 목적으로 포함된 액티비티의 경우, 매니페스트 파일에서 주어진 정보만으로는 취약 여부 판단이 어렵다. 어떤 권한이 앱에서 과도한지 혹은 실수인지에 대한 기준이 모호하기 때문이다. 따라서 취약점 분석을 위해서는 정보 수집 단계에서 수집한 정보에 하나씩 접근해야 한다. 앱의 모든 기능을 충분히 실행하고 검증한 후에 취약 여부를 정확하게 판단할 수 있다. 이 과정에서는 앱의 기능, 권한 요청, 사용자와의 상호작용 등 다양한 요소를 고려하여 종합적인 분석을 수행해야 한다.

CHAPTER 04 취약점 진단하기

앱에는 각 구성 요소에 여러 구성 요소가 포함되어 있는 경우가 많다. 이때 포함된 구성 요소는 하나 이상의 신뢰할 수 있는 도메인에서 작동하는 하위 시스템 역할을 한다. 예를 들어 한 구성 요소는 파일 시스템에 접근할 수 있지만 네트워크에는 접근할 수 없는 반면, 다른 구성 요소는 네트워크에 접근할 수 있지만 파일 시스템에 접근할 수 없다. 신뢰의 경계를 넘어서 도메인 간 전달되는 데이터를 처리할 때, 보내는 쪽과 받는 쪽 모두 데이터를 검증하고 처리해야 한다.

하나의 앱 내에는 내부 개발 코드와 타사 코드가 포함될 수 있다. 안드로이드는 신뢰할 수 없는 코드를 실행할 수 있도록 설계되었기 때문에 타사 코드도 신뢰할 수 있는 영역에서 실행될 수 있다. 이러한 타사 코드의 API는 신뢰 경계로 간주될 수 있다. 신뢰 경계를 넘어서는 데이터에 대해서는 유효성 검사가 필수적이다. 즉, 데이터를 생성하는 코드가 데이터의 유효성을 보장하지 않는 한, 해당 데이터는 신뢰할 수 없다고 간주되어 유효성 검사를 거쳐야 한다.

다음 그림의 경우와 같이 구성 요소의 신뢰 경계를 벗어난 소스에서 컴포넌트가 수신한 데이터는 악의적일 수 있으며, 삽입 공격으로 이어질 수 있다.

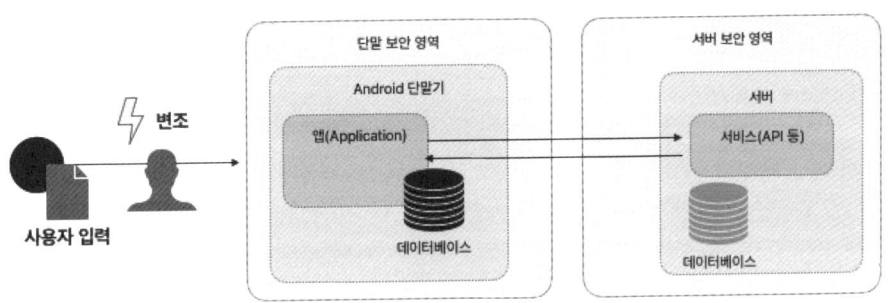

그림 4-1 신뢰 영역 외부에서의 공격

4.1 NDK 취약 함수 사용

4.1.1 개요

안드로이드 NDK는 안드로이드 앱에서 C 또는 C++로 작성된 네이티브 코드를 사용할 수 있도록 지원하는 도구이다. 네이티브 코드는 안드로이드 운영체제와 직접 상호작용할 수 있으며, 시스템 레벨의 기능을 사용할 수 있기 때문에 취약한 함수를 사용할 경우 보안에 위협이 될 수 있다. 다음은 취약한 함수를 사용하는 예제 코드이다.

코드 4-1 C 코드(native-lib.c)

```c
#include <jni.h>
#include <stdio.h>
#include <stdlib.h>
#include <string.h>
#include <unistd.h>
JNIEXPORT jstring JNICALL
Java_com_example_myapp_MainActivity_invokeExec(JNIEnv *env, jobject instance, jstring cmd) {
    const char *command = (*env)->GetStringUTFChars(env, cmd, 0);
    char buffer[128];
    FILE *fp = popen(command, "r"); //popen 함수 호출
    if (fp == NULL) {
        return NULL;
    }
    fgets(buffer, sizeof(buffer)-1, fp);
    pclose(fp);
    (*env)->ReleaseStringUTFChars(env, cmd, command);
    return (*env)->NewStringUTF(env, buffer);
}
```

코드 4-2 Java 코드(MainActivity.java)

```java
package com.mysampleapp;
import androidx.appcompat.app.AppCompatActivity;
import android.os.Bundle;
import android.widget.TextView;
public class MainActivity extends AppCompatActivity {
    static {
        System.loadLibrary("native-lib");
    }
    @Override
    protected void onCreate(Bundle savedInstanceState) {
        super.onCreate(savedInstanceState);
        setContentView(R.layout.activity_main);
        TextView textView = findViewById(R.id.textView);
        String result = invokeExec("ls /");
        textView.setText(result);
    }
    public native String invokeExec(String cmd);
}
```

코드를 분석하기 전에 자바에서 NDK 호출 방법과 원리를 먼저 소개한다. 자바의 LoadLibrary 함수는 네이티브 라이브러리를 로드하기 위한 함수이다. NDK를 사용하여 네이티브 코드를 개발하고 빌드한 후, 결과 파일인 so 파일을 프로젝트 경로의 libs 또는 라이브러리 폴더 내에 위치시킨다. 그 후 자바 코드에서 so 파일명인 LoadLibrary로 호출한다. 로드된 라이브러리 함수는 JNI를 통해 자바 코드에서 호출할 수 있게 된다.

앞선 예제 코드는 NDK를 이용하여 C 함수인 popen 함수를 호출하여 외부 명령을 실행하고 결과를 자바로 반환하는 예시이다. 예제에서는 "ls /"를 실행하여 루트 경로의 파일 목록을 가져오도록 했지만 외부 인자를 받아서 검증 없이 명령을 실행하는 것은 보안에 취약하며 코드 삽입, 권한 상승 등의 위험이 있다.

코드 4-3 경로 탐색 취약 코드(자바)

```
File file = new File("/img/" + args[0]);
if (!isInSecureDir(file)) {
  throw new IllegalArgumentException();
}
FileOutputStream fis = new FileOutputStream(file);
// ...
```

예시를 하나 더 살펴보면 사용자의 입력값을 args[0]으로 받아서 경로 문자열로 만드는 것을 확인할 수 있다. 그러나 사용자는 상위 경로를 뜻하는 ../ 문자열을 포함하여 개발자가 의도한 경로 외부의 경로나 파일을 참조하는 링크를 생성할 수 있다. 경로 이름이 /img 경로 하위에 있는 것처럼 보이므로 유효성 검사는 통과할 수 있지만 실제로는 의도한 경로 외부에 접근할 수 있다.

리눅스 기반에서 동작하는 안드로이드 시스템 특성상 리눅스에서 발생하는 메모리 관련 취약점이 안드로이드에서도 발생할 수 있다.

- 버퍼 오버플로$^{Buffer\ Overflow,\ BOF}$는 프로그램에서 사용되는 버퍼를 넘어서 데이터를 쓸 수 있는 취약점이다. 주로 메모리 크기 검사를 하지 않는 함수에서 발생하며 공격자는 앱의 메모리를 침범하고 임의의 코드를 실행할 수 있다.
- 포맷 스트링$^{Format\ String}$은 서식 문자열을 잘못 처리해서 악의적인 코드를 주입하거나 메모리를 읽고 쓰는 취약점이다. 예를 들어 앱이 사용자 입력을 로그로 출력하는 경우, 포맷 스트링을 이용하여 임의의 데이터를 읽거나 쓸 수 있다.
- 레이스 컨디션$^{Race\ Condition}$은 멀티스레드 환경에서 발생하는 보안 취약점으로 두 개 이상의 스레드가 동시에 공유된 리소스에 접근하고 변경하는 경우 발생한다. 여러 스레드가 동시에 리소스에 접근하면서 각각의 스레드가 리소스를 변경하는 순서가 보장되지 않아 의도하지 않은 결과가 발생한다. 여러

스레드가 파일에 접근하여 데이터를 읽거나 쓰는 경우, 데이터의 일관성이 깨질 수 있다. 파일의 내용이 손상되거나 중복으로 저장될 수 있다.

4.1.2 진단 방법

다음의 표는 안드로이드 앱에서 취약 함수 사용으로 발생할 수 있는 취약점과 권장 함수를 나타낸 것이다. 소스코드를 분석할 때 표의 함수를 사용하고 있는 경우 유의 깊게 살펴봐야 한다.

발생 취약점	취약 함수	권장 함수
버퍼 오버플로	strcpy, strcat, memcpy, memset, scanf, sprintf, gets, fgets 등	strncpy, strncat 등
포맷 스트링	printf, fprintf, vfprintf, vsprintf, syslog 등	snprintf, sprintf, snprintf 등
레이스 컨디션	tmpfile 등	

명시된 함수를 사용한다고 해서 무조건 취약점이 존재한다고 볼 수 없다. 취약점의 여부를 판단하기 위해서는 사용자의 입력을 통해 범위를 벗어난 데이터의 입력이 가능한지, 또는 의도하지 않은 데이터의 노출이 발생하는지를 검토해야 한다. 즉, 함수의 사용 방식과 상황 그리고 이로 인해 발생할 수 있는 보안상 위험을 면밀히 분석한 후에 취약 여부를 결정해야 한다.

취약 여부	설명
취약	버퍼 경계 검사를 하지 않는 함수를 사용하거나, 함수의 인자에 검증되지 않은 입력 값을 사용함으로써 다른 메모리 영역에 대한 접근을 허용하는 경우
양호	취약 함수를 사용하지 않거나, 사용 시 함수의 인자로 사용되는 문자열에 대해 검증을 수행하고 있는 경우

> **안드로이드 운영체제 보안**
>
> 안드로이드 앱은 앱별로 샌드박스 환경에서 동작하고 최상위 경로 접근이나 다른 앱에 대한 접근은 운영체제 수준에서 차단한다.
>
> - **앱의 권한 제한**: 안드로이드 앱은 각각 격리된 사용자로 실행되며, 앱은 자신의 앱 데이터 경로에만 접근할 수 있다.
> - **안드로이드 샌드박스**: 앱은 격리된 환경에서 실행되며 다른 앱의 리소스에 직접 접근은 불가능하다.
> - **권한**: 앱이 리소스에 접근하려면 권한을 시스템에 요청하고 사용자로부터 허용받아야 한다.
>
> 하지만 의도하지 않은 동작은 언제나 새로운 보안 위협이 될 수 있기 때문에 입력 검증 후 데이터를 사용해야 한다.

4.1.3 보안 대책

신뢰 경계를 넘어 수신되는 데이터가 적절하고 악의적이지 않은지 확인해야 한다.

① **유효성 검사**^{validation}: 유효성 검사는 입력 데이터가 유효한 예상 영역에 속하는지 확인하는 과정이다. 입력을 받으려는 값이 숫자인지, 길이는 얼마인지, 전달하려는 컴포넌트에서 요구하는 데이터의 형태와 일치하는지 확인한다.

② **입력 데이터 정제**^{sanitization}: 유효성 검사와 더불어 외부에서 입력받은 데이터를 특수문자 제거, 인코딩 등을 통해 정제하는 과정이다. 이를 통해 코드 삽입 공격을 방지하고 안전한 데이터 처리를 보장한다. 입력 데이터를 신뢰할 수 있는 형태로 변환하여 보안상의 위험을 최소화한다.

다음은 사용자가 입력한 문자열의 유효성 검사 및 정제하는 방법이다. 정규표현식을 이용하여 인자에 포함된 문자열을 화이트리스트 기반으로 검사한 후 실행한다.

코드 4-4 정규표현식을 이용한 유효성 검사

```
// ...
if (!Pattern.matches("[0-9A-Za-z@.]+", dir)) {
  // 에러 처리
}
// ...
```

사용자 입력에 대한 검증을 통해 보안을 강화할 수 있는 한 가지 방법은 사용자가 직접 특정 문자열을 입력하는 대신 제한된 목록에서 선택하도록 하는 것이다. 이 방식에서는 사용자로부터 목록의 순서를 인자로 받아 해당 순서에 해당하는 값을 프로그램이 처리하게 된다. 이렇게 하면 사용자는 실행하고자 하는 옵션을 선택할 수는 있지만 임의의 문자열을 직접 입력하여 시스템에 전달하는 것은 불가능하다. 이 방법은 입력 데이터의 범위를 엄격하게 제한함으로써 잘못된 입력이나 악의적인 입력으로 인한 보안 위험을 줄일 수 있다.

코드 4-5 조건 검사를 이용한 유효성 검사

```
// ...
String dir = null;

int number = Integer.parseInt(System.getProperty("dir")); // 정수형 인자만 처리
switch (number) {
  case 1:
    dir = "data1";
    break; // 첫 번째 옵션
  case 2:
    dir = "data2";
    break; // 두 번째 옵션
  default: // 해당하는 옵션이 없는 경우
    break;
}
if (dir == null) {
```

CHAPTER 04 _ 취약점 진단하기

```
    // 에러 처리
}
```

마지막으로 시스템 함수를 직접 사용하는 것보다 안드로이드에서 미리 정의한 기능을 사용하는 것을 권장한다. 예를 들어 파일 목록을 가져오기 위한 로직을 작성한다면 시스템 명령을 직접 실행하는 것이 아니라 보안성 측면에서 검증된 안드로이드 API를 사용한다.

코드 4-6 API를 이용한 위험 함수 미사용

```
myList = new ArrayList();
String rootSD = Environment.getExternalStorageDirectory().toString();
file = new File(rootSD + '/Downlaod');
File list[] = file.listFiles();
for (int i=0;i<list.length;i++){
  myList.add(list[i].getName());
}
```

4.2 DexClassLoader

4.2.1 개요

안드로이드 DexClassLoader는 앱이 런타임 시점에서 다른 dex 파일을 동적으로 로드하고 사용할 수 있도록 지원하는 클래스로, 동적 클래스 로딩을 통해서 다른 클래스나 리소스를 앱에 추가로 불러올 수 있다.

코드 4-7 DexClassLoader 생성자

```
DexClassLoader(String dexPath, String dexOutputDir, String libPath,
ClassLoader parent)
```

생성자를 살펴보면, 첫 번째 인자에 외부 APK 파일 위치를 지정하고, 세 번째 인자는 네이티브 라이브러리의 탐색 경로이다. 문제는 여기서 발생한다. 개발자는 다른 앱이 설치된 정확한 경로를 알 수 있는 방법이 없고 안드로이드 운영체제에서도 앱의 패키지명으로 설치된 경로를 제공하지 않는다. 그래서 상대 경로를 사용하거나 런타임 시점에 경로를 탐색하여 위치를 참조하도록 앱을 구성하기도 한다.

코드 4-8 DexClassLoader 사용 예제

```
DexClassLoader loader =
    new DexClassLoader("/sdcard/download/test.APK","/sdcard/download",
null, getClass().getClassLoader());
Class<?> cls = null;
Object obj = null;
try {
    cls = loader.loadClass("com.test.classname");
    Constructor<?> cons = cls.getConstructor();
    obj = cons.newInstance();
    Method m = cls.getMethod("myMethod", String.class);
    m.invoke(obj, "Hello");
}
catch (Throwable e) {
    e.printStackTrace();
}
```

외부 dex 파일을 로드할 때 공격자가 만든 악의적인 dex 파일이 로드되어 앱에 악의적인 코드가 삽입될 수 있다. 같은 이름을 가진 여러 라이브러리가 존재하는 경우 라이브러리 충돌이 발생하여 의도하지 않은 동작을 유발할 수 있다.

4.2.2 진단 방법

취약 여부	설명
취약	DexClassLoader 사용 시 경로 및 파일에 대한 검증을 실시하지 않는 경우
양호	DexClassLoader 사용 시 경로 및 파일에 대한 검증을 실시하는 경우

4.2.3 보안 대책

안드로이드 보안 정책은 앱 간의 코드 재사용 및 기능 공유를 위해 DexClassLoader의 사용보다는 인텐트를 사용하여 다른 앱을 호출하도록 권장하고 있다. 이 권장 사항은 안드로이드 시스템의 안전성과 앱 간의 격리를 강화한다. DexClassLoader를 사용하면 개발자는 다른 앱에서 정의된 클래스를 동적으로 로드하고 실행할 수 있다. 이 방식은 유연성을 제공하지만 악의적인 앱이 다른 앱의 기능을 무단으로 사용하거나, 민감한 데이터에 접근할 수 있는 문제가 발생할 수 있다. 반면, 인텐트는 안드로이드 플랫폼에서 앱 간의 통신을 위해 설계된 메커니즘으로 앱 간의 데이터 전송, 액티비티 호출, 서비스 시작 등 다양한 작업을 수행할 수 있다. 다음 코드는 인텐트를 사용하여 다른 앱의 클래스를 호출하는 예제이다.

코드 4-9 인텐트를 사용한 다른 앱 클래스 호출 1

```
String targetPackageName = "com.test.app"; // 타깃 앱의 패키지 이름
String targetClassName = "com.test.app.classname"; // 타깃 앱에서 호출할 클래스
  이름
Intent intent = new Intent();
intent.setComponent(new ComponentName(targetPackageName,
targetClassName));
// 타깃 앱에서 호출할 메서드에 전달할 데이터를 설정
intent.putExtra("data", "Hello from Caller App!");
// 액티비티를 실행하거나, 서비스를 시작하거나, BroadcastReceiver 호출
startActivity(intent); // 액티비티 실행
```

```
// startService(intent); // 서비스 시작
// sendBroadcast(intent); // BroadcastReceiver 호출
```

코드 4-10 인텐트를 사용한 다른 앱 클래스 호출 2

```
public class TargetClass extends Activity { // 또는 Service 또는
BroadcastReceiver
    @Override
    protected void onCreate(Bundle savedInstanceState) {
        super.onCreate(savedInstanceState);
        setContentView(R.layout.activity_target);
        // Intent로 전달된 데이터를 받아 처리
        String data = getIntent().getStringExtra("data");
        if (data != null) {
            // 데이터 처리 로직 구현
            // ...
        }
    }
}
```

인텐트를 이용하여 다른 앱의 클래스를 호출하면 앱의 권한 설정과 운영체제 보안 체계를 활용하게 된다. 앱 간의 상호작용이 안드로이드 시스템에서 안전하게 관리되며 런타임 시 권한을 검사하여 보안 위협을 방지할 수 있다.

4.3 하드코딩된 중요 정보

4.3.1 개요

앱이 제공하는 기능이나 목적에 따라 어떤 정보가 중요 정보인지 결정된다. 일반 적으로 중요 정보에는 주민등록번호나 계좌번호, 신용카드 번호, 비밀번호 또는

개인키와 같은 사용자 정보가 포함된다. 하지만 정적 분석, 즉 앱을 실제로 실행하지 않고 소스코드를 분석하는 과정에서는 중요 정보가 기록되어 있지 않을 가능성이 크다. 정적 분석은 소스코드의 구조, 코드 패턴, 취약점, 보안 관련 문제점을 파악하는 데 중점을 두며 실제 런타임 데이터는 포함하지 않는 경우가 일반적이다.

정적 분석 단계에서의 중요 정보는 앱이 동작하는 데 필요한 정보들이 포함된다. 여기에 해당하는 정보에는 API키, 관리자 인증 정보, 암호화키 등이 있으며, 이들이 소스코드에 하드코딩되어 있는 경우 디컴파일 시 평문으로 노출될 수 있다. 다음의 예제 코드는 IP 주소와 같은 민감한 정보가 소스코드에 하드코딩된 경우를 보여준다. 하드코딩된 중요 정보는 앱이 공격자에 의해 분석될 경우 보안 위협으로 이어질 수 있으므로 개발 과정에서 정보를 안전하게 저장하는 방법을 고려해야 한다.

코드 4-11 안전하지 않은 자바 코드(하드코딩된 IP 주소)

```
class IPaddress {
  String ipAddress = new String("111.222.255.255");
  public static void main(String[] args) {
    //...
  }
}
```

앱 설치 파일 내 하드코딩된 정보는 디컴파일 시 문자열을 평문으로 확인할 수 있다.

코드 4-12 디스어셈블 후 smali 코드 내 IP 주소 평문 노출

```
.class public Lcom/example/IPaddress;
.super Ljava/lang/Object;
.field private ipAddress:Ljava/lang/String;
```

```
.method public constructor <init>()V
    .registers 1
    .line 3
    invoke-direct {p0}, Ljava/lang/Object;-><init>()V
    .line 4
    const-string v0, "111.222.255.255"
    iput-object v0, p0, Lcom/example/IPaddress;->ipAddress:Ljava/lang/String;
    return-void
.end method
.method public static main([Ljava/lang/String;)V
    .registers 1
    .line 7
    return-void
.end method
```

개발자는 파일 또는 정보를 보호하기 위해 간단한 인코딩 함수를 사용하여 원본 데이터를 감추기도 한다. 하지만 base64와 같은 취약한 함수를 사용하는 것은 정보를 보호하는 데 적절한 방법이 아니다. 표준화되지 않은 암호화 알고리즘을 사용하는 것 또한 암호문의 안전성을 보장할 수 없다. 이전에는 안전하다고 알려진 알고리즘이 컴퓨팅 성능의 발전으로 쉽게 해독되기 때문이다. 기존의 취약한 알고리즘인 DES, RC5, SHA 알고리즘을 대체하여 AES, SHA256, SEED 알고리즘을 사용할 수 있다. 안전한 암호화를 위해 KISA나 NIST에서 권고하는 암호 알고리즘 및 키 길이를 적용하여 사용해야 한다.

안전한 암호화 알고리즘을 사용하더라도 암호화키가 소스코드 내 평문으로 저장되어서는 안 된다. 아무리 견고한 암호 알고리즘이더라도 키 관리가 소홀하다면 암호 시스템은 무용지물이 될 수 있다. 앞서 소개한 IP 주소의 예시와 동일하게 공격자는 쉽게 앱을 디컴파일할 수 있고 분석을 통해 암호화키를 추출할 수 있다.

다음은 SHA256 암호화 알고리즘을 적용하였지만 암호화키를 평문으로 저장한 코드 예제이다.

코드 4-13 AES256 암호화 알고리즘 예제

```java
import javax.crypto.BadPaddingException;
import javax.crypto.Cipher;
import javax.crypto.IllegalBlockSizeException;
import javax.crypto.NoSuchPaddingException;
import javax.crypto.spec.IvParameterSpec;
import javax.crypto.spec.SecretKeySpec;
import java.security.InvalidKeyException;
import java.security.NoSuchAlgorithmException;
import java.security.InvalidAlgorithmParameterException;
import java.security.spec.AlgorithmParameterSpec;
import android.util.Base64;
public class AES256Chiper {
    public static byte[] ivBytes = { 0x00, 0x00, 0x00, 0x00, 0x00, 0x00, 0x00, 0x00, 0x00, 0x00, 0x00, 0x00, 0x00, 0x00, 0x00, 0x00 };
    public static String secretKey = "하드코딩된비밀키";
    // AES256 암호화
    public static String AES_Encode(String str)           throws java.io.UnsupportedEncodingException, NoSuchAlgorithmException, NoSuchPaddingException, InvalidKeyException, InvalidAlgorithmParameterException, IllegalBlockSizeException, BadPaddingException {
        byte[] textBytes = str.getBytes("UTF-8");
        AlgorithmParameterSpec ivSpec = new IvParameterSpec(ivBytes);
        SecretKeySpec newKey = new SecretKeySpec(secretKey.getBytes("UTF-8"), "AES");
        Cipher cipher = null;
        cipher = Cipher.getInstance("AES/CBC/PKCS5Padding");
        cipher.init(Cipher.ENCRYPT_MODE, newKey, ivSpec);
        return Base64.encodeToString(cipher.doFinal(textBytes), 0);
    }
}
```

코드에는 암호화키뿐만 아니라 암호화 알고리즘 연산에 사용되는 초기화 벡터 또한 하드코딩되어 있다. 초기화 벡터는 유출되더라도 암호화키만큼 큰 위협을 미치지 않지만 암호화 과정에서 필수로 다루어지는 정보이기 때문에 공격자에게 중요한 힌트가 될 수 있다. 다양한 데이터를 하나의 키로 암호화하는 경우 암호문과 데이터 간의 패턴이 드러날 수 있다. 이로 인해 암호화키를 예측하거나 평문을 유추할 수 있다. 또한 암호화키 유출이 발생하는 경우 해당 키로 암호화한 모든 암호문의 복호화가 가능하여 정보 유출이 발생할 수 있다.

4.3.2 진단 방법

하드코딩된 중요 정보에 대한 취약점의 진단은 소스코드에서 식별 가능한 중요 정보를 진단자가 직접 판단하는 과정이다. 진단 방법이 기술적으로 복잡하지 않지만 코드의 양이 많은 앱을 분석하는 경우 시간이 많이 소요될 수 있다. 진단의 효율성을 높이기 위해 다양한 진단 도구와 리소스를 활용하는 것이 좋다. 예를 들어 정적 코드 분석 도구를 사용하면 많은 양의 코드를 빠르게 검사하여 하드코딩된 중요 정보를 식별할 수 있다. 또한 키워드 검색, 정규표현식을 활용하는 등의 방법으로 특정 패턴이나 민감한 정보를 빠르게 찾을 수 있다.

■ **자바 코드 내 하드코딩된 중요 정보**

① 자바 디컴파일 도구인 jadx-gui를 공식 깃허브(https://github.com/skylot/jadx/releases)에서 다운로드한다.

② jadx-gui를 실행시킨 후 [File] > [Add File]에서 APK 파일을 선택하여 디컴파일을 진행한다.

③ 왼쪽 사이드바를 아래로 스크롤해서 Resource/resources.arsc/res/values/strings.xml 파일을 더블클릭한다.

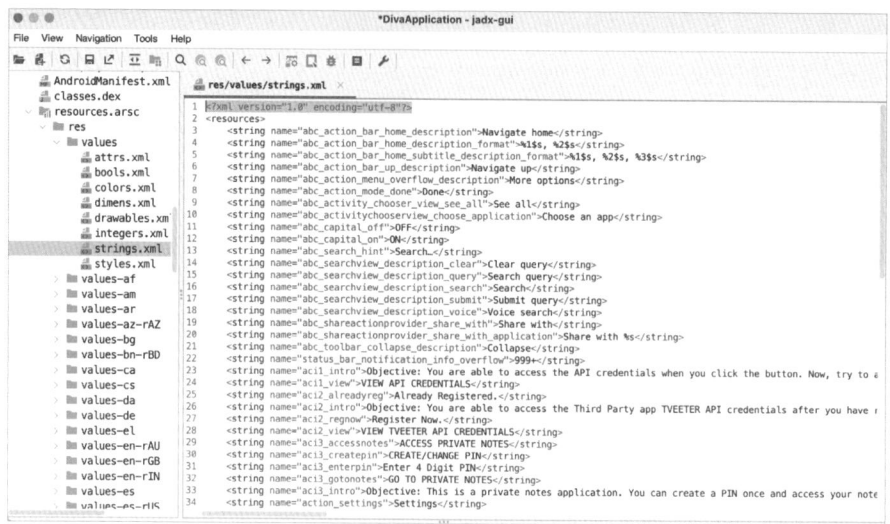

그림 4-2 jadx-gui를 이용한 문자열 나열

strings.xml 파일은 앱에서 필요한 다양한 문자열을 저장하는 위치이다. 모든 문자열에 고유한 식별자를 부여하며 코드에서 문자열을 사용할 때 식별자를 이용한다.

■ 네이티브 코드 내 하드코딩된 중요 정보

안드로이드 앱의 네이티브 코드에도 중요 정보가 저장될 수 있다. so 파일을 헥스 에디터로 열어보면 작성된 문자열은 평문으로 저장되어 있는 것을 확인할 수 있으며, smali 코드와 동일하게 평문으로 저장된 중요 정보가 존재하는 경우 취약으로 진단한다.

 주의하기

일부 앱은 디컴파일했을 때 동작 및 코드를 숨기고자 네이티브 코드로 개발하기도 한다. 자바 코드를 디컴파일했을 때 결과를 확인할 수 없고 so 파일을 아키텍처에 맞게 디컴파일해야 원래 내용을 확인할 수 있기 때문이다. 하지만 네이티브 코드 또한 디컴파일이 가능하기 때문에 이는 앱 소스코드를 난독화하는 방법으로 적절하지 않다.

안드로이드 so 파일을 디컴파일하려면 다음의 과정을 따른다. so 파일이 위치한 경로를 먼저 찾는다. 주로 APK 파일을 디컴파일한 결과 내 lib 폴더에 위치한다. lib 폴더에는 여러 CPU 아키텍처별 so 파일이 포함되어 있고, 아키텍처에 맞는 실행 파일 형식(Executable and Linking Format, ELF)이 있다. 주요 아키텍처로는 arm, arm64, x86, x86_64, mips 등이 있다. 앱을 설치하고 실행하는 단말 아키텍처의 종류에 따라 알맞은 so 파일을 선택하여 실행한다. 아키텍처에 따른 기계어 해석 방법의 차이만 있을 뿐 각 so 파일의 동작 코드는 동일하다. 어셈블리 언어에 대한 경험이 있는 경우 익숙한 아키텍처를 선택하고, 처음 접하는 경우에는 arm이나 x86으로 시작하는 것을 권장한다.

분석하기 위해서는 디스어셈블리 도구를 활용할 수 있다. 다양한 방법이 있지만 자주 사용하는 몇 가지 방법을 소개한다.

- 리눅스에서 제공하는 디버거(GNU Debugger, GDB)를 사용한다. 명령줄(Command Line, CLI) 환경에서 사용할 수 있으며 명령어를 적응하는 데 시간이 소요되는 단점이 있다.
- 기드라(Ghidra) 디버거를 사용하여 디컴파일 및 분석할 수 있다. 미국 국가 안보국(National Security Agency, NSA)에서 제작하여 오픈소스로 공개되어 있어 무료로 사용할 수 있다.
- IDA(Interactive Disassembler)를 사용하여 바이너리를 디컴파일 및 분석할 수 있다. 유료 버전과 무료 버전의 기능 차이가 있으며 무료 버전 사용 시 x86 아키텍처만 디컴파일할 수 있다. 유료 버전 사용 시 코드 호출 그래프와 상호 참조 관계를 쉽게 확인할 수 있는 헥스-레이(hex-ray)를 사용할 수 있다.

바이너리 분석의 가장 큰 목표는 코드 분석을 통해 개발자가 의도한 기능과 앱의 구조를 재구성하는 것이다. 동일한 바이트코드라 하더라도 디컴파일한 결과는 다양한 방식으로 해석할 수 있다. 이러한 분석 과정에서 하나의 도구에만 의존하지 않고 다양한 도구들을 활용하는 것이 중요하다. 여러 도구를 사용하여 함수 및 코드 영역을 구분하고 필요에 따라 이를 합치거나 상세하게 분석함으로써 보다 정확하고 깊은 이해를 얻을 수 있다. 이는 복잡한 앱의 구조를 파악하고 숨겨진 기능이나 취약점을 발견하는 데 유용하다.

실습을 통해 직접 so 파일이 포함된 안드로이드 앱 파일을 컴파일하고 분석한다. 안드로이드 스튜디오를 실행하고 새로운 프로젝트를 생성한다. 선택 시 [Native C++]를 선택한다.

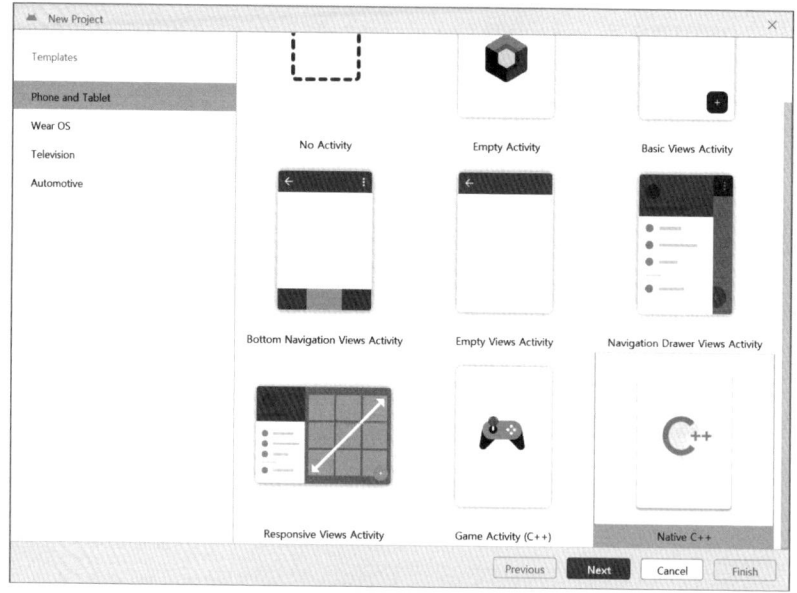

그림 4-3 네이티브 C 프로젝트 생성

패키지명을 입력하고 기본 설정으로 프로젝트를 생성하면 메인 액티비티와 C 라이브러리를 가진 프로젝트가 생성된다. 별도의 코드 수정 없이 APK를 빌드하고 에뮬레이터나 단말에서 실행시킬 수 있다. 개발 단계에서 APK 파일을 바로 실행하려면 안드로이드 스튜디오 상단의 재생 버튼을 클릭한다. C 파일에서 문자열 Hello from C++를 하드코딩한 것을 확인할 수 있고 실행 후 앱 화면에서도 문자열을 확인할 수 있다.

그림 4-4 앱 빌드 및 실행

빌드된 APK 파일의 구조를 분석하기 위해 APK 분석 기능을 사용한다. 빌드된 APK 파일의 구조를 보여준다. 상단의 [Build] 〉 [Analyze APK] 순서로 접근한다.

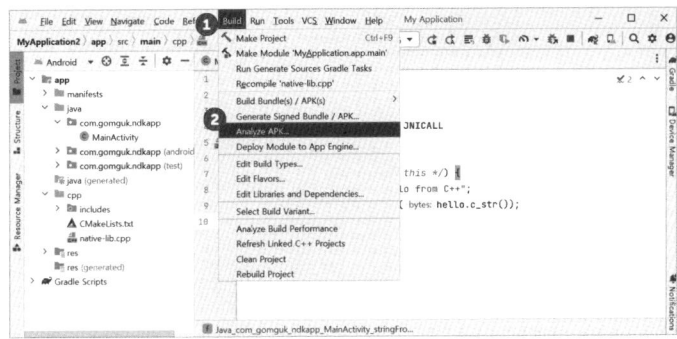

그림 4-5 APK 분석 메뉴 접근

리소스 파일을 포함하여 모든 소스코드를 확인할 수 있다. 네이티브 코드로 컴파일한 파일인 so 파일은 라이브러리 폴더 내에 위치한다.

CHAPTER 04 _ 취약점 진단하기   95

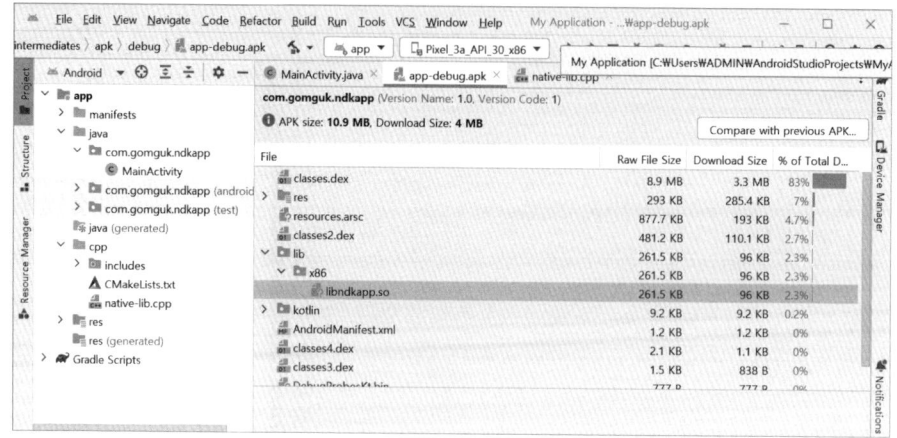

그림 4-6 APK analyzer에서 컴파일된 so 파일 확인

APK 파일의 구조를 확인했으므로 개발자가 실제 앱을 배포하는 과정을 거쳐 배포용 APK 파일을 빌드한다. [Build] > [Generate Signed Bundle / APK] 메뉴로 접근한다.

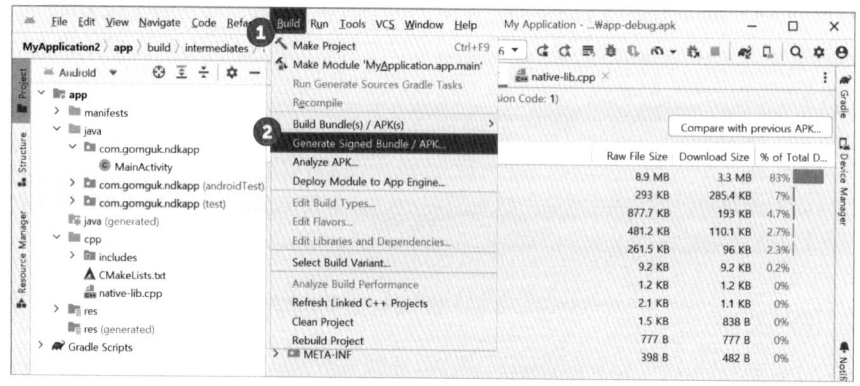

그림 4-7 서명된 APK 파일 생성 메뉴 접근

생성할 결과 파일의 종류를 선택하는 화면이다. 안드로이드 앱 번들Android App Bundle, AAB 파일과 APK 파일을 선택할 수 있다. APK 파일을 선택한다.

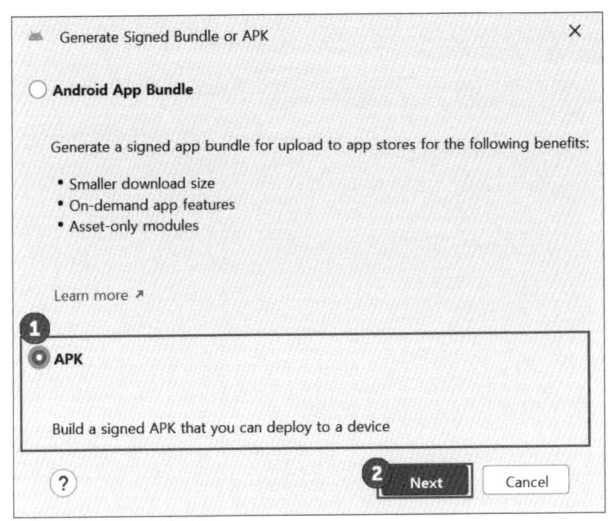

그림 4-8 APK 파일 생성 선택

 안드로이드 앱 번들 Android App Bundle, AAB

AAB는 APK 파일과는 다른 앱 배포 파일이다. 구글 플레이 스토어에서 사용하는 형식으로 다양한 단말 구성 및 사용자 설정에 최적화된 APK 파일을 생성하는 데 사용된다. APK 파일과 개발 단계는 동일하지만 출시 단계에서 설치 파일의 용량, 속도 최적화를 위해 사용되는 파일 형식이다.

기존 APK 파일이 다국어 지원을 위한 언어, CPU 아키텍처, 해상도별 리소스 파일이 APK 파일 내 전부 존재했다면, AAB는 설치 시점에 필요한 다양한 정보를 플레이 스토어에서 관리한다. 사용자가 앱 다운로드 요청 시에 리소스 파일을 재조합하여 구글 플레이의 서명키로 서명한 다음 APK 파일 형태로 제공한다.

안드로이드에서는 인증서를 사용해 디지털 방식으로 서명된 APK만 기기에 설치하거나 업데이트할 수 있다. APK 파일을 이용하여 앱을 배포하는 경우 업로드할 APK를 직접 서명해야 한다. 처음 프로젝트를 빌드하면 서명키가 없기 때문에 생성해야 한다. 〈Create new〉 버튼으로 새로운 키를 생성한다.

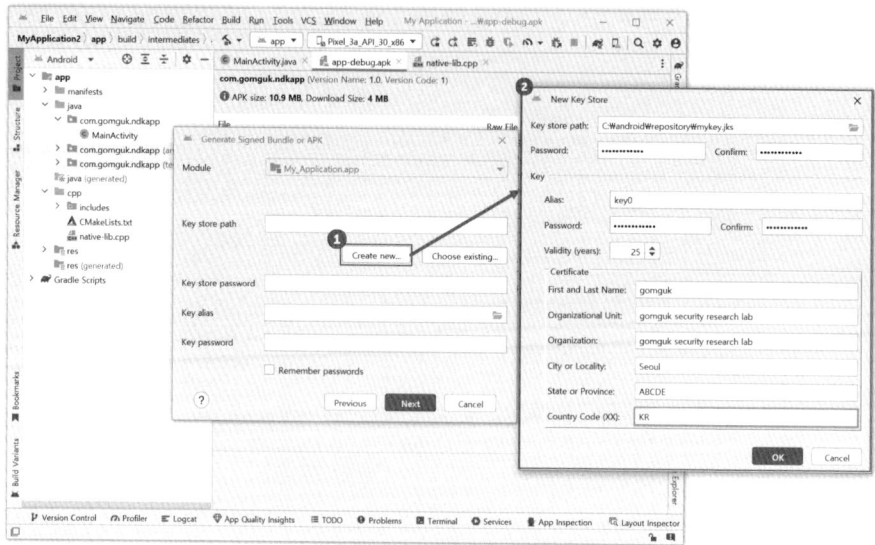

그림 4-9 서명용 키 생성

필드 제목	설명
Key store path	키 저장소가 저장될 경로 지정
Password	키 저장소의 비밀번호
Alias	키의 별칭 지정
Password	키의 비밀번호
Validity	키의 유효기간, 적절한 길이 지정, 최소 25년 이상 권장
First and Last Name	인증서 주체의 사용자 이름
Organizational Unit	조직 내 팀명
Organization	조직명
City or Locality	도시 또는 지역명
State or Province	도시 또는 지역명
Country Code	국가 코드

값을 입력하고 키를 생성하면 자바 키 저장소$^{\text{Java Key Store, JKS}}$ 파일이 생성되며 인증서와 비공개키의 저장소 역할을 한다. 저장소 내에는 공개키 인증서가 있어 공개키/비공개키 쌍의 소유자를 식별하는 정보를 확인할 수 있다. 앱이 처음 출시되고 업데이트하는 동안 같은 키로 서명해야 한다. 앱을 만든 개발자를 식별하는 수단이기 때문이다. 따라서 앱 서명키는 공개되지 않고 반드시 기밀로 관리되어야 한다.

주의하기

개발자가 직접 앱 서명용 키와 키 저장소를 관리하는 경우 외부 유출을 주의해야 한다. 공개된 저장소에 업로드하거나 제3자에게 서명용 키 사용을 허가한다면 개발자의 신원이 도용되고 악성 피싱 앱을 배포할 수 있다. 기존 출시된 앱 또한 수정하여 업데이트 배포할 수 있다.

키 저장소와 키에 안전한 비밀번호를 사용하고, 서명용 키를 타인에게 대여하지 않도록 한다. 그리고 키와 키 저장소 파일을 공개된 장소에 공유하지 않도록 한다.

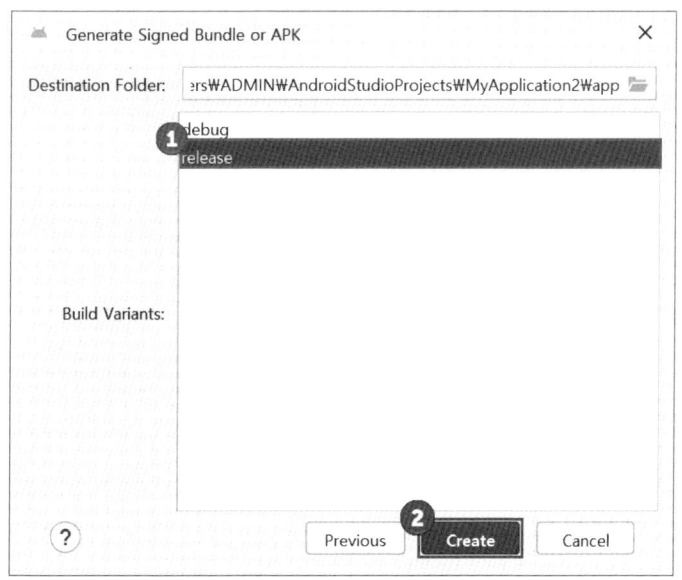

그림 4-10 배포 모드 선택

CHAPTER 04 _ 취약점 진단하기 **99**

서명용 키가 준비되면 앱 빌드를 수행한다. 빌드가 완료되면 다음과 같은 팝업 알림을 확인할 수 있다.

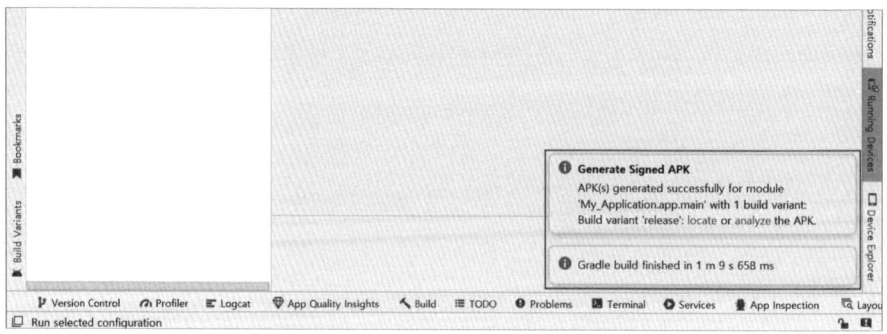

그림 4-11 APK 파일 생성 완료 메시지 확인

완료 메시지를 확인한 후에 프로젝트 경로 /app/release로 이동하면 생성된 APK 파일을 확인할 수 있다.

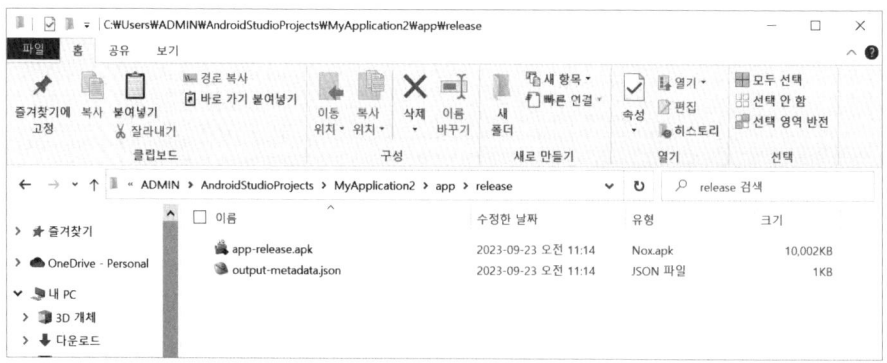

그림 4-12 생성된 APK 파일 확인

앱 전체 바이너리의 용량은 매우 크고 명령어 코드와 리소스가 섞여 있어 문자열을 찾기 어렵기 때문에 APK 파일을 디컴파일한 후 네이티브 코드를 분석한다. 먼저 APK Studio를 사용하여 APK 파일을 디컴파일한다.

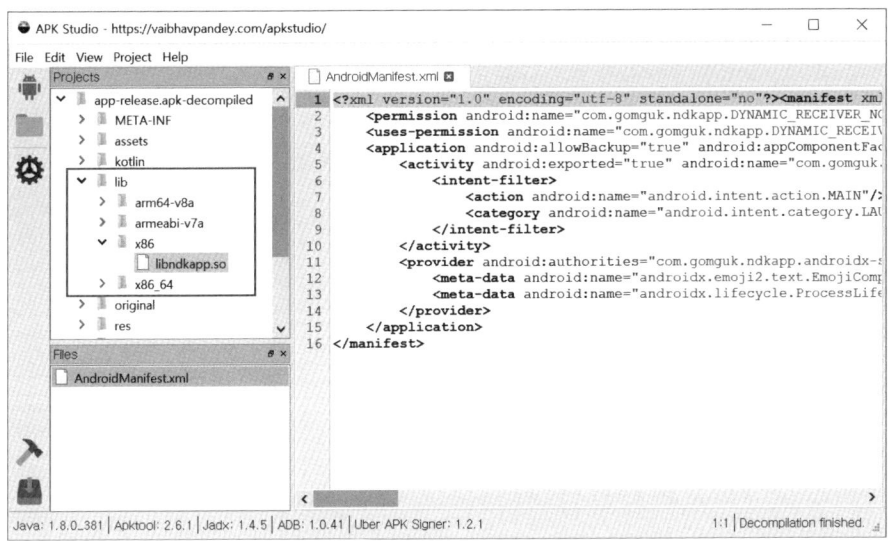

그림 4-13 APK 파일 디컴파일

디컴파일 결과의 파일 목록을 보면 개발 시 사용한 아키텍처인 x86 외에도 다양한 아키텍처의 so 파일을 포함하고 있는 것을 확인할 수 있다. 이는 다양한 단말기에 설치되었을 때 정상적인 동작을 하기 위함이다. so 파일의 분석을 위해 디컴파일러인 IDA를 실행하고 분석할 파일을 끌어다 놓는다. 각 파일은 아키텍처 종류만 다를 뿐 모두 같은 동작과 기능을 수행한다.

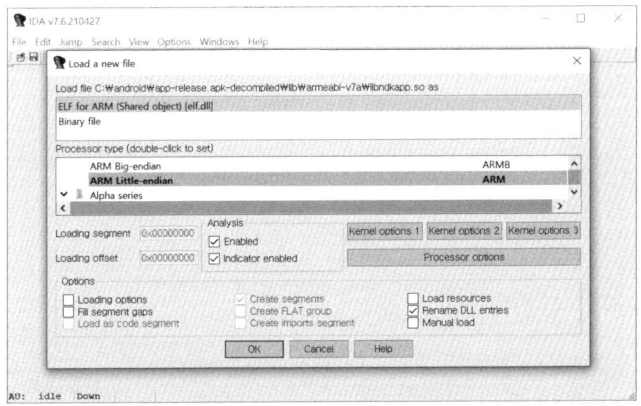

그림 4-14 IDA 실행 및 so 파일 로드

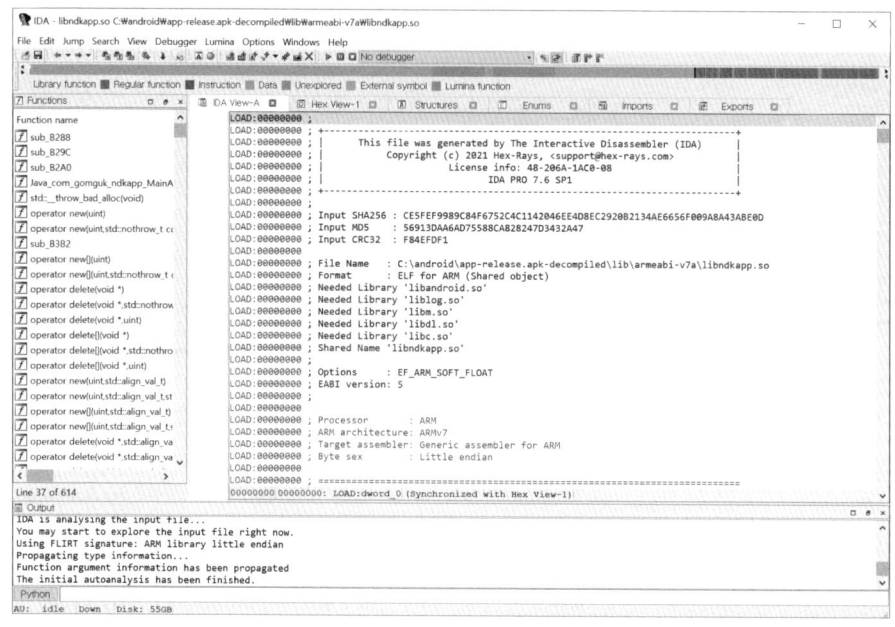

그림 4-15 IDA 분석 파일 로드 후 메인 화면

분석이 완료되면 화면의 왼쪽 영역의 [Functions]에서 선언된 함수의 목록을 확인할 수 있다. sub_0000000 이름을 가진 함수의 경우 IDA에서 함수 코드임을 식별하고 이름을 붙인 것이다. sub_0000000 이름이 아닌 다른 이름을 가진 함수의 경우 시스템 함수이거나 바이트코드의 패턴을 파악하여 IDA에 등록된 패턴과 일치하면 함수의 심볼을 가진다. 이 창에서는 [Ctrl]+[F] 단축키를 이용하여 이름으로 검색할 수 있다.

IDA 화면의 가운데 영역의 기본 화면은 디컴파일된 코드가 출력된다. 각 탭을 클릭해서 기능을 선택할 수 있으며, 가장 많은 작업을 수행하는 부분이다. 아래쪽은 로그 확인 및 파이썬 플러그인이 설치된 경우 파이썬 스크립트를 실행하여 분석을 일부 자동화할 수 있다.

코드 내 하드코딩된 중요 정보의 포함 여부를 확인하기 위해 IDA의 기능 중 문자열만 분석하는 기능을 사용한다. 위쪽의 메뉴에서 [View] 〉 [Open subviews] 〉 [Strings]로 접근하거나 단축키 Shift + F12를 이용할 수 있다. 나타나는 문자열을 분석하면서 소스코드 내 하드코딩된 중요 정보가 존재하는지를 확인한다.

 IDA 단축키

IDA에서는 유용한 옵션 및 단축키를 이용하면 더 빠른 분석이 가능하다. 자주 사용하는 옵션과 단축키를 소개한다. IDA 옵션의 경우 [Options] 〉 [General]에서 변경할 수 있다.

그림 4-16 IDA 디컴파일 옵션

설정	설명
Function offsets	함수의 시작 주소로부터 해당 주소까지 떨어진 주소 표시
Auto comments	명령어가 어떤 동작을 수행하는지 주석 추가
Number of opcode bytes	명령어(opcode)를 지정한 바이트만큼 표시

다음은 IDA에서 분석 시 사용할 수 있는 단축키 목록이다.

단축키	설명
F5	유료 버전에서 헥스-레이(의사 코드) 전환
Ctrl + P	함수 목록 확인
Space Bar	텍스트 뷰에서 그래프 뷰 모드 변경
G	특정 주소로 이동
Shift + F12	문자열 목록 확인
X	호출한 함수 확인(xref call)
Esc	이전 화면으로 돌아가기

[Strings]로 이동 후 검색 단축키 Ctrl+F를 이용하여 입력창에 앱에서 사용한 문자열을 검색한다. 검색 결과로 Hello from C++가 존재하고 있음을 확인할 수 있다.

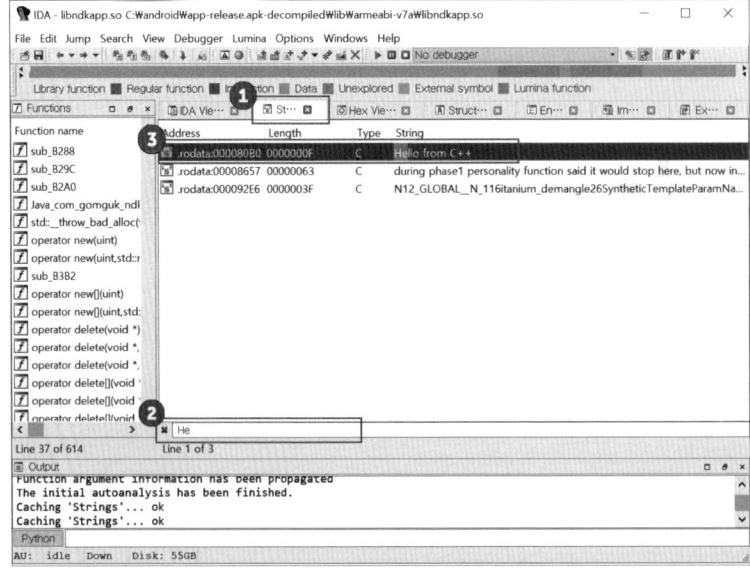

그림 4-17 하드코딩된 문자열 검색

디컴파일러에서는 문자열을 사용하고 있는 코드로 이동할 수 있다. 검색 결과의 문자열을 더블클릭하여 해당 주소의 [IDA View]로 이동한다. 다음 문자열을 참조하고 있는 함수가 나타나면 우클릭 후 메뉴에서 해당 함수의 주소로 이동하는 [Jump to xref to operand]를 선택한다. 또는 단축키인 X를 눌러 이동할 수 있다.

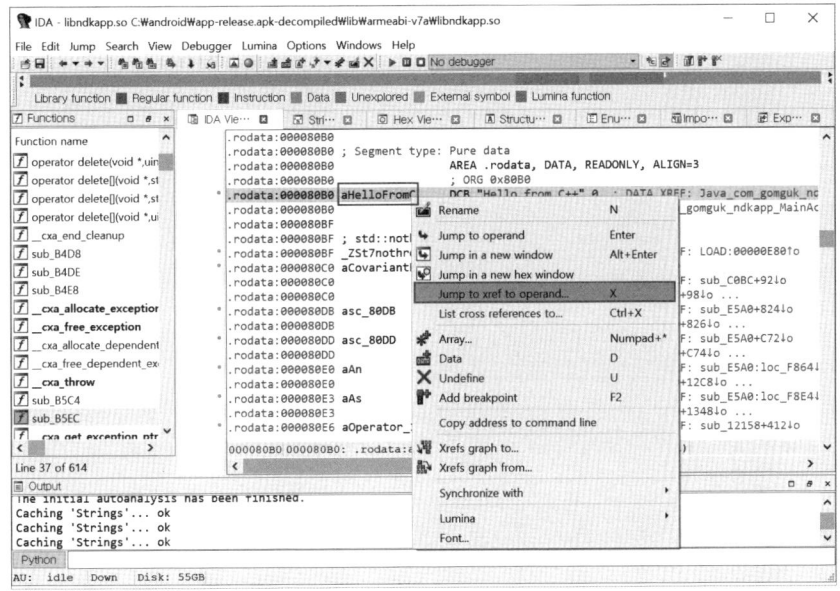

그림 4-18 문자열을 사용하는 함수로 이동

안드로이드 스튜디오에서 네이티브 코드로 작성한 코드의 문자열 내용이 평문으로 저장되어 있는 것을 확인할 수 있다.

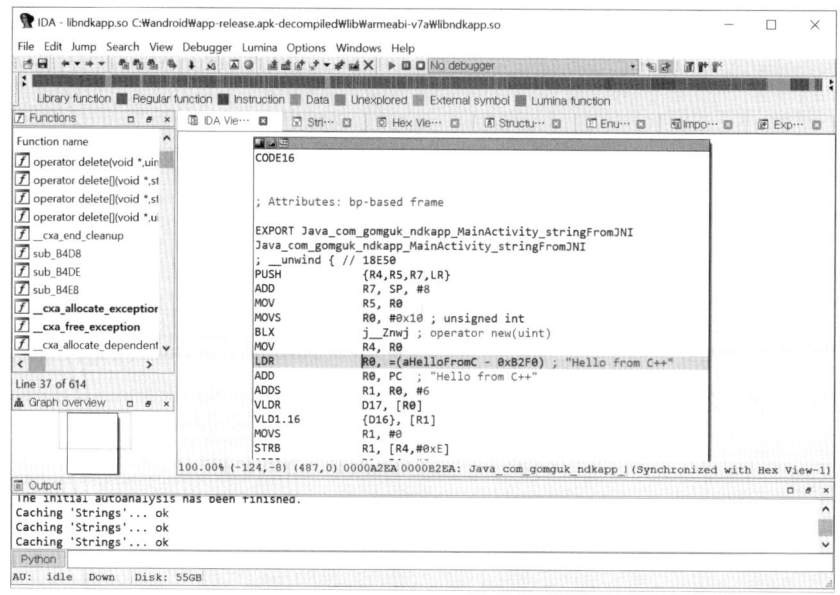

그림 4-19 문자열 평문 확인

앱의 바이너리에 하드코딩된 중요 정보가 존재하는 경우 APK 파일을 바이트코드 뷰어로 열거나, 디컴파일 후 정보에 접근할 수 있으며 이 정보들이 노출되어 공격자가 악용할 수 있다. 인증 정보를 탈취하여 다른 시스템에 로그인하는 데 사용할 수 있고, 앱에 하드코딩된 접속 정보를 이용하여 원격 서버와 통신하는 경우 해당 서버로의 접근 권한을 획득할 수 있다. 이를 통해 서버에 저장된 데이터가 유출될 수 있다. 또한 하드코딩된 원격지 서버 주소를 변경하는 경우, 앱의 동작을 조작하여 공격자가 미리 마련한 서버로 통신하게끔 변조할 수 있다.

앱에서 외부 서비스를 사용하기 위한 API키를 평문으로 하드코딩한 경우 공격자는 API키를 탈취하여 서비스를 임의로 사용할 수 있다. 깃허브 페이지(https://github.com/streaak/keyhacks)에서 다양한 종류의 API키와 요청 가능한 URL을 제공하고 있다. 정적 분석 과정 중 유사한 형태의 키를 획득했다면 API 호출, 권한 획득 등 2차 공격 가능 여부를 확인한다.

취약 여부	설명
취약	앱 소스코드 내 운영 정보가 평문 또는 복호화 가능한 문자열로 노출되는 경우
양호	앱 소스코드 내 운영 정보가 평문 또는 복호화 가능한 문자열로 노출되지 않는 경우

[실습]

DIVA 앱으로 직접 하드코딩된 중요 정보 취약점을 확인할 수 있다. 또는 직접 하드코딩한 앱을 제작 후 디컴파일하여 결과를 비교해볼 수 있다. 코드와 기능을 비교하며 실행하여 취약점이 발생할 수 있는 위치를 분석할 수 있도록 한다.

- 2. Hardcoding Issue – Part 1

4.3.3 보안 대책

민감한 정보를 처리할 때는 소스코드에 직접 포함하지 않도록 하며 필요한 경우 안전한 방식으로 저장 후 불러와 사용하는 것을 권장한다.

중요 정보를 암호화하여 저장하고 사용해야 한다. 암호화된 데이터는 외부에 노출되어도 의미 없는 데이터로 처리되며 공격자가 획득하더라도 내용을 확인할 수 없다. 안전한 암호화를 위해서는 개별 데이터마다 고유한 랜덤 키를 사용하는 것이 중요하다. 대칭키 암호화 알고리즘에서는 데이터마다 무작위 초기화 벡터를 사용하거나, 비대칭키 암호화 방식에서는 각각의 개인키를 사용하여 데이터를 암호화해야 한다. 안드로이드 키스토어 시스템을 활용하는 것도 중요하다.

코드 4-14 KeyStore를 사용한 암호화

```
String KEY_NAME = "PrivateKeyTwok";
String AndroidKeyStore = "AndroidKeyStore";
// KeyStore 키 생성 및 저장
KeyGenerator keyGenerator = KeyGenerator.getInstance(KeyProperties.KEY_
ALGORITHM_AES, AndroidKeyStore);
keyGenerator.init(new KeyGenParameterSpec.Builder(
```

```
        KEY_NAME,
        KeyProperties.PURPOSE_ENCRYPT | KeyProperties.PURPOSE_DECRYPT)
        .setBlockModes(KeyProperties.BLOCK_MODE_CBC)
        .setEncryptionPaddings(KeyProperties.ENCRYPTION_PADDING_PKCS7)
        .build());
keyGenerator.generateKey();
// KeyStore 로드
KeyStore keyStore = KeyStore.getInstance(AndroidKeyStore);
keyStore.load(null);
// KeyStore에서 Key 로드
SecretKey secretKey = (SecretKey) keyStore.getKey(KEY_NAME, null);
// 암호화 알고리즘 명세 지정
String transformat = KeyProperties.KEY_ALGORITHM_AES + "/"
        + KeyProperties.BLOCK_MODE_CBC + "/"
        + KeyProperties.ENCRYPTION_PADDING_PKCS7;
// 데이터 암호화
Cipher endcode_Cipher = Cipher.getInstance(transformat);
endcode_Cipher.init(Cipher.ENCRYPT_MODE, secretKey);
byte encode[] = endcode_Cipher.doFinal("SAMPLE DATA".getBytes());
String encodeData = Base64.encodeToString(encode, 0);
```

안드로이드 9(API 28) 이상에서는 ASN.1로 인코딩된 키 형식을 사용하여 암호화된 키를 KeyStore로 가져와서 사용할 수 있다. 키의 내용이 단말기 내 메모리 영역에서 평문으로 표시되지 않고 복호화 로직만을 제공하기 때문에 안전하게 사용할 수 있다.

CHAPTER 05 정적 분석 정리 및 한계

앱 설치 파일의 구성 요소를 분석하여 진단할 수 있는 취약성을 알아보았다. 정적 분석은 앱을 실행하지 않고도 취약점을 식별할 수 있지만 정적 분석만으로는 앱의 모든 동작과 실행 시 발생하는 데이터의 변화를 완벽하게 파악하기 어렵다. Chapter 05에서는 정적 분석의 중요성과 함께 그 한계에 대해 다룬다.

APK 파일을 디컴파일한 후에는 소스코드를 확인할 수 있다. 정적 분석 단계에서 코드를 통해 확인해야 하는 사항을 정리하면 다음과 같다.

- **암호화**cryptography: 암호화 알고리즘을 사용하고 있는지 확인하고 어떤 암호화 알고리즘을 사용하고 있는지, 하드코딩된 키가 있는지 확인한다.
- **코드 난독화**obfuscation: 코드의 분석을 어렵게 하고 시간이 오래 소요되는 난독화 방법이 있는지 확인한다. 앱의 중요한 로직을 보호하기 위한 방법으로 사용 중일 수 있으며, 취약하게 개발된 코드를 가리는 방법으로 사용한 것일 수도 있다.
- **함수 호출**: 앱에 안전하지 않은 함수 호출이나 취약점이 존재하는 함수를 사용하고 있는지 확인한다. 단말에 저장된 정보에 무단으로 접근하거나 의도하지 않은 정보 노출을 허용할 수 있다.
- **동적 코드 로딩**: 앱이 실행되는 시점에 코드를 로드하는 동적 코드 로딩이 있는지 확인한다.

- **접근 제어**: 앱이 과도한 권한 허용으로 인해 민감한 기능이나 데이터에 대해 접근 제어를 허용하고 있지 않은지 확인한다. 하드코딩된 자격 증명이나 토큰을 찾는다.
- **하드코딩된 중요 정보**: 관리자 페이지에 접근하기 위한 비밀번호나 개인 정보를 포함하며, 데이터베이스 쿼리문, 서버에 직접 접근 가능한 URL 등 하드코딩된 정보를 확인한다.
- **외부 라이브러리**: 앱이 안전하지 않은 타사 라이브러리나 취약점이 발견된 버전의 라이브러리를 사용하고 있는지 확인한다.
- **네이티브 코드**: C나 C++ 언어로 개발된 네이티브 라이브러리도 앞서 나열한 사항을 동일하게 확인하여 취약점이 없는지 확인한다.

바이너리 정적 분석은 중요한 취약점 분석 과정이다. 그러나 정적 분석은 몇 가지 한계를 가진다.

첫 번째 한계는 실제 실행 시 발생하는 데이터의 생성, 삭제, 변경 등 동적인 분석이 불가능하다. 정적 분석은 코드의 구조와 속성을 분석할 수 있지만, 코드의 실행 흐름이나 조건부 로직의 분기와 같은 동적인 특성을 완전히 이해하는 데는 한계가 있다.

두 번째 한계는 의존성 분석의 어려움이다. 정적 분석은 코드 간의 의존성을 분석할 수 있지만, 동적으로 생성되거나 외부에서 입력되는 데이터의 의존성을 파악하기 어렵다. 사용자나 서버에서 데이터를 받아 처리하는 앱의 경우 어떠한 입력이 발생하는지 예상하기 어렵다. 따라서 코드의 정적 분석만으로는 완전한 분석이 어렵다.

또한, 정적 분석이 파일 단위로 이루어지기 때문에 전체적인 코드 흐름을 파악하는 데 어려움이 있다. 특히 안드로이드 앱은 액티비티, 서비스, 브로드캐스트 리시버 등과 같이 다양한 시작점을 가질 수 있기 때문에 정적 분석만으로는 모든 로직의 분석이 어렵다. 파일 단위의 분석은 개별 파일 내부의 로직과 상호작용은 파악할 수 있지만, 여러 파일 간의 상호작용이나 전체 앱의 흐름을 완벽하게 이해하기에 어려움이 있다.

하지만 여러 한계에도 정적 분석은 취약한 함수의 사용, 구조적인 취약점을 식별하는 데 도움이 된다. 정적 분석의 부족함을 보완하기 위해 동적 분석을 함께 수행하며, 두 분석 방법을 모두 사용할 때 더 많은 취약점을 발견할 수 있다.

PART 03

안드로이드 동적 분석

동적 분석은 실제 실행 중인 앱의 동작을 모니터링하면서 실시간으로 데이터 처리 방식, 사용자 입력에 따른 처리 과정 등을 분석할 수 있다. 정적 분석으로는 파악하기 어려운 앱의 실행 흐름과 상호작용을 실제 환경에서 확인할 수 있다.

CHAPTER 06 분석 준비

앱의 디컴파일 및 소스 분석을 통해 취약한 함수 사용, 중요 정보 노출 등을 식별한 후에는 에뮬레이터나 실제 단말기에 앱을 설치하고 실행 환경을 구성하여 동적 분석을 수행할 수 있다. 예를 들어 로그인 기능의 취약점 분석을 가정할 때 동적 분석을 통해 실제 로그인 시도가 이루어지는 동안 데이터 처리, 에러 처리 등의 작동 방식을 관찰하고 분석할 수 있다.

6.1 정적 분석과 동적 분석

6.1.1 정적 분석
- 정적 분석 단계에서는 로그인 기능에서 사용되는 코드를 분석한다.
- 코드에서 사용자 입력값이 적절히 검증되었는지, 데이터베이스 쿼리문에서 SQL 삽입 공격 등에 대비한 적절한 조치가 되어 있는지 확인한다.
- 코드 내에 민감한 데이터가 하드코딩되어 있는지 확인한다.

6.1.2 동적 분석
- 동적 분석 단계에서는 앱을 실제로 실행시켜 동작을 관찰한다.
- 로그인 화면에서 사용자의 아이디와 비밀번호를 입력하고 로그인 버튼을 클릭한다.

- 동적 분석 도구를 이용하여 네트워크 패킷을 관찰한다. 데이터가 암호화되어 전송되는지, 서버의 종류와 버전이 파악 가능한지 확인한다.
- 동시에 로그인 요청에 대한 응답이 적절한지 확인한다. 잘못된 계정 정보 등을 입력했을 때, 허용하지 않는 문자열을 포함하여 전송했을 때 적절한 에러 처리 여부를 확인한다.

예시의 경우에서 정적 분석은 코드 자체의 안전성과 데이터 처리 방식을 확인하는 역할을 하며, 동적 분석은 앱이 실제로 동작할 때 발생하는 데이터와 네트워크 통신을 분석하여 런타임에서의 취약점을 확인한다. 취약점 분석에서 정적 분석과 동적 분석은 유기적으로 결합되어야 하며 그 과정은 다음과 같이 이루어질 수 있다.

① **정적 분석을 통한 사전 분석**
- 앱의 소스코드 및 리소스 디컴파일 및 분석
- 매니페스트 파일을 분석하여 권한 요청 및 구성 요소 파악
- 코드 내에서 취약한 함수 호출, 하드코딩된 중요 정보 노출 등 식별

② **동적 분석 환경 구성**
- 에뮬레이터 또는 실제 단말기에 앱 설치 및 실행 환경 구성
- 동적 분석 도구 등을 준비하여 네트워크 통신, 단말기 로그 분석 준비

③ **앱 실행 및 동작 관찰**
- 동적 분석 도구를 이용한 앱 실행, 사용자 입력 및 앱 반응 관찰
- 서버와 상호작용하는 경우, 네트워크 통신 구간 모니터링 및 데이터 관찰
- 통신 구간 데이터의 암호화 여부, 인증 및 인가 로직 식별

④ **데이터 변조, 재전송 등 모의 공격 수행**
- 통신 구간 데이터 변조, 재전송 및 응답 관찰
- 앱 소스코드 패치 및 리패키징을 통한 변조 후 실행 및 관찰
- 단말기 내 저장소 데이터 변조, 기기 정보 조작, 센서 조작 및 응답 관찰

⑤ 앱의 상태 변화 및 메모리 분석
- 동적 분석 중 앱의 상태 변화 모니터링
- 메모리 덤프, 변조를 통해 메모리 누수, 민감 데이터의 평문 저장 여부 확인

⑥ 분석 결과 종합 및 취약점 식별
- 분석 결과에 따른 취약점 식별, 보완 및 수정 사항 파악
- 보완할 내용을 관계자에게 보고하여 취약점을 해결하도록 안내

동적 분석 과정의 유의 사항으로 앱의 모든 기능을 충분히 파악하는 것이 중요하다. 앱 내부에서 발생할 수 있는 다양한 취약점을 식별하기 위해 앱의 기능과 해당하는 코드를 충분히 파악하도록 한다. 앱의 기능을 정확히 파악하면 특정 기능이나 데이터 처리 과정에서 발생할 수 있는 취약점을 예측할 수 있고 공격 시나리오를 작성하는 데도 도움이 된다. 앱의 기능을 파악하는 과정에서는 사용자 인터페이스, 네트워크 통신, 데이터 저장 및 처리, 외부 상호작용 등 앱의 다양한 동작을 검토해야 한다. 또한 앱이 처리하는 데이터의 종류와 흐름을 이해하고 취약점을 식별해야 한다.

6.2 동적 분석 준비

동적 분석을 실시하기 위해서는 앱을 설치하고 실행할 단말기 또는 에뮬레이터 등 분석 환경을 준비해야 한다. 실제 단말기를 사용하는 경우 루팅된 기기를 준비하며, 실습에서는 안드로이드 스튜디오를 이용한 에뮬레이터 단말 환경을 준비한다. 에뮬레이터를 사용하면 다양한 테스트 환경을 쉽게 구성하고 관리할 수 있다. 동적 분석 환경을 준비하는 과정에서는 앱의 특성과 분석 목적에 맞게 환경을 준비하고, 필요한 도구를 설치하여 준비를 완료한다.

6.2.1 동적 분석 환경 준비

안드로이드 스튜디오는 구글에서 제공하는 공식 홈페이지(https://developer.android.com/studio)에서 다운로드 및 설치할 수 있다. 설치 후에 다음과 같은 화면에서 [Device Manager] > [Create device]를 클릭한다. 단말기 사양을 선택한 뒤 에뮬레이터를 실행한다. 초기 실행 시 리소스 다운로드를 위해 시간이 소요된다.

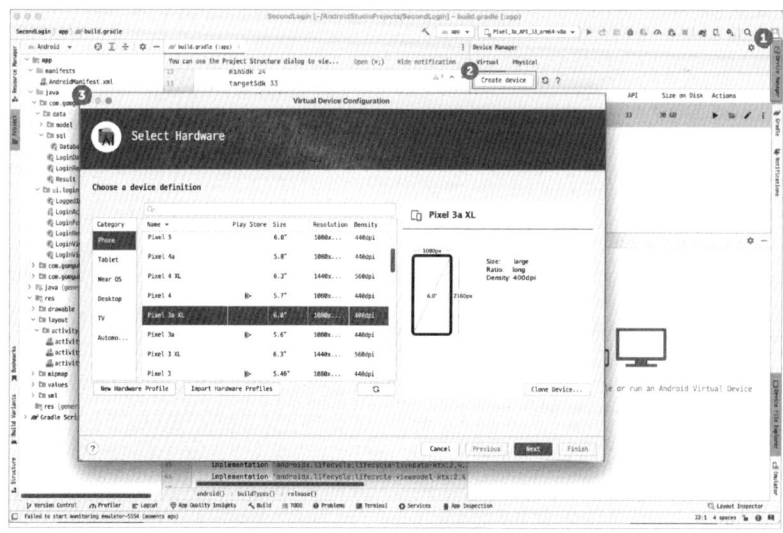

그림 6-1 안드로이드 스튜디오 에뮬레이터 설정

에뮬레이터가 실행되면 앱 분석을 위한 준비는 모두 마쳤다. 하지만 그 전에 안드로이드 파일 시스템에서 확인할 수 있는 특징들을 살펴본다. 안드로이드는 리눅스 커널을 사용하기 때문에 커널, 파일 시스템 등 리눅스와 유사한 점이 있다. 안드로이드와 리눅스 모두 계층적 디렉터리 구조를 가지며 파일 시스템의 최상위 경로는 루트이다. 에뮬레이터가 실행 중이라면 안드로이드 스튜디오 우측 하단의 [Device File Explorer]에서 파일 시스템을 직접 살펴볼 수 있다. 실제 단말기를 연결한 경우에도 연결된 단말을 드롭다운 메뉴에서 선택하면 동일하게 파일 시스템을 볼 수 있다.

그림 6-2 안드로이드 에뮬레이터 실행 및 파일 시스템 확인

에뮬레이터와 실제 단말을 직접 연결하고 상태를 확인하는 방법을 알아보았다. 앞으로 동적 분석 단계에서 에뮬레이터와 실제 단말을 단말이라는 용어로 통일하여 설명한다.

6.2.2 안드로이드 디버그 브리지

안드로이드 디버그 브리지$^{Android\ Debug\ Bridge,\ ADB}$는 안드로이드 단말과 컴퓨터 간의 통신을 도와주는 명령줄 도구이다. ADB를 사용하면 안드로이드 단말과 컴퓨터 간의 파일 복사, 설치, 디버깅, 명령 실행 등을 수행할 수 있다. ADB는 안드로이드 개발자들에게 앱 및 시스템 수준의 작업을 수행하기 위한 도구로 제공되었지만, 앱 취약점 진단 시에도 동일한 기능을 사용한다.

ADB는 안드로이드 개발 도구에 포함되어 있어 안드로이드 스튜디오를 설치한 경우 함께 설치되며 안드로이드 공식 홈페이지에서 별도로 설치할 수도 있다. ADB는 명령어를 전송하는 클라이언트, 기기에서 명령을 실행하는 데몬, 클라이언트와 데몬 간의 통신을 관리하는 서버로 구성된다. 앱 진단 관점에서 클라이언트는 진단자의 PC가 되며, 데몬은 안드로이드 단말에서 실행되는 프로세스, 서버는 안드로이드 단말에서 동작하여 클라이언트와 데몬 사이의 통신을 지원하는 백그라운드 프로세스이다.

사용법은 PC의 명령 프롬프트에서 adb 명령어 이후 사용하고자 하는 명령어 인자를 실행한다. 명령어별로 옵션 인자를 추가로 사용하고자 할 경우 공식 문서 (https://developer.android.com/studio/command-line/adb)를 참고한다.

```
PS C:\Users\ADMIN > adb --version
Android Debug Bridge version 1.0.41
Version 30.0.4-6686687
```

명령	설명
adb kill-server	ADB 서버 종료(동작 중인 경우)
adb start-server	ADB 서버 시작
adb devices	연결된 단말 목록
adb push [PC 파일 경로] [단말기 경로]	로컬 파일을 단말기에 복사
adb pull [단말기 경로] [PC 경로]	단말기 파일을 PC에 복사
adb install [test.APK]	연결된 단말에 APK 파일 설치
adb shell	단말기 셸 실행

> **안드로이드 USB 디버깅 활성화**
>
> 루팅 시 개발자 모드를 활성화하는 과정이 포함되어 있지만 단말기 초기화 등의 이유로 비활성화되어 있을 수 있다. 다음의 과정으로 활성화할 수 있다.
>
> [설정] 〉 [휴대전화 정보] 〉 [소프트웨어 정보] 〉 [빌드 번호] 반복 터치 〉 "개발자 모드가 활성화되었습니다" 메시지 확인 〉 [설정] 메뉴 가장 하단에서 [개발자 옵션] 확인
>
> USB로 연결하여 다양한 단말기의 정보를 확인하기 위해 [USB 디버깅] 옵션을 활성화한다.

실습 앱을 단말기에 설치하는 과정을 진행한다. 먼저 단말기 연결을 다음 명령으로 확인한다.

```
PS C:\Users\ADMIN > adb devices
List of devices attached
emulator-5554   device
```

PC 셸의 작업 경로를 실습 앱이 위치한 폴더로 이동한 후 adb install 명령을 사용하여 앱을 설치하였다. -r 옵션은 이미 설치되어 있는 경우에도 재설치하는 옵션이다. 명령 실행 후 성공 메시지를 확인한다.

```
PS C:\Users\ADMIN > adb install -r .\DivaApplication.APK
Performing Streamed Install
Success
```

또한, adb shell을 통해 안드로이드 셸에 접근하고 직접 명령을 실행시킬 수 있다. 리눅스 기반으로 동작하기 때문에 많은 명령어가 호환된다.

6.2.3 안드로이드 앱 번들 설치

안드로이드 앱 번들$^{\text{Android App Bundle, AAB}}$ 파일을 동일한 명령으로 단말에 설치를 시도

하면 에러가 발생한다. 다음의 과정으로 AAB 파일을 단말에 설치할 수 있다.

① 구글에서 제공하는 bundletool(https://github.com/google/bundletool/releases)을 다운받는다.

② 앱을 설치할 단말기를 연결하고 호환 가능한 APK 생성 및 재서명한다.

```
PC > java -jar "bundletool-all.jar" build-APKs --connected-device
 --bundle="sample.aab" --output="output.APKs"
```

③ 생성된 APK 파일들을 ADB를 이용하여 설치한다.

```
PC > adb install-multiple base-ko.APK base-master.APK base-mdpi.APK
base-x86.APK
```

AAB 파일을 설치하는 과정은 배포 방식 차이 때문에 APK와 다르지만 설치 후 분석 과정은 APK와 동일하다.

CHAPTER 07 단말 취약점 진단

앱이 단말에 설치되어 실행될 때, 다양한 측면에서 취약점이 발생할 수 있다. 안드로이드 단말 내 발생할 수 있는 중요 정보 저장, 디버그 로그 정보 노출, 백그라운드 화면 보호 미흡, 액티비티 강제 실행, 코드 패치 및 앱 무결성 검증 부재, 메모리 내 중요 정보 노출 등 주요 취약점들과 그 대응 방안을 다룬다.

7.1 단말기 내 중요 정보 저장

7.1.1 개요

앱이 설치되는 경로와 사용자 데이터가 분리되면 앱과 사용자 데이터 간에 격리된 환경을 유지할 수 있다. 앱들이 서로의 데이터에 접근하지 못하도록 하고, 민감한 정보의 유출을 예방할 수 있다. 하지만 루트 사용자는 앱의 사용자 데이터를 경로에 관계없이 접근할 수 있으며, 앱 업데이트나 제거와 무관하게 유지될 수 있기 때문에 중요 정보가 보관되어 있는 경우 보안에 취약할 수 있다.

동적 분석에서 중요 정보 저장 취약점 진단은 기능을 직접 실행할 때 저장되는 데이터를 보호하는 대책이 마련되어 있는지 확인하는 과정이다. 단말에 저장되는 데이터를 관찰하는 방법은 여러 가지가 있다. 안드로이드 스튜디오의 [Device File Explorer]를 사용할 수 있으며, adb shell을 통해 셸에 접근 후 cd, ls와 같은 직접 경로 탐색 명령을 이용하여 디렉터리 및 파일 목록을 나열할 수도 있다.

단말기 내 중요 정보 저장의 취약 여부를 판단할 때는 저장되는 정보와 정보를 참조하거나 변경할 수 있는 기능이 안전하게 다루어지는지 살펴본다. 저장되는 정보뿐만 아니라 해당 정보에 접근 가능한 기능을 인가된 사용자만이 사용할 수 있는지도 중요하다. 앱의 정보는 인텐트를 통해 전달되거나, 파일에 기록되거나, Shared Preferences 등을 통해 공유될 수 있다. 모든 과정에서 민감한 정보의 안전한 저장 및 전송이 필요하다.

7.1.2 진단 방법

① 앱별 저장소 App-specific Storage

시스템 기본 설치 앱은 /system/app 경로 하위에 위치하고, 사용자가 설치한 앱은 기본적으로 /data/app 하위 경로에 저장된다. 설치 이후 사용자 데이터가 저장되는 위치는 /data/data/[패키지명] 하위 경로에 저장된다.

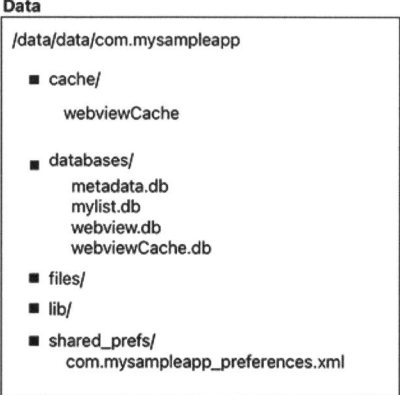

그림 7-1 APK 및 설치 시 디렉터리 구조

설치한 실습 앱이 위치하는 경로에 직접 접근하여 어떤 종류의 파일이 존재하는지 확인한다. 다음 설명하는 API를 사용하는 것이 취약을 의미하는 것이 아님에 유의한다. 안드로이드는 사용하는 API에 대해 데이터를 저장할 위치를 문서화된 지침으로 제공하며, 어떤 데이터를 저장할 것인지는 개발자가 결정한다. 민감한 정보를 평문으로 저장하고 이를 루트 권한을 가진 사용자나 다른 앱이 접근할 수 있는 위치에 저장하는 경우는 취약하다고 판단할 수 있다. 따라서 다음에서 설명하는 경로 또한 개발자에 의해 선택되었음을 인지해야 하며 경로가 존재하지 않을 수 있다. 진단 과정에서는 런타임에 앱이 중요 정보를 어떻게 사용하고, 사용 후에 해당 정보가 안전하게 폐기되는지 확인해야 한다. 이는 앱이 민감한 정보를 다루는 방식을 평가하고 취약점을 식별하는 데 도움이 된다.

- /data/data/[패키지명]/cache
  - 앱의 캐시 파일, 임시 파일이나 빠른 데이터 접근을 위한 캐시 파일이 저장된다.
  - 별도의 권한 없이 파일의 생성, 삭제가 가능하다. 다른 앱이나 사용자가 접근할 수 없으며 추가 디스크 공간이 필요할 때 캐시 폴더 내의 데이터부터 삭제된다. 다음은 캐시 파일을 생성하는 코드 예제이다.

코드 7-1 캐시 파일 생성 코드 예제

```
val cacheFile = File(context.getcacheDir(), "cache_temp.txt")
```

- /data/data/[패키지명]/databases
  - 데이터베이스 관련 파일, 주로 SQLite 데이터베이스 파일이 저장된다.
  - 안드로이드는 SQLite를 내장형 데이터베이스로 사용하여 데이터를 저장하고 관리할 수 있다. 다음은 데이터베이스 구조를 정의하고 데이터를 저장하는 코드 예제이다.

먼저, 데이터베이스 스키마를 정의한다.

코드 7-2 데이터베이스 스키마 정의 예제 코드

```java
import android.content.Context;
import android.database.sqlite.SQLiteDatabase;
import android.database.sqlite.SQLiteOpenHelper;
public class DBHelper extends SQLiteOpenHelper {
    private static final String DATABASE_NAME = "my_database.db";
    private static final int DATABASE_VERSION = 1;
    public DBHelper(Context context) {
        super(context, DATABASE_NAME, null, DATABASE_VERSION);
    }
    @Override
    public void onCreate(SQLiteDatabase db) {
        String createTableQuery = "CREATE TABLE my_table (id INTEGER PRIMARY KEY, name TEXT)";
        db.execSQL(createTableQuery);
    }
    @Override
    public void onUpgrade(SQLiteDatabase db, int oldVersion, int newVersion) {
        db.execSQL("DROP TABLE IF EXISTS my_table");
        onCreate(db);
    }
}
```

다음으로 생성한 데이터베이스에 데이터를 추가하고 조회하는 자바 코드이다.

코드 7-3 데이터베이스 데이터 추가 및 조회 코드 예제

```java
import android.database.sqlite.SQLiteDatabase;
//(생략)
import androidx.appcompat.app.AppCompatActivity;
public class MainActivity extends AppCompatActivity {
```

```java
    private DBHelper dbHelper;
    private EditText nameEditText;
    private TextView resultTextView;
    @Override
    protected void onCreate(@Nullable Bundle savedInstanceState) {
        super.onCreate(savedInstanceState);
        setContentView(R.layout.activity_main);
        dbHelper = new DBHelper(this);
        nameEditText = findViewById(R.id.nameEditText);
        resultTextView = findViewById(R.id.resultTextView);
        Button addButton = findViewById(R.id.addButton);
        addButton.setOnClickListener(new View.OnClickListener() {
            @Override
            public void onClick(View v) {
                String name = nameEditText.getText().toString();
                ContentValues values = new ContentValues();
                values.put("name", name);
                SQLiteDatabase db = dbHelper.getWritableDatabase();
                db.insert("my_table", null, values);
                db.close();
                nameEditText.getText().clear();
            }
        });
        Button showButton = findViewById(R.id.showButton);
        showButton.setOnClickListener(new View.OnClickListener() {
            @Override
            public void onClick(View v) {
                SQLiteDatabase db = dbHelper.getReadableDatabase();
                Cursor cursor = db.rawQuery("SELECT * FROM my_table", null);
                StringBuilder result = new StringBuilder();
                while (cursor.moveToNext()) {
                    int id = cursor.getInt(cursor.getColumnIndex("id"));
                    String name = cursor.getString(cursor.getColumnIndex("name"));
                    result.append("ID: ").append(id).append(", Name:
```

```
").append(name).append("\n");
            }
            cursor.close();
            db.close();
            resultTextView.setText(result.toString());
        }
    });
  }
}
```

코드를 살펴보면, DBHelper 클래스에서 데이터베이스 스키마를 정의한다. 다음으로 MainActivity 클래스에서 DBHelper 클래스를 이용하여 데이터를 추가하고, 조회하는 과정으로 동작한다. 각 기능은 앱 화면의 버튼에 할당되어 setOnClick 함수를 통해 버튼 클릭 시 실행할 동작을 정의한다. 이벤트 핸들러가 등록되면, 버튼을 클릭했을 때 호출되는 onClick 콜백 함수를 재정의하여 실행할 코드를 작성한다.

예제 코드에는 addButton과 showButton에 대한 이벤트 핸들러가 등록되어 있다. 각 버튼을 클릭했을 때 데이터베이스 데이터를 추가하거나 조회하는 기능을 수행한다.

데이터베이스 스키마를 정의할 때 다음의 단말 앱별 디렉터리에 .db 파일이 생성된다.

```
/data/data/[앱 패키지명]/databases/my_database.db
```

저장된 데이터를 분석하기 위해 adb pull 명령을 사용하여 파일을 진단 PC로 복사한다.

```
PC > adb pull /data/data/[앱 패키지명]/databases/my_database.db C:\[작업 경로]
```

adb: error 'Permission denied' 에러

파일 복사를 위해 adb pull 명령을 실행했을 때 다음과 같은 에러가 발생할 수 있다.

```
bash-3.2$ adb pull /data/data/jakhar.aseem.diva/databases/divanotes.db
adb: error: failed to stat remote object '/data/data/jakhar.aseem.diva/databases/divanotes.db': Permission denied
bash-3.2$
bash-3.2$
```

그림 7-2 adb pull 실행 시 권한 에러

ADB로 실행한 권한은 루트가 아닌 셸 사용자의 권한이기 때문에 앱별 디렉터리에 접근이 불가하여 에러가 발생한다.

```
bash-3.2$ adb shell
emu64a:/ $ whoami
shell
emu64a:/ $ su
emu64a:/ # whoami
root
emu64a:/ # cd /data/data/jakhar.aseem.diva/databases
emu64a:/data/data/jakhar.aseem.diva/databases # ls -al
total 44
drwxrwx--x 2 u0_a180 u0_a180  4096 2023-08-13 10:31 .
drwxr-x--x 6 u0_a180 u0_a180  4096 2023-08-14 14:46 ..
-rw-rw---- 1 u0_a180 u0_a180 20480 2023-08-13 10:31 divanotes.db
-rw-rw---- 1 u0_a180 u0_a180     0 2023-08-13 10:31 divanotes.db-journal
emu64a:/data/data/jakhar.aseem.diva/databases #
```

그림 7-3 셸 접근 권한 및 앱별 디렉터리 권한 확인

이 경우 모든 권한으로 접근 가능한 임시 폴더로 파일을 복사 후 권한을 변경하여 임시 폴더(/data/local/tmp)에서 PC로 복사할 수 있다. 다음 순서대로 명령을 실행한다.

```
PC > adb shell su
ADB# cp /data/data/[패키지명]/databases/{db 파일명}.db /data/local/tmp
ADB# chown shell.shell /data/local/tmp/{db 파일명}.db
ADB# exit
ADB$ exit
PC > adb pull /data/local/tmp/{db 파일명}.db [PC 작업 경로]
```

명령 실행 후 PC의 작업 경로에 정상적으로 파일이 복사된 것을 확인한다.

데이터베이스 파일을 분석하기 위해서는 별도의 도구가 필요하다. 파일로 복사한 데이터베이스 파일은 DB Browser 도구를 통해 스키마와 데이터를 확인할 수 있다. 다음은 DB Browser 도구를 이용하여 예제 코드를 실행시킨 결과가 저장된 데이터베이스를 분석하는 화면이다.

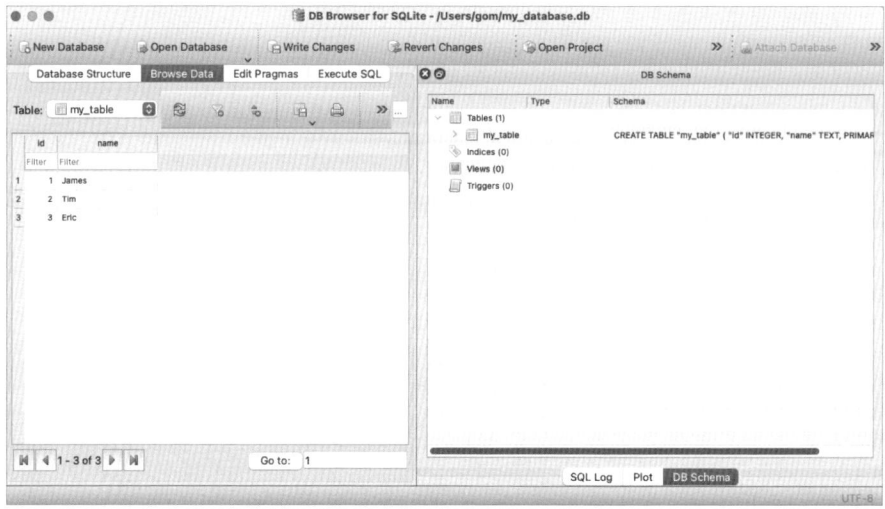

그림 7-4 DB Browser를 이용한 데이터베이스 분석

좌측 탭 상단의 [Browse Data]를 선택한 후 아래의 [Table] 선택 메뉴에서 분석할 테이블을 선택하면 저장된 데이터가 아래에 나온다. 컬럼 헤더를 클릭하면 정렬이 가능하며, 데이터 가장 위의 입력 폼에 값을 입력하면 데이터 필터링이 가능하다. 데이터를 조회하면서 중요 정보가 포함되었는지 확인한다.

- /data/data/[패키지명]/files
  - 앱이 생성한 파일, 주로 사용자가 생성한 파일이나 다운로드한 파일, 앱 설정 등을 포함한다.
  - 별도의 권한 없이 파일의 생성, 삭제가 가능하다. 앱이 설치되어 있는 동안만 파일을 저장하고 유지한다. 앱이 삭제되면 경로 내 파일도 삭제된다.

코드 7-4 다른 앱에서 읽기 가능한 파일 생성 예제

```java
public class PublicFileActivity extends Activity {
 private TextView mFileView;
 private static final String FILE_NAME = "public_file.dat";
 public void onCreateFileClick(View view) {
    FileOutputStream fos = null;
    try {
            // 앱별 디렉터리 내 파일 생성
            // 다른 앱에서 읽기 가능한 권한으로 파일 생성
       fos = openFileOutput(FILE_NAME, MODE_WORLD_READABLE);
       fos.write(new String("다른 앱에서 읽기 가능 파일 생성 예제\n").getBytes());
    } catch (FileNotFoundException e) {
       mFileView.setText(R.string.file_view); } catch (IOException e) {
       android.util.Log.e("PublicFileActivity", "failed to read file");
    } finally {
       if (fos != null) {
            try { fos.close();
       } catch (IOException e) {
            android.util.Log.e("PublicFileActivity", "failed to close
file");
       }
    }
 }
 finish();
 }
}
```

안드로이드 API 24 이후 변경 사항

파일 생성 시 MODE를 지정하여 파일을 생성할 수 있다.

- **MODE_PRIVATE** : 생성한 앱에서만 접근 가능
- **MODE_WORLD_READABLE**: 외부 앱에서 읽기만 가능
- **MODE_WORLD_WRITABLE**: 외부 앱에서 읽기/쓰기 가능

MODE_WORLD_READABLE, MODE_WORLD_WRITABLE 변수를 사용하여 파일을 생성하는 것은 API 24 이상 버전에서 보안 예외가 발생하며 사용할 수 없다.
안드로이드에서는 컨텐트 프로바이더를 이용한 파일 공유 방법을 권고한다.

- /data/data/[패키지명]/lib
  - 앱의 네이티브 코드 라이브러리가 저장된다.
- /data/data/[패키지명]/shared_prefs
  - Shared Preferences에는 앱의 설정이나 사용자 데이터, 상태 정보 등이 저장된다.
  - 앱에서 간단한 데이터를 키-값 쌍의 형태로 저장하고 관리하는 데 사용된다. 앱이 실행될 때 언어, 테마, 알림 설정 등 사용자가 설정한 값이 저장된다.
  - 사용자 세션 상태나 로그인 정보를 저장해서 자동 로그인에 사용한다. 앱을 종료 후 재실행할 때 로그인 상태를 유지하도록 할 수 있다.
  - Shared Preferences에 저장된 데이터는 복잡한 설정이 필요하지 않고 불러올 때 메모리에 캐시되기 때문에 속도가 빠르다는 장점이 있다.

다음은 Shared Preferences를 사용하기 위해 값을 저장하고 불러오는 예제 코드이다.

코드 7-5 Shared Preferences 데이터 처리

```
// 1. SharedPreferences에 값 저장
binding.saveBtn.setOnClickListener {
        val sharedPreference = getSharedPreferences("sp1", MODE_
PRIVATE)
        val editor  : SharedPreferences.Editor = sharedPreference.
edit()
        editor.putString("data1","첫 번째 데이터")
        editor.putString("data2","두 번째 데이터")
        editor.commit() // data 저장
     }
// 2. SharedPreferences에서 값 불러오기
binding.loadBtn.setOnClickListener {
        val sharedPreference = getSharedPreferences("sp1", MODE_
```

```
PRIVATE)
        val value1 = sharedPreference.getString("data1", "default data 1")
        val value2 = sharedPreference.getString("data2", "default data 2")
        Log.d("key-value", "Value 1 : " + value1)
        Log.d("key-value", "Value 2 : " + value2)
    }
// 3. SharedPreferences에서 값 삭제
binding.deleteBtn.setOnClickListener {
        val sharedPreference = getSharedPreferences("sp1", MODE_PRIVATE)
        val editor = sharedPreference.edit()
        editor.remove("data1")
        // 전체 삭제는 editor.clear()
        editor.commit()
    }
```

위 코드의 저장 버튼을 클릭한 후에 shared_pref 디렉터리에 생성된 파일의 내용은 다음과 같다.

코드 7-6 SharedPreferences.xml 파일 내 저장된 데이터

```xml
<?xml version='1.0' encoding='utf-8' standalone='yes' ?>
<map>
    <string name="data1">첫 번째 데이터</string>
    <string name="data2">두 번째 데이터</string>
</map>
```

디렉터리와 관계없이 AndroidManifest.xml에서 application 태그의 android:allowBackup의 값이 true로 설정되어 있는 경우 앱을 삭제하더라도 앱별 저장소는 남아있을 수 있다.

코드 7-7 AndroidManifest.xml 내 android:allowBackup 설정

```
<manifest ... >
    ...
```

```
    <application android:allowBackup="true" ... >
        ...
    </application>
</manifest>
```

[실습]

DIVA 앱으로 직접 데이터를 저장하는 방법과 위치를 확인할 수 있다. 코드와 기능을 비교하며 실행하여 취약점이 발생할 수 있는 위치를 분석한다. 각 문제에서 다루고 있는 저장소 위치는 다음과 같다.

- 3. Insecure Data Storage – Part 1 (Shared Preferences)
- 4. Insecure Data Storage – Part 2 (Databases)
- 5. Insecure Data Storage – Part 3 (Internal Storage)

■ 외부 저장소 External Storage

SD 카드와 같은 외부 저장소에 파일을 저장할 때는 더 주의해야 한다. 사용 중인 앱뿐만 아니라 android.permission.WRITE_EXTERNAL_STORAGE 권한을 사용하도록 선언된 다른 앱도 외부 저장소 파일에 대한 읽기와 쓰기 권한이 허용된다. 개발의 용이성을 이유로 해당 권한을 선언한 이후 외부 저장소에 닷 파일[4]이나 임의의 폴더를 생성하여 파일을 저장하고 활용하기도 한다.

외부 메모리의 파일은 악성 코드나 다른 앱에 의해 쉽게 변조되거나 삭제될 수 있다.

코드 7-8 외부 저장소 파일 생성 코드

```
val externalFile = File(context.getExternalFilesDir({Environment Type},
"file.txt")
```

---

4 경로나 파일명 앞에 닷(dot, '.')을 붙이면, 숨김 파일로 인식하여 파일 탐색기에서 보이지 않는다.

> **안드로이드 API 29 이후 변경 사항**
>
> 외부 저장소에 저장된 파일에 대해 더 세밀하게 제어하도록 범위 지정 저장소$^{Scoped\ Storage}$ 개념이 도입되었다. 외부 저장소에 저장되는 파일에도 앱별 디렉터리와 앱에서 만든 특정 유형의 미디어만 접근할 수 있도록 제한할 수 있다.
>
> 개발 반영 유예 기간이 적용된 이후 API Level 30 이상이 적용된 앱은 매니페스트에 선언된 WRITE_EXTERNAL_STORAGE 권한은 무시되며, 범위 지정 저장소 정책을 따라야 한다.

[실습]

DIVA 앱으로 직접 외부 저장소에 데이터를 저장하는 방법과 위치를 확인할 수 있다.

- 6. Insecure Data Storage – Part 4 (External Storage)

■ 중요 정보 판단하기

정보가 저장되는 위치와 값을 확인했다면 정보의 중요성과 민감도를 판단하는 과정이 필요하다. 찾은 정보가 중요 정보인지 판단하는 기준을 수립하기 위해 안드로이드 단말에 존재하는 정보 자산과 기능 자산의 유형을 소개한다. 앱을 분석할 때 다음의 기능을 포함하여 안전한 데이터 처리를 구현하고 있는지 확인한다.

정보	요소
전화번호	단말기 전화번호
통화 기록	통화 시간, 날짜, 수 · 발신 기록 등
IMEI	단말기 ID
센서 정보	Wi-Fi, 블루투스, NFC, 조도 센서, 근접 센서 등
설정 정보	핫스팟 설정, 인증 정보 등
계정 정보	구글 계정 정보, 서드파티 로그인 정보

표. 단말기에서 생성하고 관리하는 정보

정보	요소
전화번호	휴대전화 번호, 회사 연락처 등
사진	원본 사진, 사진 메타데이터, 섬네일 이미지 등
별명	SNS 별명, 배달 앱 별명, 익명 리뷰 별명 등
주소	국가, 지역(시군구), 도로명 주소, 우편번호 등
서버 주소	웹 서버 주소, FTP 서버 주소, 회사 공식 홈페이지 주소 등
멤버십	회원 등급, 소속 그룹, 직책, 역할 등
결제 정보	결제 수단, 포인트, 할인 쿠폰, 청구지 주소 등

표. 앱을 사용하면서 관리하는 정보

대한민국의 「개인 정보 보호법」에서 정의하는 개인 정보는 살아 있는 개인에 관한 정보로 다음에 해당한다.

① 성명, 주민등록번호 및 영상 등을 통하여 개인을 알아볼 수 있는 정보
② 해당 정보만으로는 특정 개인을 알아볼 수 없더라도 다른 정보와 쉽게 결합하여 알아볼 수 있는 정보
③ ① 또는 ②를 가명 처리함으로써 원래의 상태로 복원하기 위한 추가 정보의 사용, 결합 없이는 특정 개인을 알아볼 수 없는 정보(가명 정보)

개인 정보 포털(https://privacy.go.kr)에서 안내하고 있는 개인 정보 유형 및 예시는 다음과 같다.

구분		내용
인적 사항	일반 정보	성명, 주민등록번호, 주소, 연락처, 생년월일, 출생지, 성별 등
	가족 정보	가족관계 및 가족구성원 정보 등

신체적 정보	신체 정보	얼굴, 홍채, 음성, 유전자 정보, 지문, 키, 몸무게 등
	의료 및 건강 정보	건강 상태, 진료 기록, 신체장애, 병력, 혈액형, IQ, 약물 테스트와 같은 신체검사 정보 등
정신적 정보	기호 및 성향 정보	도서·비디오 등 대여 기록, 잡지 구독 정보, 물품 구매 내역, 웹사이트 검색 내역 등
	내면의 비밀 정보	사상, 신조, 종교, 가치관, 정당·노조 가입 여부 및 활동 내역 등
사회적 정보	교육 정보	학력, 성적, 출석 상황, 기술 자격증 및 전문 면허증 보유 내역, 상벌 기록, 생활기록부, 건강기록부 등
	병역 정보	병역 여부, 군번 및 계급, 제대 유형, 근무 부대, 주특기 등
	근로 정보	직장, 고용주, 근무처, 근무 경력, 상벌 기록, 직무평가 기록 등
	법적 정보	전과·범죄 기록, 재판 기록, 과태료 납부 내역 등
재산적 정보	소득 정보	봉급액, 보너스 및 수수료, 이자소득, 사업소득 등
	신용 정보	대출 및 담보 설정 내역, 신용카드 번호, 통장 계좌번호, 신용평가 정보 등
	부동산 정보	소유 주택, 토지, 자동차, 기타 소유 차량, 상점 및 건물 등
	기타 수익 정보	보험(건강, 생명 등) 가입 현황, 휴가, 병가 등
기타 정보	통신 정보	이메일 주소, 전화 통화 내역, 로그 파일, 쿠키 등
	위치 정보	GPS 및 휴대폰에 의한 개인의 위치 정보
	습관 및 취미 정보	흡연 여부, 음주량, 선호하는 스포츠 및 오락, 여가 활동, 도박성 성향 등

개인 정보는 고정불변의 개념보다는 시대, 기술, 인식의 발전 및 변화에 따라 확대되는 개념으로 보아야 한다. 다양한 곳에서 데이터를 얻고 인공지능과 같은 신기술로 데이터가 재가공 및 융합되고 있는 만큼 진단할 때 민감도 기준을 세밀하게 선정해야 한다.

취약 여부	설명
취약	앱별 저장소 및 외부 저장소에 중요도가 높은 데이터가 저장되는 경우
양호	앱별 저장소 및 외부 저장소에 중요도가 높은 데이터가 저장되지 않는 경우

7.1.3 보안 대책

① 민감한 데이터의 평문 저장 금지

데이터베이스를 사용하여 데이터를 저장할 때 중요 정보가 포함된 경우, AES256 암호화를 지원하는 SQLCipher 등 확장 라이브러리를 사용하여 데이터를 암호화할 수 있다. 다음의 코드는 데이터베이스 초기화 프로세스에서 SQLCipherInitializer.Initialize 호출부터 데이터베이스를 암호화하는 코드의 예제이다.

코드 7-9 SQLCipher를 사용한 데이터베이스 암호화

```
import android.content.Context;
// import android.database.sqlite*, import net.sqlcipher.database* 대체하여 사용
import net.sqlcipher.database.SQLiteDatabase;
import java.io.File;
public class SQLCipherInitializer {
 static SQLiteDatabase Initialize(Context ctx, String dbName, String password) { // DB를 사용하기 전, 필요 라이브러리 로드 및 초기화
    SQLiteDatabase.loadLibs(ctx);
    File databaseFile = ctx.getDatabasePath(dbName);
    return SQLiteDatabase.openOrCreateDatabase(databaseFile, password, null);
 }
}
```

또한 민감한 데이터를 일시적으로 저장해서 사용해야 하는 경우 앱별 저장소의

캐시를 이용하여 데이터를 저장할 수 있다. 앱에서만 접근 가능한 경로를 사용하며, 파일에 저장된 정보의 공개 여부에 관계없이 파일은 비공개로 유지하도록 한다. 다음은 사용 중인 앱에서만 접근 가능한 파일을 생성하는 코드의 예제이다.

코드 7-10 앱별 디렉터리 내 파일 생성 예제

```
public class PrivateFileActivity extends Activity {
 private TextView mFileView;
 private static final String FILE_NAME = "private_file.dat";
 ...
 public void onCreateFileClick(View view) {
    FileOutputStream fos = null;
    try {
       fos = openFileOutput(FILE_NAME, MODE_PRIVATE);
// 중요 정보 저장을 위한 파일 핸들러 처리
// MODE_PRIVATE: 해당 파일을 생성한 앱에서만 접근할 수 있도록 파일을 보호하는 역할
// 파일 생성 시 앱별 디렉터리 내 생성
      fos.write(new String("Not sensitive information (File Activity)\n").
getBytes());
    } catch (FileNotFoundException e) {
       mFileView.setText(R.string.file_view); } catch (IOException e) {
             android.util.Log.e("PrivateFileActivity", "File Read
Error");
    } finally {
      if (fos != null) {
             try {
                    fos.close();
             } catch (IOException e) { android.util.Log.
e("PrivateFileActivity", "failed to close file");
      }
    }
 }
 finish();
}
```

제시된 코드는 다른 앱에서의 접근을 차단하기 위해 파일 쓰기 모드를 MODE_PRIVATE으로 설정하였다. 이 설정은 해당 앱에서만 파일을 읽고 쓸 수 있도록 다른 앱의 접근을 방지한다. 하지만 루트 사용자는 MODE_PRIVATE 설정에 관계없이 저장된 파일에 대해서 접근할 수 있기 때문에 완전한 보안 대책이 될 수 없다. 따라서 중요 정보를 파일로 저장해야 하는 경우에는 추가적인 보안 조치로 암호화를 수행하여 저장하는 것이 권장된다. 암호화를 통해 저장된 데이터는 루트 사용자나 다른 앱이 접근하더라도 내용을 이해할 수 없으므로 데이터의 보안성을 높일 수 있다.

② 데이터 종류별로 적절한 저장소 사용

구글에서는 안드로이드 앱 개발 시 데이터 유형별로 적절한 저장소를 사용하도록 권고하고 있다. 제시된 권고를 준수하는 것은 데이터의 보안성과 저장 효율성을 높이기 위해 중요하다. 구글이 권고하는 데이터 유형별 저장소는 다음과 같다.

데이터 유형	저장소
공유 미디어	공유 저장소, 외부 저장소
구조화된 데이터 (키-값 데이터)	Shared Preferences, json 파일
3개 열 이상 데이터	데이터베이스
대용량 데이터	외부 저장소
기기 간 동기화 데이터	클라우드, Google Drive API

③ 파일에 저장된 데이터를 불러올 때도 무결성 검증 실시

앱이 파일에 저장된 데이터를 불러올 때는 데이터의 무결성을 검증하는 것이 중요하다. 저장된 데이터가 변조된 데이터일 수 있으므로 사용 시에도 무결성 검증을 실시한다. 또한 다른 앱과 정보를 교환할 때는 안드로이드에서 제공하는 컴포넌트를 사용하여 안전하게 교환하는 것을 권장한다. 예를 들어 컨텐트 프로바이

더를 사용하면 다른 앱과 데이터를 공유할 수 있으며, 서비스를 통해 백그라운드에서 데이터를 처리하고 다른 앱과 상호작용을 수행할 수 있다.

7.2 디버그 로그 내 중요 정보 노출

7.2.1 개요

안드로이드 앱 개발 시, 디버그 로그는 앱 동작을 추적하고 개발 단계에서의 버그를 수정하는 데 사용한다. 디버그 로그는 앱의 실행 중에 발생하는 이벤트, 상태, 변숫값 등을 모니터링하고 기록할 수 있는 도구로 앱의 동작과 문제 해결에 도움을 준다.

안드로이드에서는 AndroidManifest.xml에서 android:debuggable 속성을 true로 설정하여 앱을 디버깅할 수 있도록 허용한다. 기본적으로 이 속성은 비활성화되어 있지만, 앱을 개발하면서 실행 중 필요에 따라 설정을 변경할 수 있다. 이 속성을 true로 설정하게 되면 앱 실행 중 세부 정보에 접근할 수 있기 때문에 소스 코드를 직접 분석하지 않고도 앱을 디버깅할 수 있다.

그림 7-5 디버그 허용 시 파일 시스템 접근

안드로이드 로깅은 로그캣[Logcat]에 결합된 여러 표준이 결합된 형태로 사용되기 때문에 복잡하다. 사용되는 주요 표준은 다음과 같다.

구현 출처	로깅 항목 예시	스택 레벨 사용 가이드
RFC 5424(syslog standard)	리눅스 커널	커널, 시스템 데몬
android.util.Log	안드로이드 프레임워크, 앱 로깅	안드로이드 프레임워크
java.util.logging.level	자바 환경에서 일반적 로깅	비시스템 애플리케이션

각각의 표준은 유사한 로그 레벨 구성을 가지고 있지만 이번 섹션에서는 안드로이드 프레임워크와 앱 로깅에 대해서만 다룬다. 안드로이드는 앱이 로그 정보를 출력할 수 있도록 android.util.Log 클래스를 제공한다. 클래스의 함수를 사용해서 목적에 맞게 단계를 구분하여 로그를 남기도록 구성한다. 다음은 로그 클래스와 디버그 로그 함수를 사용하여 로그를 남기는 방법이다.

디버그 로그 함수	설명
Log.d(tag, msg)	debugging, 디버그 목적으로 문제 발생 가능성에 대해 기록
Log.e(tag, msg)	error, 심각한 문제 발생 시 기록
Log.v(tag, msg)	verbose, 동작 여부를 자세히 살펴볼 목적으로 기록
Log.w(tag, msg)	warning, 심각하지 않지만 문제의 소지가 있음을 기록
Log.i(tag, msg)	information, 진행 과정을 모니터링하기 위해 기록

각 디버그 로그 함수의 태그[tag]와 메시지[msg]에는 개발자가 직접 디버깅에 필요한 정보를 나타내는 문자열을 사용한다. 소스코드 내 디버그 로그를 출력하는 함수가 있다면 컴파일 시점에는 함께 컴파일되지만 런타임 시점에는 삭제된다. 하지만 에러[error], 경고[warning], 정보[information] 로그는 항상 유지된다.

코드 7-11 디버그 로그 생성 예제(코틀린)

```kotlin
import android.util.Log
//(...생략...)
class LoginActivity : AppCompatActivity() {
    private lateinit var loginViewModel: LoginViewModel
    private lateinit var binding: ActivityLoginBinding
    override fun onCreate(savedInstanceState: Bundle?) {
        super.onCreate(savedInstanceState)
        binding = ActivityLoginBinding.inflate(layoutInflater)
        setContentView(binding.root)
        val username = binding.username
        val password = binding.password
        val login = binding.login
        val loading = binding.loading
        loginViewModel = ViewModelProvider(this, LoginViewModelFactory())
            .get(LoginViewModel::class.java)
        loginViewModel.loginFormState.observe(this@LoginActivity, Observer {
            val loginState = it ?: return@Observer
            // disable login button unless both username / password is valid
            login.isEnabled = loginState.isDataValid
            if (loginState.usernameError != null) {
                username.error = getString(loginState.usernameError)
            }
            if (loginState.passwordError != null) {
                password.error = getString(loginState.passwordError)
            }
            Log.i("LOGIN ACTIVITY - username: ", username.text.toString())
            Log.i("LOGIN ACTIVITY - password: ", password.text.toString())
        })
//(...생략...)
    }
}
```

로그인 액티비티에서 입력 폼에 값을 입력하여 폼의 상태가 변경될 때마다 디버그 로그를 출력하도록 한 코드이다. 개발자는 입출력 처리 로직을 구성할 때 데이터가 잘 처리되는지 확인할 목적으로 앞선 예시와 같이 디버그 로그를 구성할 수 있다.

하지만 앱 실행 중 로그캣에 기록된 로그는 개발자 도구나 명령어를 통해 접근이 가능하다. 따라서 악의적인 공격자가 해당 로그를 열람하거나 분석을 시도할 수 있다.

7.2.2 진단 방법

로그 출력을 보려면 단말을 연결한 후 로그캣 명령을 실행하면 된다. 또는 안드로이드 스튜디오 하단의 메뉴에서 로그캣을 제공한다.

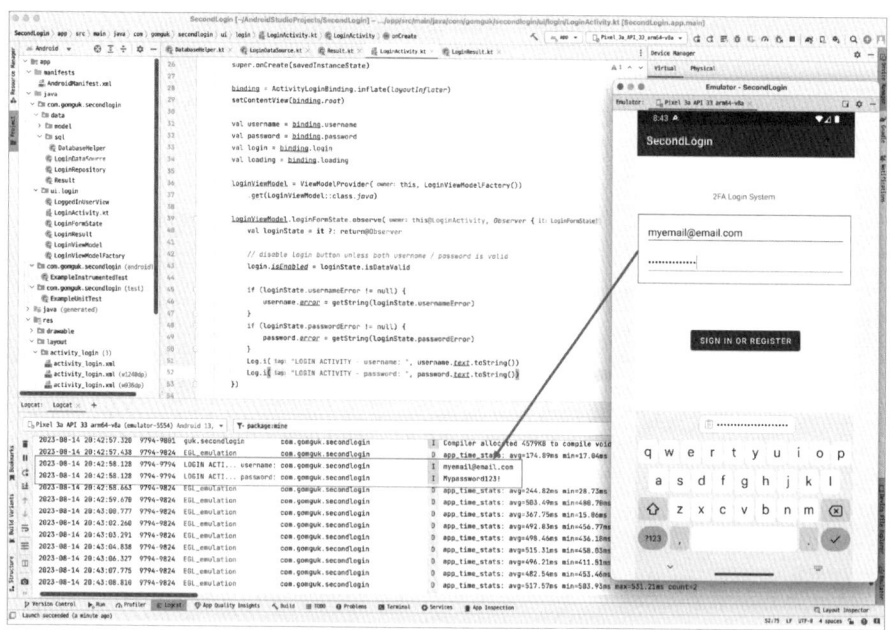

그림 7-6 디버그 로그 내 계정 정보 평문 노출

로그캣의 출력 형식은 다음과 같다.

Date	time	PID-TID	packagename	priority	tag	message
날짜	시간	프로세스 식별자, 스레드 식별자	패키지명	로그 레벨	태그	메시지
23-08-14	20:42:58	9794-9794	com.gomguk.secondlogin	I	LOGIN ACTIVITY - username:	myemail@email.com
23-08-14	20:42:58	9794-9794	com.gomguk.secondlogin	I	LOGIN ACTIVITY - password	Mypassword123!

예제 코드의 실행 결과로 입력 폼에 값을 입력할 때 로그캣에 입력한 데이터가 평문으로 노출되는 것을 확인할 수 있다.

ADB 명령으로 로그캣 실행을 통해 디버그 로그를 확인할 수 있다. 먼저, adb shell로 단말에 접속하여 실행 중인 앱의 PID$^{\text{Process ID}}$를 식별한다.

```
ADB$ ps -ef | grep [앱 패키지명]
```

그림 7-7 실행 중인 앱 PID 식별

식별한 PID를 인자로 전달하여 목적하는 앱의 디버그 로그를 분석한다.

```
PC > adb logcat -pid=[PID]
```

```
bash-3.2$ adb logcat --pid=16773
-------- beginning of main
08-15 11:40:29.711 16773 16773 I guk.secondlogin: Late-enabling -Xcheck:jni
08-15 11:40:30.982 16773 16773 V studio.deploy: Startup agent attached to VM
08-15 11:40:30.983 16773 16773 V studio.deploy: No existing instrumentation found. Loading instrumentation from instrumen
ts-a7e44b7b.jar
08-15 11:40:31.001 16773 16773 W guk.secondlogin: DexFile /data/data/com.gomguk.secondlogin/code_cache/.studio/instrument
s-a7e44b7b.jar is in boot class path but is not in a known location
08-15 11:40:31.030 16773 16773 V studio.deploy: Applying transforms with cached classes
08-15 11:40:31.048 16773 16773 W guk.secondlogin: Redefining intrinsic method java.lang.Thread java.lang.Thread.currentTh
read(). This may cause the unexpected use of the original definition of java.lang.Thread java.lang.Thread.currentThread()
in methods that have already been compiled.
08-15 11:40:31.048 16773 16773 W guk.secondlogin: Redefining intrinsic method boolean java.lang.Thread.interrupted(). Thi
s may cause the unexpected use of the original definition of boolean java.lang.Thread.interrupted()in methods that have a
lready been compiled.
08-15 11:40:31.052 16773 16773 D CompatibilityChangeReporter: Compat change id reported: 171979766; UID 10188; state: ENA
```

그림 7-8 ADB를 이용한 로그캣 출력

로그캣은 로그 수준 설정과 관계없이 모든 메시지를 계속 수집하기 때문에 분석에 불필요한 정보가 함께 기록되어 필요한 데이터를 분석하는 데 시간이 오래 걸릴 수 있다. 안드로이드 스튜디오 내 로그캣 기능에서 로그 필터 옵션을 제공한다. 또는 로그캣 수집 및 필터링 기능을 지원하는 서드파티 GUI 도구인 로그 필터LogFilter를 사용할 수 있다.

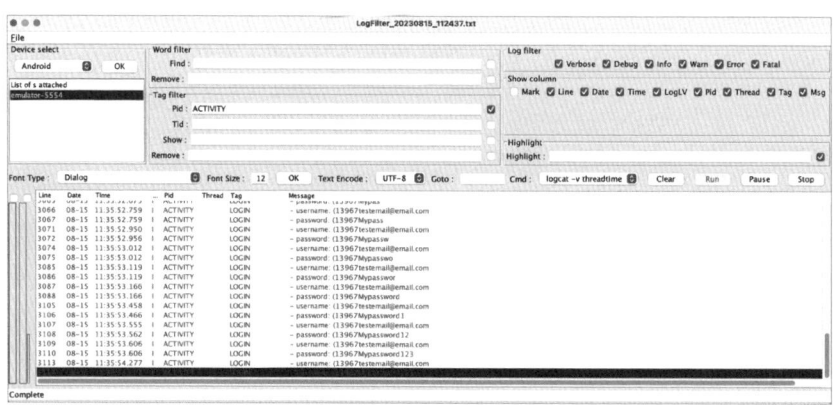

그림 7-9 로그 필터를 이용한 디버그 로그 분석

로그 필터 실행 후 연결된 단말 또는 에뮬레이터 선택 후 필터링할 단어, 로그 레벨, PID 등을 선택 후 [Start]를 통해 로그를 수집한다. 수집한 로그는 로그 필터를 실행한 경로 내 텍스트 파일로 저장되어 실행 이후에도 다시 분석할 수 있다. 이와 같이 사용자 입력 내용이 디버그 로그에 남을 경우, 사용자 행동 패턴이나 민감한 데이터가 노출될 수 있다.

코드 7-12 디버그 로그 내 토큰값 노출

```
Log.d("Facebook-authorize", "Login Success! access_token="
    + getAccessToken() + " expires="
    + getAccessExpires());
```

디버그 로그에 API키와 토큰값이 기록되는 경우, 공격자가 획득한 키를 이용하여 API 호출 또는 권한 탈취 등 2차 공격에 악용할 수 있다.

더 알아보기

로그캣에 기록되는 로그는 자바에 선언된 로그 클래스(android.util.Log)의 함수에 정의된 경우에만 출력된다. 자바에서 콘솔 출력을 위해 사용하는 함수(System.out.println)나 로그 클래스를 개발자가 별도로 로그 클래스를 정의해서 사용하는 경우 로그캣을 통한 디버그 로그에 출력되지 않을 수 있다.
코드 분석 및 동적 분석을 통해 별도 선언된 로그 클래스에서도 디버그 로그 내 중요 정보가 노출되는 경우 취약으로 진단한다.

[실습]

DIVA 앱으로 직접 디버그 로그 내 중요 정보가 노출되는 취약점을 확인할 수 있다. 코드와 기능을 비교하며 실행하여 취약점이 발생할 수 있는 위치를 분석할 수 있도록 한다.

- 1. Insecure Logging

취약 여부	설명
취약	디버그 로그 내 중요 정보가 노출되는 경우
양호	디버그 로그 내 중요 정보가 노출되지 않는 경우

7.2.3 보안 대책

① 배포 전 디버그 로그 제거

디버그 로그는 개발 과정에서 많은 도움을 주지만 앱을 배포할 때는 로그를 제거하거나 최소화해야 한다. 로그에는 앱의 동작 정보뿐만 아니라 민감한 데이터가 포함될 수 있다. 특히 개인 정보나 보안 키와 같은 민감한 정보는 로깅하지 않도록 주의한다.

② 안전한 로그 클래스 사용

안드로이드는 로그 클래스를 사용하여 디버그 로그를 생성한다. 로그 클래스는 다양한 로그 레벨을 제공하며 이를 통해 개발자는 필요에 따라 처리를 다르게 지정할 수 있다. 개발 중에는 자세한 로그를 출력하여 디버깅에 도움을 받을 수 있지만, 배포 버전에는 로그의 수준을 낮추거나 제거해야 한다.

7.3 백그라운드 화면 보호

7.3.1 개요

사용자가 홈 버튼을 누르거나 앱이 실행 중인 상태에서 다른 앱을 실행하여 앱이 백그라운드 모드로 전환되면 안드로이드는 현재 앱 액티비티의 스크린샷을 생성한다. 이는 작업 관리자(task manager)에서 확인할 수 있으며, 사용자가 최근 사용한 앱 목록을 볼 때 표시된다. 이 기능은 사용자에게 편리함을 제공하지만, 동시에 보안상의 위험을 초래할 수 있다. 예를 들어 앱이 민감한 정보를 화면에 표시하고 있는 경우, 스크린샷이 기록되어 작업 관리자에 노출될 수 있다. 이는 민감한 정보의 외부 노출로 이어질 수 있으므로 민감한 정보가 스크린샷에 포함되지 않도록 해야 한다.

더 알아보기

작업 관리자의 명칭은 구글 공식 문서에서도 다양한 이름으로 사용하고 있다.
영문으로는 recents screen, overview screen, recent task list, recent apps screen 등으로 사용한다. 기능은 최근 사용한 액티비티와 작업을 나열하는 시스템 수준 UI를 제공한다. 사용자는 목록을 탐색하고, 다시 사용할 앱을 선택하거나 스와이프해서 제거할 수 있다.

- 공식 문서: https://developer.android.com/guide/components/activities/recents

그림 7-10 작업 관리자 실행 화면

홈 버튼이 없는 모델의 경우 화면 하단에서 천천히 스와이프하면 작업 관리자에 접근할 수 있다. 실행 중인 앱의 목록을 확인할 수 있으며 마지막으로 동작한 앱 화면이 나타난다.

작업 관리자에서는 앱의 스크린샷 이미지 파일이 시스템 경로 내 저장된다. 루트 또는 시스템 사용자만 해당 폴더에 접근할 수 있지만 적은 데이터양이라도 노출되는 경우 중요 정보 유출로 이어질 수 있다.

7.3.2 진단 방법

ADB를 이용하여 백그라운드 이미지가 저장되는 경로에 접근하고 adb pull 명령을 이용하여 파일을 추출하고 확인할 수 있다.

백그라운드 이미지 저장 위치 접근

```
ADB # cd /data/system_ce/0/recent_images/
ADB # cd /data/system_ce/0/snapshots/
```

이미지 파일 임시 경로로 복사

```
ADB # cp /data/system_ce/0/snapshot/[이미지 파일명].jpg /data/local/tmp/[이미지 파일명].jpg
```

파일 소유자 및 권한 변경

```
ADB # cd /data/local/tmp
ADB # chown shell /data/local/tmp/[이미지 파일명].jpg
```

파일 추출

```
PC > adb pull /data/local/tmp/[이미지 파일명].jpg .
```

단말의 종류나 버전에 따라 백그라운드 이미지가 저장되는 위치에 차이가 있을 수 있으므로 /data/system_ce/0 하위 경로를 탐색하여 이미지 파일이 존재하는 경로를 찾는다. 디렉터리 소유자 권한이 루트인 경우 adb pull을 통한 파일 추출이 불가능하기 때문에 임시 경로 /data/local/tmp 등으로 복사 후 소유자 및 권한을 변경하여 파일을 추출한다. 또는 안드로이드 스튜디오의 [Device File Explorer]에서 추출한 경로에 접근하고 파일을 선택하면 확인할 수 있다.

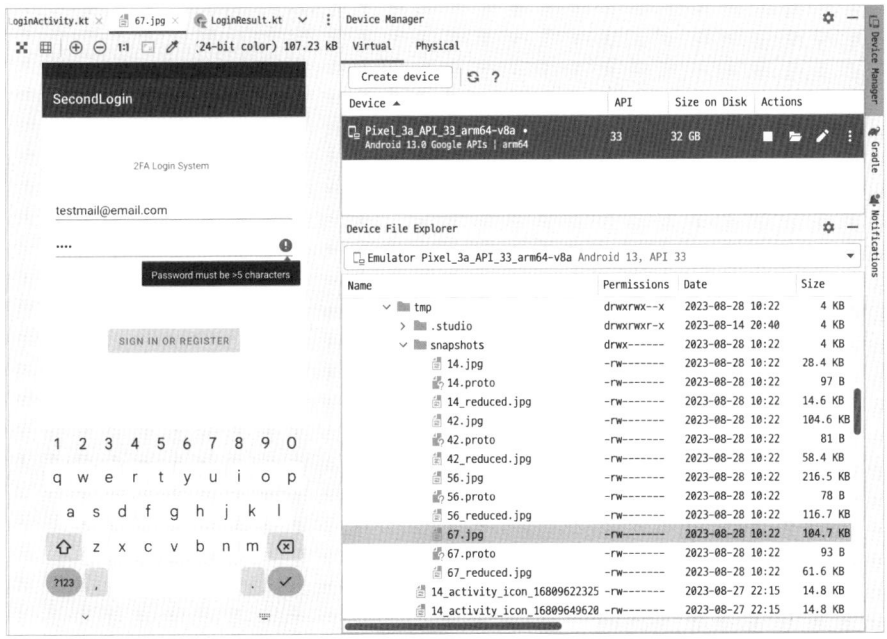

그림 7-11 안드로이드 스튜디오 [Device File Explorer] 내 경로 접근 및 파일 확인

취약 여부	설명
취약	앱이 백그라운드로 진입할 때 화면 스냅샷 내에 중요 정보가 평문으로 포함되어 있는 경우
양호	앱이 백그라운드로 진입할 때 별도 스플래시 화면이 마련되어 있거나 화면 스냅샷 내에 중요 정보가 포함되지 않는 경우

7.3.3 보안 대책

① FLAG_SECURE 플래그 설정

FLAG_SECURE 플래그는 안드로이드 앱의 화면에 대한 플래그 중 하나로, 화면을 보안 모드로 설정하는 데 사용된다. 화면 캡처 및 녹화를 방지하고, 앱이 작업 관리자로 전환되었을 때 화면을 보호한다.

코드 7-13 작업 관리자 전환 시 이미지 비공개 처리

```
@Override
protected void onResume() {
    super.onResume();
    getWindow().clearFlags(WindowManager.LayoutParams.FLAG_SECURE);
}
@Override
protected void onPause() {
    super.onPause();
    getWindow().addFlags(WindowManager.LayoutParams.FLAG_SECURE);
}
```

코드에서는 액티비티가 사용되는 시점에는 플래그 속성을 제거(clearFlags)하고, 앱이 작업 관리자로 전환되는 시점(onPause)에는 FLAG_SECURE 속성을 선언(addFlags)하고 있다.

② 중요 정보의 마스킹 처리

백그라운드 화면 보호가 필요한 액티비티는 사용자의 중요 정보를 처리하는 부분이다. 불필요한 정보의 노출을 지양하고 필요한 정보의 경우 최소한의 정보만 보이도록 마스킹한다. ISMS-P 등 컴플라이언스 기준에서도 개인 정보의 조회 및 출력 시 용도를 특정하고 용도에 따라 출력 항목을 최소화, 개인 정보 표시 제한 등을 수행하도록 명시하고 있다.

항목	개인 정보 표시 제한 및 이용 시 보호 조치
인증 기준	데이터 처리 과정에서 개인 정보가 과도하게 이용되지 않도록 업무상 꼭 필요하지 않은 개인 정보는 삭제하거나 식별할 수 없도록 조치
주요 사항	앱 화면 표시, 파일 생성 등 용도를 특정하고 출력 항목을 최소화 불필요한 개인 정보를 마스킹하여 표시 제한 조치

개인 정보 표시 제한 조치 적용 예시

- **이름**: 홍*동
- **연락처**: 010-****-4567
- **주소**: 서울 영등포구 여의대로 1길 ***
- **카드번호**: 1234-14**-****-0001
- **IP주소**: 12*.12*.***.123
- **이메일 주소**: mye*****@email.com

7.4 액티비티 강제 실행

7.4.1 개요

안드로이드 앱 환경은 PC 환경과 다르게 사용자와 앱의 상호작용이 항상 동일한 위치에서 시작하지 않는다. 일반적인 프로그래밍에서 메인 함수부터 실행하는 것과 달리 안드로이드 시스템은 액티비티별 생명주기에 따른 단계별 콜백 함수를 통해 앱 코드를 실행한다. 선언된 콜백 함수는 액티비티 클래스에서 관리된다. 예를 들어 기존에 실행 중인 앱 A에서 다른 앱 B의 특정 액티비티를 직접 호출할 수 있다. 이는 앱 B의 기본 시작점이 아닌, 특정 목적을 가진 액티비티를 직접 실행하는 것을 의미한다. 전화 앱을 일반적으로 실행시켰을 때는 다이얼 패드가 나타나는 화면이 표시된다. 하지만, 지도 앱이나 다른 앱에서 전화번호를 터치해서 전화 앱을 실행하면, 전화번호가 이미 입력되어 있는 전화 걸기 직전 화면이나 전화를 발신하는 액티비티로 바로 이동할 수 있다.

앱에는 여러 화면이 포함되어 있으며 화면은 여러 액티비티로 구성된다. 구성된 액티비티는 메타데이터 파일인 AndroidManifest.xml에 앱 구성 요소의 정보와 함께 정의된다. 〈activity〉 태그는 액티비티 구성 요소를 선언하는 데 사용한다. 하지만 〈activity〉 태그 속성을 적절하게 설정하지 않거나 액티비티 실행 시 정상 실행 여부를 검증하지 않으면 액티비티 강제 실행 취약점이 발생할 수 있다. 이는 공격자가 앱의 예상치 못한 액티비티를 강제로 실행시켜 민감한 정보에 접근하거나 비정상적인 동작을 유발할 수 있기 때문에 주의가 필요하다.

개발자는 액티비티를 설계할 때 해당 액티비티가 예상치 못한 방식으로 실행되지 않도록 보호 조치를 취해야 하며, AndroidManifest.xml에서 보안 관련 속성을 올바르게 설정하여 액티비티의 보안을 강화해야 한다.

더 알아보기

안드로이드 앱 메타데이터 파일(AndroidManifest.xml)은 앱의 패키지명뿐만 아니라 앱의 공용 API를 선언하기 위해서도 사용된다. 컴포넌트는 android:name 속성에 고유한 이름을 선언한다. android:exported 값이 true인 컴포넌트는 외부에서도 호출 가능한 API로 취급되며, 안드로이드 공식 문서에서는 앱 출시 이후에 이름을 변경하지 않도록 권고하고 있다. 앱의 출시 이후 컴포넌트의 이름을 변경하는 것은 여러 가지 문제를 야기할 수 있다. 이름 변경은 앱 간의 연동이나 시스템 서비스에 영향을 미칠 수 있으며, 특히 외부 앱이나 서비스와 연계 설정된 값(인텐트 필터, 접근성 서비스 등)이 영향을 받을 수 있다.

코드 7-14 AndroidManifest.xml 파일 내 activity 태그 예시

```
<manifest ... >
  <application ... >
```

```
    <activity
      android:name=".MyAuthActivity"
      android:exported="true"
      android:permission="com.myapp.permission.AUTH">
    </activity>
  </application ... >
    ...
</manifest >
```

예제의 경우 〈activity〉 태그 내에 android:exported 속성의 값이 true로 설정되어 있어 해당 액티비티는 외부에 공개되어 있음을 알 수 있고, 명시적으로 다른 컴포넌트에서 호출할 수 있다. 예제에서 .MyAuthActivity가 사용자 인증 기능을 하는 액티비티이며 외부 호출이 가능한 취약 액티비티라고 가정하면 다음의 위협이 발생할 수 있다.

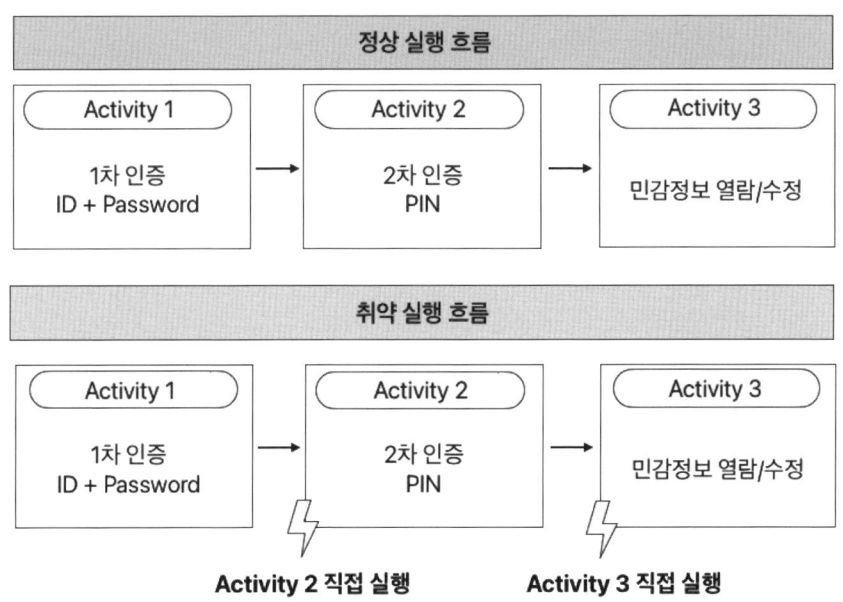

그림 7-12 액티비티 정상 실행 흐름 및 취약 실행 흐름 예시

앱 개발자는 사용자의 중요 정보나 중요 기능에 접근하기 전 인증 기능을 거치도록 앱을 구성할 수 있다. 그러나 액티비티에 대한 보안 설정을 취약하게 설정하여 외부로 노출한 경우, 각각의 액티비티를 실행 흐름에 관계없이 호출할 수 있다. 예를 들어 기존의 사용자 로그인 정보가 앱 내에 저장되어 있고, 두 번째 액티비티의 강제 실행을 통해 1차 인증을 우회하고 2차 인증만 통과하면 세 번째 액티비티의 중요 정보에 접근할 수 있다. 세 번째 액티비티의 강제 실행이 가능한 경우, 앞의 두 단계에 대한 인증 로직을 우회하여 실행할 수 있다.

액티비티 강제 실행 취약점은 액티비티가 외부로 노출되어 있고 직접 호출이 가능하며, 각 액티비티가 시작할 때 이전 액티비티의 인증 절차가 구현되지 않으면 발생한다.

① **인증 우회**: 취약한 액티비티를 강제로 실행해서 로그인 절차를 우회할 수 있다. 액티비티가 로그인 또는 추가 인증 기능인 경우 우회하여 인증 없이 앱 내의 중요 정보에 접근할 수 있다.

② **앱 권한 이용**: 취약한 액티비티를 이용하여 앱에게 허가된 권한을 악용할 수 있다. 앱의 특징 기능을 실행하는 액티비티를 강제 실행함으로써 권한이 필요한 작업을 실행할 수 있다.

③ **데이터 조작**: 앱 내에서 데이터를 수정하거나 삭제하는 액티비티의 강제 실행이 가능한 경우 앱의 데이터를 조작하거나 삭제할 수 있다.

④ **루팅 탐지, 무결성 검사 로직 우회**: 루팅된 단말에서의 앱 실행, 정상 단말에서의 변조된 앱 실행을 차단하기 위해 관련 탐지 로직을 주요 기능 동작 전 검사하도록 하는 코드를 작성할 수 있다. 탐지 코드가 포함된 액티비티 이후에 실행될 액티비티를 강제로 실행하여 우회할 수 있다.

⑤ **미사용, 테스트 기능 사용**: 개발 시 테스트 기능으로 사용 중인 액티비티 또한 강제 실행으로 접근이 가능한 경우 내부 정보 유출이나 기능 조작으로 이어질 수 있다.

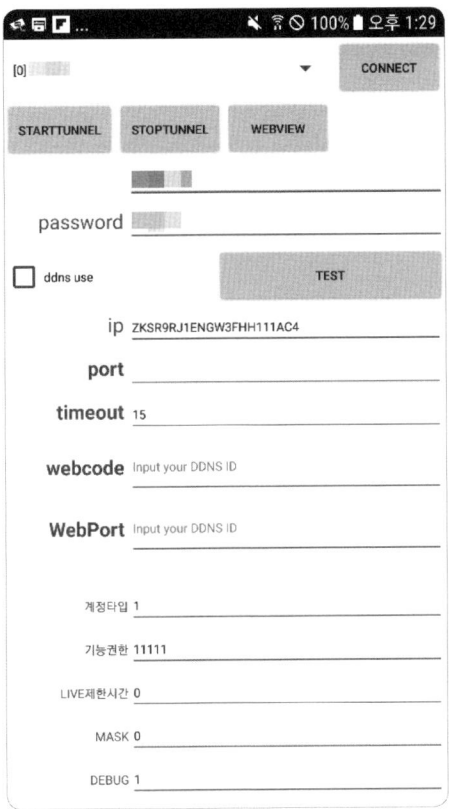

그림 7-13 테스트 액티비티 강제 실행 예시

7.4.2 진단 방법

액티비티 강제 실행 취약점을 진단하는 방법은 취약점이 발생하는 주된 위치인 인증, 권한 사용 기능에 대해 우회가 가능한지 확인하는 것이다. 인증 절차를 수행하는 데 사용되는 액티비티를 보호하지 않고 다른 앱이나 외부로부터 강제 실행을 허용하고 인증 이후 화면에 접근 가능하거나 중요 정보의 탈취가 가능한 경우 취약으로 진단한다.

ADB를 이용하여 액티비티를 직접 실행시킬 수 있다. 다음의 명령을 참고한다.

패키지명 및 액티비티명 확인

```
ADB # dumpsys package [패키지명] | grep -i activity
```

Activity 강제 호출

```
PC > adb shell su  -c am start -a android.intent.action.MAIN -n [패키지명]/
[액티비티 경로명]
```

Activity 강제 중지
```
PC > adb shell am force-stop [패키지명]
```

현재 단말기 화면에 실행 중인 Activity 확인

```
PC > adb shell "dumpsys window windows" | grep -E
'mCurrentFocus|mFocusedApp'"
```

취약 여부	설명
취약	ADB, 스크립트 등으로 액티비티를 강제 실행시켜 인증 우회 또는 중요 정보 유출이 가능하며 이후 기능을 정상적으로 사용할 수 있는 경우
양호	ADB, 스크립트 등으로 액티비티의 강제 실행이 불가능한 경우

7.4.3 보안 대책

앱 내에서만 사용하는 액티비티는 앱 외부에 공개되거나 컴포넌트를 노출할 필요가 없다. 외부로부터 악의적인 호출을 방지하기 위해 명시적으로 비공개 설정한다.

코드 7-15 외부 노출이 불필요한 액티비티의 비공개 설정(AndroidManifest.xml)

```xml
<manifest ... >
  <application ... >
    <activity
    android:name=".PrivateActivity"
    android:label="@string/app_name"
    android:exported="false">
    </activity>
  </application ... >
    ...
</manifest >
```

민감한 작업을 수행하는 액티비티에는 적절한 권한 및 접근 제어 로직을 구현하는 것이 필수이다. 액티비티를 설계할 때 권한 확인 및 추가 인증 과정이 포함되도록 해야 하며, 외부에서 해당 액티비티를 실행할 때도 인가된 사용자만이 접근할 수 있도록 해야 한다.

액티비티 내에서의 권한 확인은 사용자가 특정 기능에 접근하기 전에 인증 절차를 거치도록 하는 것을 의미한다. 추가 인증 과정은 민감한 작업을 수행하기 전에 이중으로 사용자를 확인하는 방법이며 비밀번호, 지문 인식, 얼굴 인식 등 다양한 방법을 사용할 수 있다.

외부에서 액티비티를 실행하는 경우에도 인가된 사용자만이 액티비티를 사용할 수 있도록 권한 체크 로직을 구현해야 한다. 이를 통해 앱 내부의 민감한 액티비티를 외부의 비인가된 접근으로부터 보호할 수 있다.

7.5 코드 패치와 앱 무결성 검증

7.5.1 개요

안드로이드 단말의 무결성만큼 앱의 무결성도 매우 중요하다. 공격자가 앱 내부 코드를 변조하여 리패키징을 수행하면 악성 코드가 앱 내부에 삽입될 수 있다. 안드로이드 설치 파일은 구글 플레이 스토어뿐만 아니라 제3자 제공 스토어에서도 다운로드받을 수 있으며, 단말에서 허용하는 경우 APK 파일을 별도로 다운로드하여 설치할 수 있다. 이 과정에서 위·변조된 앱이 설치되면 사용자 데이터에 접근하거나 중요 정보가 유출될 수 있다. 예를 들어 기존 앱과 동일한 뷰로 로그인 기능을 구현하고 계정 정보를 앱 서버가 아닌 공격자의 서버로 전송하도록 변조한 앱을 사용자가 사용하면 계정 정보가 유출된다. 또한 게임 앱에서 점수를 조작하거나 피해량 수치를 조작하여 죽지 않는 캐릭터를 만드는 등 변조가 가능하다. 이와 같은 위협을 방지하기 위해 앱의 코드가 변조되지 않았음을 검증해야 한다. APK 파일은 디컴파일과 배포가 쉬워 신뢰할 수 없는 코드 실행을 방지하고 변조된 앱의 설치 및 실행을 금지하는 조치가 필요하다. 전자 서명, 앱 해시값 검증, 안전한 배포 채널 사용 등을 통해 앱의 무결성을 보장해야 한다.

① smali 코드 수정

smali 코드는 자바 바이트코드를 사람이 읽기 쉽도록 변환한 것이다. smali 코드의 특징과 해석 방법을 간략히 나타내면 다음과 같다. 자주 사용되는 명령어에 해당하는 경우이며, 정확한 명령어 사용 명세는 공식 문서를 참고한다.

- smali 코드는 [명령어]+[인자]의 구조로 구성한다. 명령어에 따라 인자는 없거나 하나 이상 존재한다.

- 인자는 [대상]+[소스] 순서로 배열한다. move vA vB인 smali 코드는 vB의 값을 vA로 이동한다는 의미이다.
- 명령어 또는 인수에 접두사, 접미사가 붙은 경우는 주로 자료형을 나타내며 자료형마다 크기가 다르기 때문에 몇 바이트까지 인자로 해석할 것인지에 대한 직관성을 보여준다.

smali 코드 형식
바이트코드를 smali 코드로 해석하는 규칙은 안드로이드 공식 문서를 참고할 수 있다.
- https://source.android.com/docs/core/runtime/dalvik-bytecode?hl=ko

smali 코드 패치를 위해 분석하는 경우 조건문이 어떻게 해석되는지 살펴본다. 다음은 조건문을 사용하는 자바 코드이다.

코드 7-16 조건문을 사용한 자바 코드 예시

```
public class Example {
    public int cal(int a, int b) {
        if (a > 0) {
            return a + b;
        } else {
            return a - b;
        }
    }
}
```

예시의 자바 코드의 보면 Example 클래스를 선언하고 내부에 cal 함수를 선언하여 기능을 구현하였다. 정수형 인자 두 개를 받아 a 변수가 0보다 큰 경우 덧셈, 그렇지 않은 경우 뺄셈 연산을 수행한다. 이 코드를 smali 코드로 변환하면 다음과 같다.

코드 7-17 예제 코드의 smali 코드 변환

```
.class public Lcom/example/Example;
.super Ljava/lang/Object;
.method public cal(II)I
    .locals 3
    .parameter "a"
    .parameter "b"
    .prologue
    .line 4
    .load-param v0, "a"   ; v0 레지스터에 지역변수 'a' 할당
    .line 5
    const/4 v1, 0   ; v1 레지스터에 상수 0 할당
    const/4 v2, "b"; v2 레지스터에 지역변수 'b' 할당
    if-gt v0, v1, :cond_positive   ; v0 > v1의 결과가 참일 경우 :cond_positive로 이동
    .line 8
    sub-int/2addr v0, v1   ; v0 - v1의 결과를 v0에 할당
    .line 9
    goto :end   ; end 라벨이 있는 줄로 이동
    :cond_positive
    .line 12
    add-int/2addr v0, v2   ; v2 + v0의 결과를 v0에 할당
    :end
    .line 14
    return v0
.end method
```

smali 코드는 가장 첫 번째 줄에서부터 순차적으로 실행되므로 분석 또한 기능이 시작되는 가장 첫 줄부터 순차적으로 진행한다.

- .class public Lcom/example/Example: 클래스 선언을 나타낸다.
- .super Ljava/lang/Object: 부모 클래스를 나타낸다. Java.lang.Object 클래스를 상속받았다는 의미이다.
- .method public cal(II)I: cal 메서드의 선언을 나타낸다. (II)I는 메서드의 인자

와 반환값의 자료형을 나타낸다. II는 두 개의 int 인자를 나타내고 I는 int 반환값의 자료형을 나타낸다.

- **.locals 3**: 지역변수를 선언한다. 3개의 변수를 선언하였다.
- **.load-param v0, "a"**: v0 레지스터에 지역변수 a를 할당한다.
- **if-gt v0, v1, :cond_positive**: v0(a), v1(0)을 비교하여 v0가 더 큰 경우 :cond_positive 라벨이 붙은 라인으로 이동한다.

smali 코드의 조건문

smali 코드의 조건문은 다음과 같다. 영문 설명의 약어를 딴 것이기 때문에 영문 설명을 함께 보면 이해가 쉽다. 앞의 조건절이 참인 경우 명령문 내 라벨이 있는 줄로 이동하거나 추가 명령을 수행할 수 있다. 조건절에 부합하지 않는 경우 다음 줄에 있는 코드를 이어서 실행한다.

smali 코드	연산자	영문 설명
if-eq	A==B	equal to
if-ne	A!=B	not equal to
if-lt	A<B	less than
if-le	A<=B	less than or equal to
if-ge	A>=B	greater than or equal to
if-gt	A>B	greater than

- **:cond_positive**: 라벨이 있는 코드를 먼저 분석하면, 조건문이 참일 경우 실행되는 구문이다. smali 코드는 순차적으로 실행되다가 조건절이나 이동 구문을 평가하여 특정 라벨로 건너뛰어 실행한다. 라벨의 구문 실행이 완료되면, 이후 코드를 계속해서 실행한다.

- add-int/2addr v0, v2: 조건절이 참일 때 실행되는 구문이다. 두 개의 인자를 받아 덧셈의 결과를 v0에 저장한다.

> **smali 코드의 명령어와 레지스터**
>
> 명령어에 따라 같은 기능을 수행함에도 필요한 레지스터의 개수가 다를 수 있다. 예를 들어 바이너리 연산 binary operator, binop 중 add-int/2addr과 add-int는 둘 다 정수 덧셈 명령어이지만, 사용 방식과 목적에 차이가 있다.
>
> - add-int/2addr vAA, vBB는 레지스터 두 개의 값을 더하여 그 결과를 다시 vAA에 저장하는 명령이다. 이 명령은 덧셈 연산 후 결과를 피연산자에 다시 저장하기 때문에 추가 명령어나 레지스터를 사용하지 않아 주로 간단한 연산을 수행할 때 사용한다.
> - add-int vAA, vBB, vCC는 두 개의 레지스터 vBB, vCC의 값을 더하고 그 결과를 다른 레지스터 vAA에 저장하는 명령어이다. 이 명령어는 연산 결과를 vAA 레지스터에 저장하므로 추가 레지스터를 사용한다. 복잡한 계산 또는 중간 결과를 보존해야 하는 경우 사용한다.

- :end: 연산 이후 실행되는 :end 라벨의 명령어와 .line 9에서 이동하여 실행되는 명령 모두 이 라벨이 있는 줄로 이동한다. 연산의 결과는 v0 레지스터에 보관되어 있으므로 return v0 명령을 통해 cal 함수를 호출한 함수에게 v0의 값을 반환하고 함수를 종료한다.

smali 코드의 분석은 이와 같은 방식으로 진행한다. 처음 접하는 부분이기 때문에 클래스와 함수 선언부터 다루었지만 많은 코드를 분석하게 되면 분석에 필요한 로직을 찾고 해당 코드의 실행 전후 코드를 분석하면 된다.

이번 분석을 통해 넓은 범위에서의 리버싱을 다루었다. 완성된 앱 파일을 디컴파일하여 사람이 읽을 수 있는 smali 코드로 변환하고 분석하였다. 코드의 실행을 한 줄씩 따라가보고 어떻게 구성되어 있는지 파악하다 보면 개발자가 어떤 기능을 의도하면서 개발했는지 보이는 순간이 있다. 분석의 즐거움을 느껴보길 바란다.

Activity$1.smali, Activity$2.smali

디컴파일 시 smali 코드와 함께 Activity$1.smali, Activity$2.smali 등 같은 클래스명을 가진 여러 파일이 존재할 수 있다. 앱의 내부 클래스$^{inner\ class}$ 또는 익명 클래스$^{anonymous\ class}$를 나타낸다. $1, $2 등 구분자는 각 액티비티의 첫 번째, 두 번째 내부 클래스를 나타낸다. 내부 클래스는 외부 클래스의 멤버로 존재하며 smali 코드에서는 클래스 간 관계를 유지하기 위해 숫자를 붙인다.

분석 시에는 smali에 $1, $2가 있는 클래스 간 관계를 파악하는 것이 필요하며, 분석을 목적으로 하는 코드가 해당 파일 내 위치할 수 있으므로 필요한 경우 누락 없이 분석한다.

분석을 통해 구조를 파악한 후 코드 패치를 통해 내용을 수정하여 다른 기능을 수행하도록 변경할 수 있다. 공식 문서를 참고하여 분석을 충분히 수행하고, 명령어에서 필요로 하는 인자의 자료형과 개수에 맞게 코드를 수정한다. 예제 코드에서는 조건문을 이용하여 함수의 인자를 비교한 다음 그 결과에 따라 연산자를 다르게 하여 결과를 반환한다. 입력받는 변수의 위치를 변경하거나 조건문의 조건절을 변경하는 방법 등을 사용하여 코드의 실행 흐름을 바꿀 수 있다. smali 코드는 수정이 가능하고 리패키징을 통해 다시 앱 설치 파일로 생성이 가능하기 때문에 코드 패치가 가능하다. 다음과 같이 코드 패치를 수행할 수 있다.

구분	코드
기존 코드	if-gt v0, v1, :cond_positive;
변경 코드	if-le v0, v1, :cond_positive;

v0의 값과 v1의 값을 비교하여 v0이 더 큰 경우 덧셈 연산을 수행하는 기존 코드를 수정하여, v0이 v1보다 작거나 같은 경우에 덧셈 연산을 수행하도록 한다. 분석 과정을 통해서 어떤 기능을 하는 코드인지 정확하게 파악을 했기 때문에 수정이 필요한 부분에 적절한 코드 패치를 적용할 수 있다. 조건문 패치를 통한 검사 구문 우회는 루팅 탐지 우회, 무결성 검사 등 앱에 구현된 많은 기능에 활용할 수

있다. 해당 목적을 위한 코드 패치는 Chapter 12에서 다룬다.

② 어셈블리 코드 수정(NDK)

안드로이드 NDK로 개발된 코드 또한 수정이 가능하다. 직접 예제 코드를 작성하고 변조하는 실습을 진행한다. 안드로이드 스튜디오에서 새 프로젝트 생성을 선택하고 Native C++ 프로젝트를 생성한다. 네이티브 언어로 함수를 정의한다. 함수의 기능은 이전의 실습과 유사하게 두 정수의 합을 반환하는 기능을 수행한다. 상용 앱에서는 더 복잡한 기능을 수행하지만 실습에서는 분석하는 방법을 설명하기 위해 간단한 로직으로 구성하였다.

코드 7-18 인자로 전달받은 두 정수의 합을 반환하는 JNI 함수(addNumbers) 정의

```cpp
// native-lib.cpp
#include <jni.h>
#include <string>
extern "C" JNIEXPORT jstring JNICALL
Java_com_gomguk_modifyjni_MainActivity_stringFromJNI(
        JNIEnv* env,
        jobject /* this */) {
    std::string hello = "Hello from C++";
    return env->NewStringUTF(hello.c_str());
}
extern "C"
JNIEXPORT jint JNICALL
        Java_com_gomguk_modifyjni_MainActivity_addNumbers(
            JNIEnv * env,
            jobject,
            jint a,
            jint b ) {
    return a + b;
}
```

다음으로 JNI 함수를 호출할 안드로이드 액티비티를 선언한다. 메인 액티비티에서 다음과 같이 개발한 JNI 함수를 호출한다.

코드 7-19 자바 코드에서 JNI 함수 호출

```kotlin
// MainActivity.kt
package com.gomguk.modifyjni
import androidx.appcompat.app.AppCompatActivity
import android.os.Bundle
import com.gomguk.modifyjni.databinding.ActivityMainBinding
class MainActivity : AppCompatActivity() {
    companion object {
        // 앱 시작 시 'modifyjni' 라이브러리 로드
        init {
            System.loadLibrary("modifyjni")
        }
    }
    external fun stringFromJNI(): String
    external fun addNumbers(a: Int, b: Int): Int
    private lateinit var binding: ActivityMainBinding
    override fun onCreate(savedInstanceState: Bundle?) {
        super.onCreate(savedInstanceState)
        binding = ActivityMainBinding.inflate(layoutInflater)
        setContentView(binding.root)
        val sum = addNumbers(7, 5).toString()
        // 네이티브 함수 호출
        binding.sampleText.text = stringFromJNI()
        binding.resultText.text = "7 + 5\nResult: $sum"
    }
}
```

코드 작성을 완료하였다면 빌드 파일(build.gradle)에서 앱에서 지원할 아키텍처(ABI)를 필터링한다. NDK로 개발한 코드는 다음의 필터 선언으로 다양한 아키텍처를 지원한다.

코드 7-20 빌드 파일(build.gradle)에 앱에서 지원할 아키텍처 선언

```
android {
    namespace = "com.gomguk.modifyjni"
    compileSdk = 33
    defaultConfig {
        applicationId = "com.gomguk.modifyjni"
        minSdk = 24
        targetSdk = 33
        versionCode = 1
        versionName = "1.0"
        testInstrumentationRunner = "androidx.test.runner.AndroidJUnitRunner"
        ndk{
            abiFilters.addAll(arrayOf("armeabi-v7a", "x86", "arm64-v8a", "x86_64"))
        }
    }
... 생략
}
```

앱을 빌드하고 APK 파일을 설치 후 실행하면 텍스트 위젯으로 바인딩한 JNI 함수의 실행 결과가 출력되는 것을 확인할 수 있다. 자바에서 7과 5의 두 개의 정수를 함수의 인자로 전달하였고, 네이티브 함수에서 덧셈을 수행하여 결과를 반환한다.

그림 7-14 실습 예제 코드 앱 실행 화면

코드 패치를 통해 덧셈이 아닌 뺄셈의 결과를 출력하도록 변경해본다. 개발한 앱을 디컴파일하고 메인 액티비티를 먼저 분석한다. JNI를 통해 네이티브 코드로 작성된 함수를 호출하는 경우 자바 코드에서 System.loadLibrary 함수를 이용한다. 이 함수를 통해 미리 컴파일된 네이티브 라이브러리를 자바 코드에 연결할 수 있다.

코드 7-21 메인 액티비티 디컴파일 코드 내 System.loadLibrary 함수 호출

```
// MainActivity.class(디컴파일)
public final class MainActivity extends AppCompatActivity {
    public static final Companion Companion = new Companion(null);
    private ActivityMainBinding binding;
    public final native int addNumbers(int i, int i2);
    public final native String stringFromJNI();
    /* compiled from: MainActivity.kt */
    @Metadata(d1 = {"\u0000\f\n\u0002\u0018\u0002\n\u0002\u0010\u0000\n\
u0002\b\u0002\b\u0086\u0003\u0018\u00002\u00020\u001B\u0007\b\u0002¢\
u0006\u0002\u0010\u0002¨\u0006\u0003"}, d2 = {"Lcom/gomguk/modifyjni/
MainActivity$Companion;", "", "()V", "app_debug"}, k = 1, mv = {1, 9,
0}, xi = ConstraintLayout.LayoutParams.Table.LAYOUT_CONSTRAINT_VERTICAL_
CHAINSTYLE)
    /* loaded from: classes4.dex */
    public static final class Companion {
        public /* synthetic */ Companion(DefaultConstructorMarker
defaultConstructorMarker) {
            this();
        }
        private Companion() {
        }
    }
    static {
        System.loadLibrary("modifyjni");
    }
//..생략
```

앱에서 네이티브로 작성된 라이브러리를 호출하고 있음을 확인할 수 있고 이를 통해 분석할 지점이 추가로 있음을 확인한다. 액티비티 내에 네이티브 함수와 상호작용하고 있는 코드가 있는지 추가로 분석한다. 실습 코드에서는 public final native int addNumbers(int i, int i2);와 public final native String stringFromJNI(); 코드가 네이티브 코드로 작성된 함수와 상호작용하고 있다. 선

언한 함수는 자바 코드에서 선언한 함수와 동일하게 함수명과 인자를 전달하여 호출할 수 있다.

네이티브 코드 분석을 위해 라이브러리 폴더 하위의 아키텍처를 선택한 후 공유 오브젝트 파일을 분석한다. 실습에서는 x86을 기준으로 설명한다. IDA로 파일을 열고 문자열 검색 기능을 이용하여 함수의 이름을 검색하면 함수의 주소로 바로 접근할 수 있다.

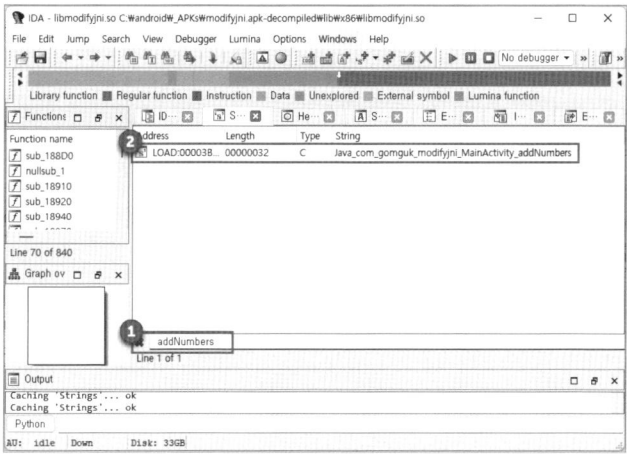

그림 7-15 함수명 검색 및 결과 확인

함수의 의사 코드를 분석했을 때 인자 두 개를 덧셈한 결과를 반환하고 있으므로 분석하려는 함수가 일치함을 확인한다.

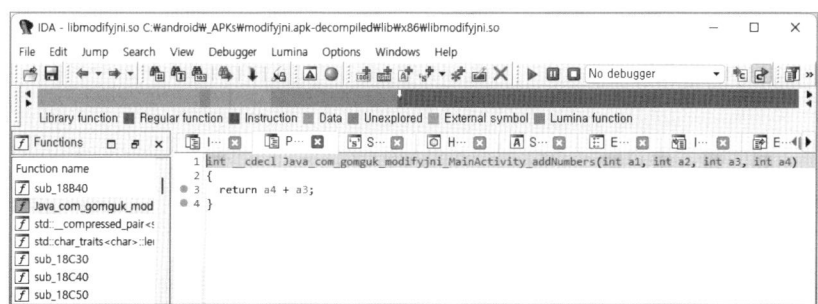

그림 7-16 함수의 의사 코드 확인

의사 코드는 디컴파일한 코드를 IDA와 같은 도구가 사람이 읽기 쉬운 형태로 해석한 것이기 때문에 이 상태에서는 코드 변조를 할 수 없다. 코드 변조를 수행하기 위해서는 도구가 해석하기 전 단계인 어셈블리를 분석해야 한다. 어셈블리 코드에서 수정할 부분을 찾고 코드 패치를 진행한다. 어셈블리를 분석하기 위해서는 키보드의 Esc 키를 눌러 화면을 이동한다. 다른 방법으로 함수명을 검색하는 단계에서 원하는 함수명을 더블클릭하여 어셈블리 코드로 직접 접근하는 방법도 있다.

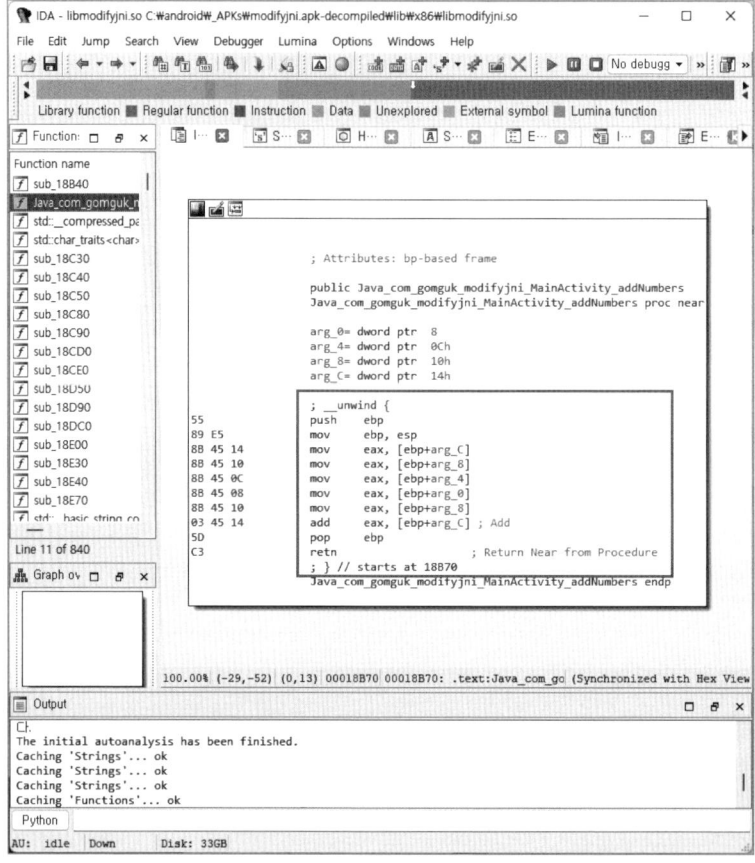

그림 7-17 addNumbers 함수의 어셈블리 코드 확인

어셈블리 코드의 분석을 위해 실행에 불필요한 부분은 제외하고 코드에 주석을 추가하였다.

코드 7-22 addNumbers 함수 어셈블리 코드

```
; __unwind {
push    ebp
mov     ebp, esp  ; 함수 프롤로그
mov     eax, [ebp+arg_8]
add     eax, [ebp+arg_C]  ; Add
pop     ebp
retn                      ; 직전 함수 호출로 복귀
; }
```

어셈블리를 분석하기 전 필요한 명령어와 설명에 대해 간략하게 정리하면 다음과 같다.

명령어 (operand)	바이트코드 (hex)	설명
mov a, b	8B /r(레지스터)	b(source operand)의 값을 a(destination operand)로 복사
add r16, r/m16	03 /r(레지스터)	두 인자의 합을 첫 번째 피연산자에 저장
sub r16, r/m16	2B /r(레지스터)	두 번째 인자에서 첫 번째 인자를 뺀 값을 첫 번째 피연산자에 저장
retn	C3	직전 함수 호출로 복귀

함수의 프롤로그 과정 이후 mov 명령을 통해 두 번째 인자의 값을 eax 레지스터에 저장한다. 그다음 add 명령을 통해 두 번째 인자와 이전 과정에서 저장해둔 eax 레지스터(첫 번째 인자의 값)를 합의 결과를 eax 레지스터에 저장한다. 이후 retn을 통해 결과를 반환한다. 여기서 덧셈을 의미하는 바이트코드인 0x03을 뺄셈의 바이트코드인 0x2B로 변조하면 함수의 실행 결과로 덧셈이 아닌 두 인자의 뺄셈 결과가 반환될 것이다. 코드를 수정하기 위해 다시 IDA로 돌아가서 코드 영

역에서 add 명령어에서 우클릭 후 [Synchronized with] > [Hex View]를 선택한다.

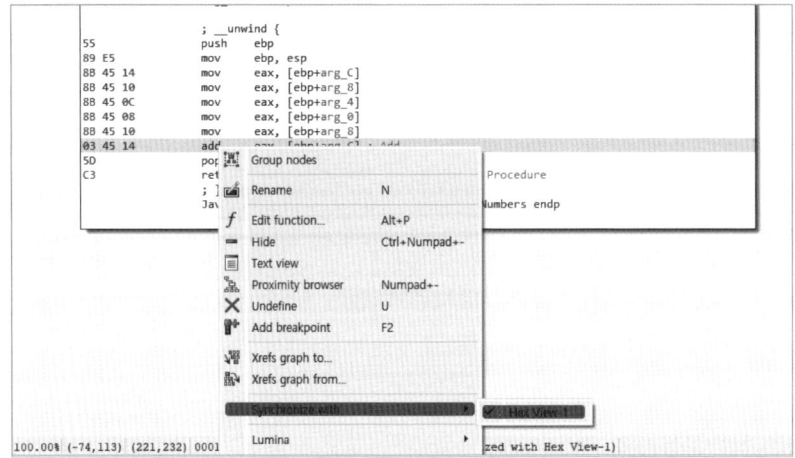

그림 7-18 헥스 뷰와 동기화 선택

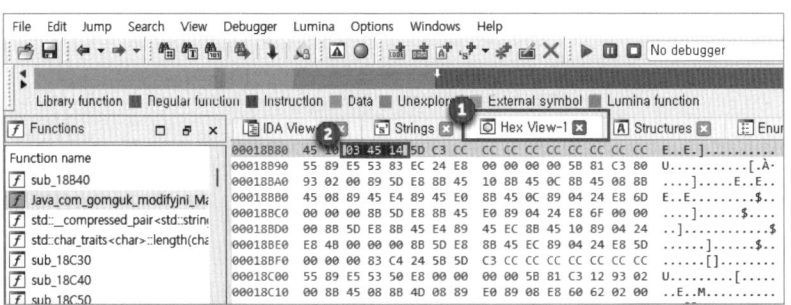

그림 7-19 헥스 뷰에서 바이트코드 위치 확인

동기화를 선택하면 IDA의 [Hex View] 탭과 어셈블리 코드의 영역이 파일의 바이트코드 오프셋과 일치하게 되며 위치를 쉽게 확인할 수 있다. 덧셈 명령어[add]를 뺄셈 명령어[sub]로 변경하기 위해서 바이트코드를 0x03에서 0x2B로 수정한다. 바이트코드를 수정하기 위해 IDA에서 03 앞에서 마우스를 클릭하고, 키보드의 F2 키를 눌러 수정 모드로 변경한다. 커서의 모양이 바뀌고 키보드에 입력하는 바이트코드가 즉시 입력된다. 2B를 입력한다. 수정이 완료된 후에는 다시 F2를 눌러 바이트코드 수정을 종료한다. 수정 후의 헥스 뷰와 어셈블리 코드 영역에서 확인한 결과는 다음과 같다.

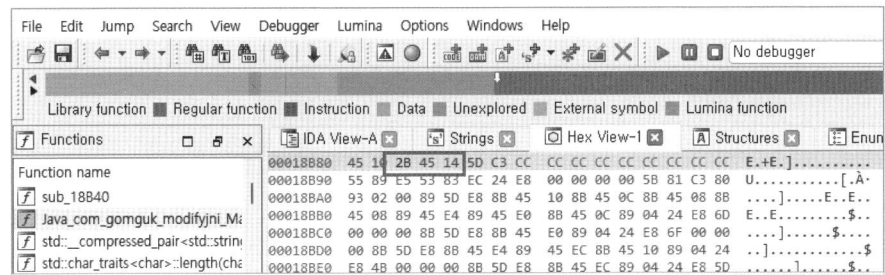

그림 7-20 바이트코드 수정

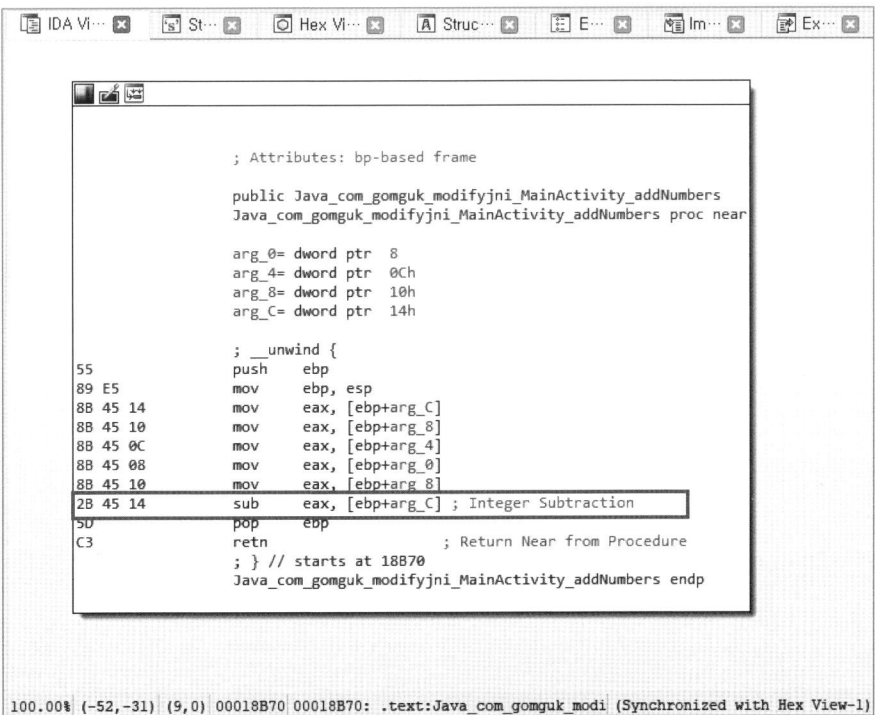

그림 7-21 바이트코드 수정 후 어셈블리 명령어 해석 확인

올바르게 코드 수정이 되었음을 확인한 후에는 변경된 코드를 바이너리에 반영해야 한다. IDA에서는 [Edit] 〉 [Patch program] 〉 [Apply patches to input file] 순서로 접근하여 대화상자를 연 후에 기본 설정으로 된 주소 영역(프로그램 수소 처음부터 끝)에 대해 수정한 내용을 적용한다.

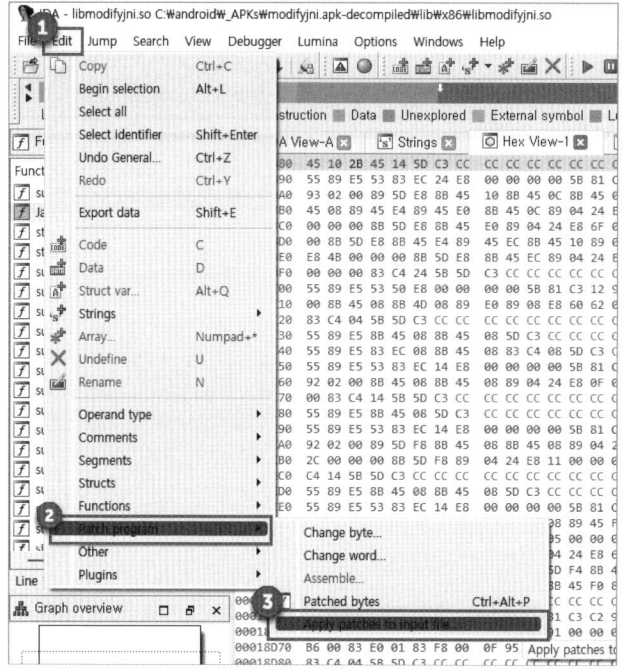

그림 7-22 코드 수정 내용 저장을 위한 메뉴 접근

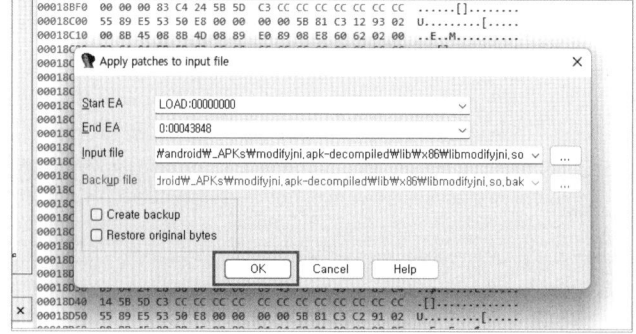

그림 7-23 코드 수정한 내용 저장 대화상자

네이티브로 컴파일된 코드를 디컴파일하여 코드의 동작 구조를 파악하고 바이트 코드를 직접 수정하는 방법으로 코드를 변경하였다. 변경된 라이브러리 파일은 앱의 디컴파일 경로에 위치하며, 기존의 파일을 덮어쓰기 한다. 이후에 자바 컴파일을 거쳐 서명을 한 후에 단말에 설치하여 앱의 동작이 변경된 동작을 확인한다. 실행 결과로 덧셈 연산의 결과인 12가 아닌 두 인자의 뺄셈 결과인 2가 출력되는 것을 확인할 수 있다. 이 과정은 앱의 기능을 변경하거나 새로운 기능을 추가하기 위해 사용할 수 있다.

그림 7-24 코드 수정 후 앱 실행 화면

추가 명령어에 대한 설명을 찾아야 한다면 인텔 공식 홈페이지와 소개하는 홈페이지(https://faydoc.tripod.com/cpu/index.htm)에서 확인할 수 있다. 아키텍처별로 명령어와 해석하는 방법이 다르기 때문에 분석을 목적으로 하는 아키텍처별로 명령어 해석 레퍼런스 문서를 참고하여 분석에 활용한다. arm 아키텍처의 경우 https://armv8-ref.codingbelief.com/ 페이지를 참고할 수 있다.

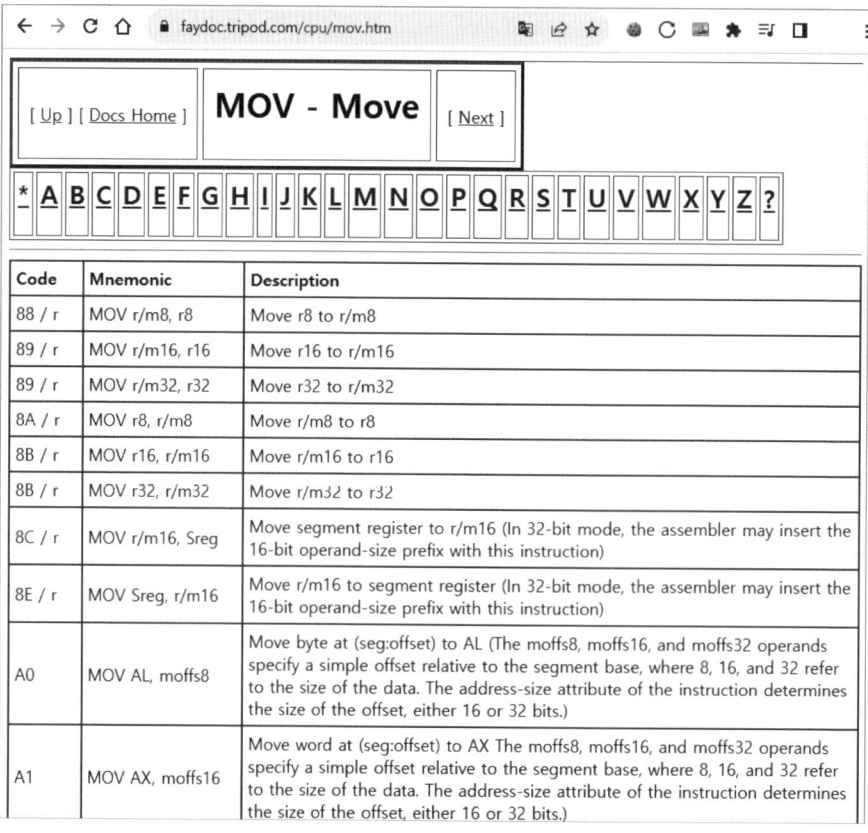

그림 7-25 인텔(x86) 어셈블리 명령어 및 설명 제공 홈페이지

코드 패치는 복잡한 바이트코드를 작성하는 것이 아니라 필요 사항에 맞게 코드를 적절하게 수정하는 과정이다. 이 과정에서는 코드의 수정을 최대한 적은 바이

트로 제한하는, 즉 게으른 접근 방식이 좋다. 이 방식은 불필요한 변경을 최소화하면서도 목적을 달성하기 위한 가장 효과적인 방법이다. 디컴파일된 코드를 읽고 해석하는 것에 많은 시간을 투자하고, 코드 패치가 필요한 가장 적은 코드만 수정한다. 앱이 난독화되어 있어 읽을 수 있는 코드의 양이 많지 않지만, 자바와 네이티브 코드에서 수많은 검사를 마친 후 단 하나의 조건 검사문만 수정해도 전체 로직을 우회하는 것이 가능할 수 있다.

7.5.2 진단 방법

진단 보고서 작성 시 변조된 기능 실행 사실이 화면으로도 잘 드러나면 좋겠지만 그렇지 않은 경우 안드로이드 위젯 중 토스트 메시지[toast message]를 사용한다. 토스트 메시지는 사용자에게 간단한 정보를 잠시 화면에 표시하는 기능으로, smali 코드 사용 시 함수에서 필요한 인자가 적고 다른 클래스와 의존성이 낮아 코드의 삽입만으로 기능을 동작하게 할 수 있다. 동시에 화면으로 볼 수 있는 시각적 피드백을 제공하기 때문에 변조한 앱의 실행 성공 여부를 스크린샷으로 제공할 수 있다. 먼저 자바 코드로 작성된 토스트 메시지 함수를 확인한다.

코드 7-23 토스트 메시지를 띄우는 자바 코드

```
import android.widget.Toast;
Toast.makeText(getApplicationContext(), "Integrity Check", Toast.LENGTH_LONG).show();
```

위 코드를 smali 코드로 나타내면 다음과 같다.

코드 7-24 토스트 메시지를 띄우는 smali 코드

```
const/4 v0, 0x1

const-string v1, "Integrity Check"
```

```
invoke-static {p0, v1, v0}, Landroid/widget/Toast;->
makeText(Landroid/content/Context;Ljava/lang/CharSequence;I)Landroid/
widget/Toast;

move-result-object v0

invoke-virtual {v0}, Landroid/widget/Toast;->show( )V
```

코드를 첫 줄부터 살펴보면 v0 레지스터에 정수 1(0x1)을 할당한다. 레지스터는 메모리에서 변수의 값을 저장하는 공간이다. 다음으로 v1 변수에 출력할 문자열인 "Integrity Check"을 할당한다. Android.widget.Toast 객체에서 makeText의 인자로 Landroid/content/Context, Ljava/lang/CharSequence, I를 사용하는 것은 함수의 인자로 사용할 자료형을 명시한 것이다. 접두사로 L이 있는 경우 해당 인자가 클래스 또는 인터페이스임을 의미한다. 각 인자는 안드로이드나 자바에서 제공하는 기본 클래스로부터 상속받은 것을 이름으로 확인할 수 있으며 클래스별 선언은 공식 문서로 확인할 수 있다.

첫 번째 인자인 컨텍스트의 경우 현재 실행 중인 앱의 정보를 갖는 인터페이스로 다른 클래스에 접근하기 위해 사용한다. 두 번째 인자는 문자열 자료형을 받는다. 세 번째 인자는 정수형 자료형을 받는다. makeText 함수를 불러와서 이전에 할당한 v0, v1 변수를 인자로 하여 토스트 메시지를 띄우기 위한 객체를 준비하며 이를 객체의 인스턴스화라고 한다. 그다음 show 함수를 호출하여 화면에 토스트 메시지를 출력한다. 이 코드를 무결성 검증이 필요한 중요 로직을 가진 클래스 내 삽입하거나 앱 시작 시 동작하도록 MainActivity의 onCreate 콜백 함수 내에 삽입하고 리패키징하여 코드의 정상 실행 여부를 확인한다.

> **smali 코드 자료형**
> smali 코드에서 자료형은 다음과 같이 나타낸다.
>
> | 자료형 | 인코딩 |
> |---|---|
> | 배열 | [|
> | Boolean | Z |
> | char | C |
> | double | D |
> | float | F |
> | integer | I |
> | long | J |
> | short | S |
> | 클래스 또는 인터페이스 | L클래스명 |
>
> 예를 들어, "[Ljava/lang/Object;"인 경우 'Object' 클래스의 배열을 의미한다.

취약 여부	설명
취약	코드가 수정된 앱을 실행했을 때 무결성 검증 로직이 동작하여 경고 메시지를 띄우거나 앱을 종료하는 경우
양호	코드가 수정된 앱을 실행했을 때 변조, 삽입한 코드가 실행되는 경우

7.5.3 실습하기 – 앱 코드 패치

실습 앱에 대해 코드를 수정하여 토스트 메시지를 띄우는 코드를 추가하여 앱의 동작을 변조한다. 실습에서는 DIVA 앱을 사용하며, 코드 패치를 원하는 무작위 앱을 직접 선택하여 진행할 수 있다. 자바 코드를 수정하기 위해 APK Studio를 이용하여 디컴파일 후 앱의 시작점인 메인 액티비티의 코드를 분석한다.

코드 7-25 DIVA 앱 메인 액티비티 smali 코드 일부

```
//mainactivity.smali
.class public Ljakhar/aseem/diva/MainActivity;
.super Landroid/support/v7/app/AppCompatActivity;
.source "MainActivity.java"
# direct methods
.method public constructor <init>()V
    .locals 0
    .prologue
    .line 13
    invoke-direct {p0}, Landroid/support/v7/app/AppCompatActivity;-><init>()V
    return-void
.end method
# virtual methods
.method protected onCreate(Landroid/os/Bundle;)V
    .locals 2
    .param p1, "savedInstanceState"    # Landroid/os/Bundle;
    .prologue
    .line 17
    invoke-super {p0, p1}, Landroid/support/v7/app/AppCompatActivity;->onCreate(Landroid/os/Bundle;)V
    .line 18
    const v1, 0x7f040028
    invoke-virtual {p0, v1}, Ljakhar/aseem/diva/MainActivity;->setContentView(I)V
    .line 19
    const v1, 0x7f0c0097
    invoke-virtual {p0, v1}, Ljakhar/aseem/diva/MainActivity;->findViewById(I)Landroid/view/View;
    move-result-object v0
    check-cast v0, Landroid/support/v7/widget/Toolbar;
    .line 20
    .local v0, "toolbar":Landroid/support/v7/widget/Toolbar;
    invoke-virtual {p0, v0}, Ljakhar/aseem/diva/MainActivity;-
```

```
>setSupportActionBar(Landroid/support/v7/widget/Toolbar;)V
    .line 22
    return-void
.end method
```

액티비티 생명주기에서 가장 먼저 동작하는 함수인 onCreate 함수에 토스트 메시지를 출력하는 코드를 삽입한다. 함수의 프롤로그에는 변수의 개수 선언, 주석 등이 있으므로 실제 코드가 실행되기 직전에 코드가 동작하도록 삽입한다. 코드 패치의 결과는 다음과 같다.

코드 7-26 코드 수정 후 smali 코드

```
//mainactivity.smali
.class public Ljakhar/aseem/diva/MainActivity;
.super Landroid/support/v7/app/AppCompatActivity;
.source "MainActivity.java"
# direct methods
.method public constructor <init>()V
    .locals 0
    .prologue
    .line 13
    invoke-direct {p0}, Landroid/support/v7/app/AppCompatActivity;-><init>()V
    return-void
.end method
# virtual methods
.method protected onCreate(Landroid/os/Bundle;)V
    .locals 2
    .param p1, "savedInstanceState"    # Landroid/os/Bundle;
    .prologue
    .line 17
    const/4 v0, 0x1
```

```
    const-string v1, "Integrity Check"

    invoke-static {p0, v1, v0}, Landroid/widget/Toast;->
    makeText(Landroid/content/Context;Ljava/lang/CharSequence;I)Landroid/
widget/Toast;

    move-result-object v0

    invoke-virtual {v0}, Landroid/widget/Toast;->show()V
    invoke-super {p0, p1}, Landroid/support/v7/app/AppCompatActivity;-
>onCreate(Landroid/os/Bundle;)V
    .line 18
    const v1, 0x7f040028
    invoke-virtual {p0, v1}, Ljakhar/aseem/diva/MainActivity;-
>setContentView(I)V
    .line 19
    const v1, 0x7f0c0097
    invoke-virtual {p0, v1}, Ljakhar/aseem/diva/MainActivity;-
>findViewById(I)Landroid/view/View;
    move-result-object v0
    check-cast v0, Landroid/support/v7/widget/Toolbar;
    .line 20
    .local v0, "toolbar":Landroid/support/v7/widget/Toolbar;
    invoke-virtual {p0, v0}, Ljakhar/aseem/diva/MainActivity;-
>setSupportActionBar(Landroid/support/v7/widget/Toolbar;)V
    .line 22
    return-void
.end method
```

코드 수정이 완료된 후에는 코드를 다시 빌드하고 설치 가능한 APK 파일로 패키징해야 한다. APK Studio에서 코드 수정을 완료했다면 코드를 저장하기 위해 코드 영역에서 마우스를 클릭한 후에 단축키 Ctrl+S를 눌러 저장한다. 변경 내용을 저장했다면 상단의 메뉴에서 [Project] 〉 [Build] 순서로 클릭하여 코드를 컴파일한다.

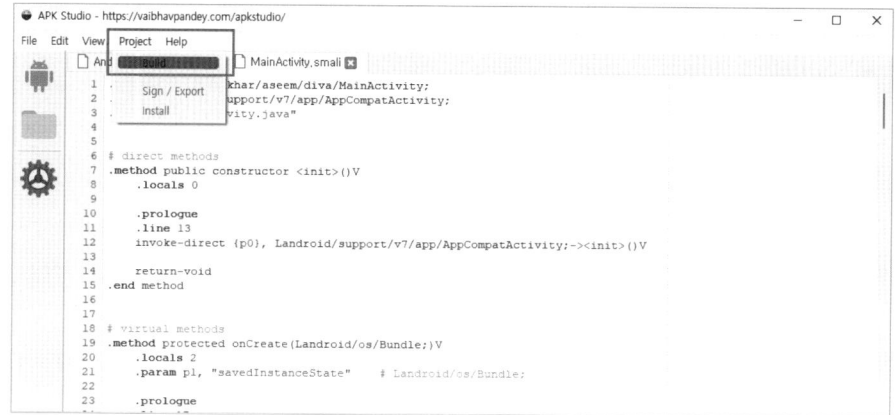

그림 7-26 APK Studio에서 변경한 코드 빌드

컴파일이 정상적으로 완료되었다면 하단의 콘솔창에서 종료 코드가 0으로 정상 종료됨을 확인할 수 있다. 에러가 발생하는 경우는 다양하므로 발생하는 에러를 검색하여 정상 종료 코드를 확인한 후 다음 단계를 진행한다.

그림 7-27 컴파일 성공 및 종료 코드 확인

 컴파일 에러

디컴파일과 동일하게 컴파일에 실패하거나 기타 에러 발생 시 코드 영역에서의 변화는 없으며, APK Studio 하단의 콘솔창에서 프로세스 종료 코드가 0이 아닌 값과 함께 에러를 나타낸다. 에러가 발생하는 이유는 크게 다음과 같다.

- 자바 환경 변수가 설정되어 있지 않거나 버전이 호환되지 않는 경우
- 디컴파일 경로에 한글이 포함되어 있거나 APK 파일 내 인코딩 에러

시현되는 에러 메시지와 함께 검색해보면 다른 문제에 대해서도 해결할 수 있다.

컴파일이 성공적으로 완료되면 프로젝트 폴더의 dist 경로 하위에 결과 APK 파일이 생성된다.

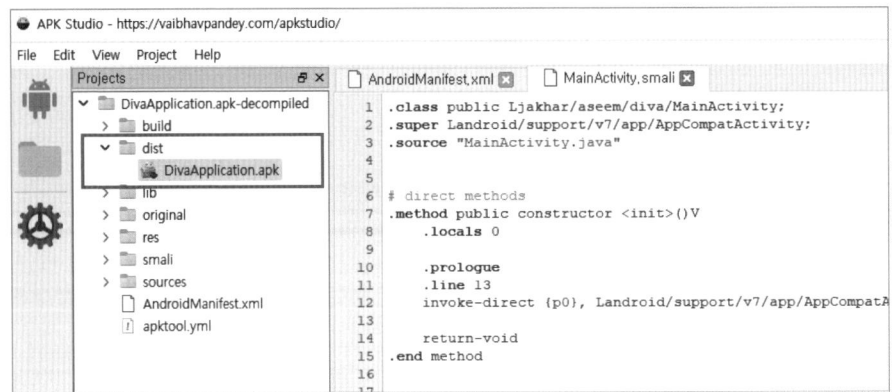

그림 7-28 컴파일 후 dist 폴더 내 결과 APK 파일 확인

생성된 APK 파일은 서명이 되어 있지 않은 상태이기 때문에 단말에 직접 설치는 불가능하다. 최초 패키지의 서명키는 개발자만 가지고 있어 재서명할 수 없다. 따라서 직접 서명키를 생성하고 APK 파일을 서명한다. 서명키를 생성하기 위해 설정 아이콘을 클릭하여 [Signing] 메뉴로 접근한다. 앱 서명에 필요한 정보를 입력하고 서명키를 저장한다. [Keystore Password], [Alias Password] 등은 무작위 값을 입력해도 관계없다.

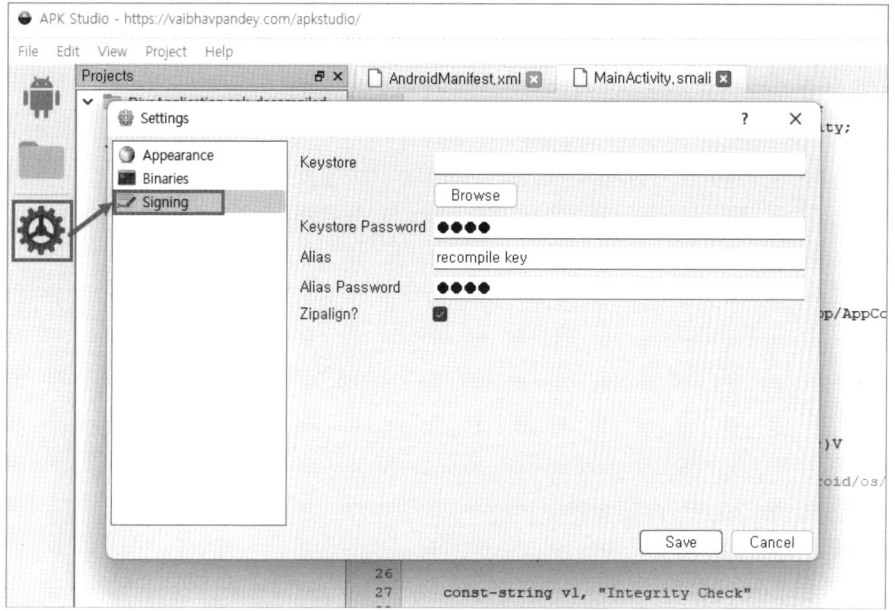

그림 7-29 앱 서명을 위한 정보 입력

정보를 입력한 후에는 dist 경로의 앱 파일을 선택한 후 [Project] > [Sign / Export] 메뉴를 선택하여 앱을 서명한다.

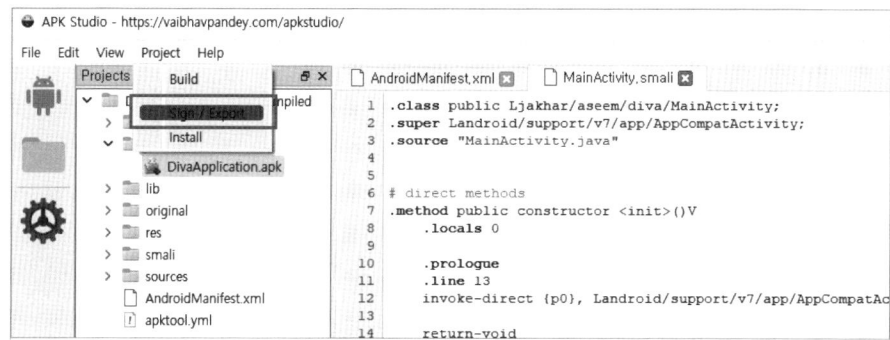

그림 7-30 사이닝 메뉴 접근

CHAPTER 07 _ 단말 취약점 진단   **187**

사이닝
APK Studio의 [Signing] 메뉴가 활성화되어 있지 않은 경우 다음을 시도한다.
- dist 경로에 생성된 파일을 선택 후 다시 시도한다.
- 설정에서 [Binaries] 메뉴의 모든 경로가 올바르게 설정되어 있는지 확인한다.
- 경로 및 설정을 변경한 후에는 APK Studio를 재실행한다.

서명이 완료된 앱을 단말에 설치하여 동작시키고 수정한 코드의 실행 여부를 확인한다. 실습에서는 메인 액티비티에 코드를 삽입했으므로 앱을 실행시키고 첫 번째 화면에서 토스트 메시지를 확인할 수 있다.

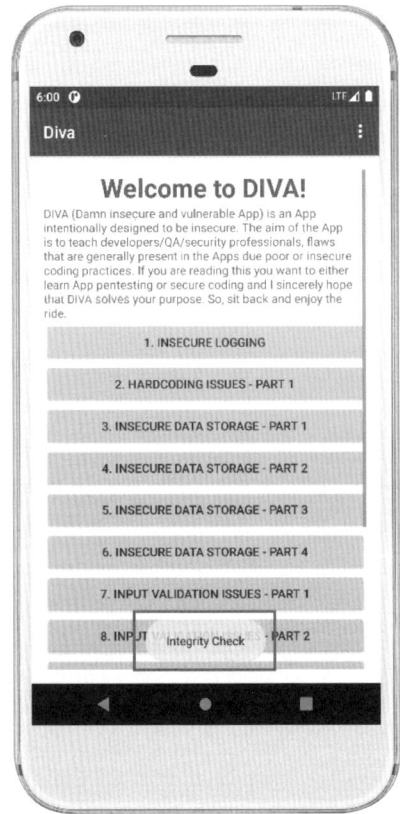

그림 7-31 코드 변조한 앱의 실행 확인

> **리패키징 시 서명키**
>
> 취약점 진단의 관점에서 안드로이드 개발자가 앱 출시에 사용하는 서명키와 해커가 앱을 리패키징할 때 사용하는 서명키는 목적이 다르다.
>
> 안드로이드 개발자가 앱 출시에 사용하는 서명키는 공식적으로 발급받은 서명키로써, 해당 앱이 개발자에 의해 만들어졌음을 인증하는 역할을 한다. 이 서명키는 개발자의 개인키로 생성된다. 개발자는 이 서명키를 사용하여 앱을 서명하여 구글 플레이 스토어와 같은 앱 스토어에 출시할 수 있다. 이 서명키는 개발자가 지정한 패키지 이름과 일치하는지 검증하는 데 사용된다.
>
> 반면에 공격자가 앱을 리패키징할 때 사용하는 서명키는 악성 코드를 포함한 앱을 생성하는 데 사용된다. 공격자는 앱을 분석하여 보안 취약점을 찾은 후 이를 이용하여 앱에 악성 코드를 삽입한다. 이후, 리패키징된 앱을 다시 서명하여 원래 앱과 유사한 이름으로 플레이 스토어에 업로드하거나 다른 경로로 배포한다. 이때, 공격자가 사용하는 서명키는 원래 앱의 서명키와 다르다. 앱을 사용하는 사용자는 변조된 앱을 정상 앱인 것처럼 사용하게 되며 사용자가 인지하지 못한 상태에서 악성 코드가 실행될 수 있다.

7.5.4 보안 대책

변조된 앱이 업데이트를 통해 단말기에 설치된 앱을 대체하는 것을 방지하기 위해, 안드로이드에서는 인증서를 이용하여 앱을 서명하는 방법을 사용한다. APK 서명은 앱의 신뢰성을 확인하는 데 중요한 역할을 한다. 구글 플레이 스토어와 같은 앱 배포 플랫폼은 같은 서명키로 서명된 설치 파일만을 배포하며, 서명키의 안전한 관리와 유출 방지에 주의를 기울인다. 앱 실행 시점에 서명키를 확인하는 코드를 구현함으로써, 앱이 위·변조되었는지 검증할 수 있다. 이 검증 과정은 앱의 무결성을 보장하고, 사용자가 신뢰할 수 있는 앱을 사용하고 있음을 확신시키는 데 도움을 준다. 다음의 코드는 앱을 서명한 키를 앱 실행 시점에 확인하여 위·변조된 앱인지 확인하는 방법을 보여준다.

코드 7-27 앱 서명키 검증 코드 예시

```
public static void checkAppSignatureInServer(Context context, Callback
```

```
callback){
 try{
    SuppressLint("PackageManagerGetSignatures")
    PackageInfo packageInfo = context.getPackageManager().
getPackageInfo(context.getPackageName(), PackageManager.GET_SIGNATURES);
    Signature signature = packageInfo.signatures[0];
    final String currentSignature = obtainSignatureString(signature);
    fetchServer(currentSignature, callback);
 } catch (PackageManager.NameNotFoundException | NoSuchAlgorithmException e) {
    e.printStackTrace();
 }
}
private static void fetchServer(String signature, Callback callback){
 callback.onFinishCheck(ValidationEnum.VALID);
}
```

또는 앱의 소스코드가 변조되는 경우 앱 전체 해시값이 변경되는 점을 이용하여 서버에 저장된 해시값과 비교하도록 할 수 있다. 다음은 해시값을 이용한 무결성 검증 예시이다.

코드 7-28 앱 전체 해시 검증 코드 예시

```
String appPath = null;
int numBytes;
PackageInfo packageInfo = packageInfo = this.getPackageManager().
      getPackageInfo(this.getPackageName(), PackageManager.GET_META_DATA);
appPath = packageInfo.applicationInfo.sourceDir;
FileInputStream is = new FileInputStream(appPath);
MessageDigest md = MessageDigest.getInstance("MD5");
md.reset();
byte[] bytes = new byte[2048];
while ((numBytes = is.read(bytes)) != -1) {
 md.update(bytes, 0, numBytes);
```

```
}
byte[] digest = md.digest();
StringBuffer sb = new StringBuffer();
for(int i = 0; i < digest.length; i++){
 sb.append(Integer.toString((digest[i]&0xff) + 0x100, 16).substring(1));
}
hash = sb.toString();
```

앱 전체에 대한 무결성 검증 코드 적용이 어려운 경우, 중요 기능에 대해서만 실행 전후 무결성 검증을 적용하는 것이 가능하다. 예를 들어 앱 서버로의 API 요청 기능에 무결성 검증을 구현하기 위해 앱과 서버 모두에서 요청에 대한 해시값을 검증하는 절차를 추가할 수 있다. 구글 플레이 스토어에서는 API 요청에 대한 무결성 API[play integrity API]를 지원한다. 개발자가 무결성 API를 사용하도록 설정한 후 검증에 사용하기 위한 난스[nonce]를 생성하여 요청을 서명한다. 이후 구글 서버로 요청을 보내면 플레이 스토어에 등록된 앱 여부, 공식 안드로이드 단말 사용 여부, 정상 결제 이력을 가진 사용자 여부 등을 확인하고 결과를 확인할 수 있다.

검증에 필요한 무작위 값(nonce)
난스 서명값은 앱 서버에 평문으로 전송되기 때문에 쉽게 디코딩이 가능하다. 난스에 중요 정보를 포함하여 전송하지 않도록 한다.

앱의 코드를 난독화하여 디컴파일 및 변조를 어렵게 한다. 난독화는 분석에 용이한 함수 심볼을 제거하거나 분석이 오래 걸리도록 하는 더미 코드[dummy code] 삽입 등의 기법을 사용한다. 개발자가 직접 구현하는 것은 시간이 오래 걸릴 수 있으므로, 주로 난독화 솔루션을 사용하여 개발이 완료된 앱 파일에 덮어쓰는 작업으로 적용한다.

7.6 메모리 내 중요 정보 평문 노출

7.6.1 개요

안드로이드 앱은 실행 시 사용할 메모리 영역을 할당받는다. 메모리에는 앱의 실행 코드와 사용할 리소스가 저장된다. 안드로이드 런타임은 페이징과 메모리 매핑을 이용해서 메모리를 관리한다. 메모리를 관리하기 위해 자바에서는 동적으로 할당했던 메모리 영역 중 사용하지 않는 메모리를 주기적으로 삭제하는 가비지 컬렉션garbage collection, GC을 수행한다. 운영체제 수준에서 메모리를 관리하기 때문에 개발자는 기능 개발에 집중할 수 있다. 하지만 앱에서 메모리를 할당하고 해제하는 시점과 위치를 예상할 수 없고 시스템에서 판단하기 때문에 메모리에 사용하지 않는 데이터가 계속해서 남아있을 수 있다. 사용자가 앱을 닫더라도 앱의 프로세스는 종료되지 않고 캐시에 저장된다. 또는 백그라운드에서 동작하는 앱은 화면이 표시되지 않는 상태에서도 실행을 유지할 수 있도록 메모리가 관리된다. 앱에서 사용하는 메모리는 앱의 화면 표시 여부에 관계없이 앱의 생명주기에 따라 관리된다.

> **더 알아보기**
> 프로세스와 앱의 생명주기에 관한 설명은 공식 문서를 참고한다.
> - https://developer.android.com/guide/components/activities/process-lifecycle?hl=ko

변수는 메모리에 저장되며, 저장된 정보는 앱의 다양한 상태 변화에 따라 관리된다. 대부분의 정적 데이터는 프로세스 메모리에 매핑되어 이를 통해 데이터를 프로세스 간에 공유할 수 있고 필요할 때 메모리 공간을 확보할 수 있다. 정적 데이터의 예시로는 달빅 코드, 앱 리소스, 네이티브 코드 파일(.so) 등이 있다.

자바의 정적 변수는 클래스 수준에서 선언되며 클래스 인스턴스의 생성 여부와 관계없이 하나의 복사본이 존재한다. 앱이 실행되는 동안 이 변수들은 계속해서 메모리에 남아있으며, 해당 클래스에 접근 가능한 위치와 관계없이 사용할 수 있다. 만약 중요 정보가 정적 변수에 저장되는 경우, 해당 정보는 앱 실행 동안 메모리에 남아있게 된다. 디버깅 도구를 통한 앱의 메모리 덤프 또는 스냅샷 생성 시 포함될 수 있다. 스냅샷은 현재의 메모리 상태를 사진을 찍듯이 그대로 복사해오는 기능으로, 리소스의 할당 상태나 데이터 처리 과정에서의 메모리 구조를 포함한 복사본을 제공한다.

코드 7-29 정적으로 선언한 변수

```java
public class StaticReferenceLeakActivity extends AppCompatActivity {
    /*
     * 정적으로 선언된 textView, activity
     */
    private static TextView textView;
    private static Activity activity;
    @Override
    protected void onCreate(@Nullable Bundle savedInstanceState) {
        super.onCreate(savedInstanceState);
        setContentView(R.layout.activity_first);

        textView = findViewById(R.id.activity_text);
        textView.setText("중요 정보 예시");

        activity = this;
    }
}
```

정적으로 선언된 변수나 액티비티를 한 번이라도 직접 또는 간접적으로 참조하면 액티비티가 종료된 이후에도 가비지 컬렉터가 사용하지 않는 메모리를 회수하지 않을 수 있다. 또한 최적화되지 않은 외부 라이브러리 사용도 문제를 일으킬 수 있는데, 특히 모바일 환경을 예상하지 않고 작성된 코드일 경우가 해당된다. C나 C++로 개발된 외부 라이브러리, 즉 NDK를 사용하는 경우 개발자가 직접 메모리 관리 함수를 사용하여 메모리를 할당하고 사용해야 한다. 다음은 JNI를 사용하여 자바에서 C로 데이터를 전달하고, C 라이브러리에서 해당 데이터를 처리한 후 결과를 다시 자바로 변환하는 과정을 보여준다. 메모리 관리에 주의하며 예제를 살펴본다.

코드 7-30 JNI를 이용한 중요 정보 처리 예제 코드

```c
JNIEXPORT void JNICALL Java_com_example_MyClass_storeSensitiveData(JNIEnv
 *env, jobject obj, jstring j_name, jstring j_password) {
    struct SensitiveData {
        char name[64];
        char password[64];
    } data;
    // 자바에서 전달받은 문자열을 C 문자열로 변환
    const char *name = (*env)->GetStringUTFChars(env, j_name, 0);
    const char *password = (*env)->GetStringUTFChars(env, j_password, 0);
    // 문자열을 구조체에 복사
    strncpy(data.name, name, sizeof(data.name));
    strncpy(data.password, password, sizeof(data.password));
    // 데이터 처리 또는 다른 작업 수행
    // 데이터를 사용 후 초기화
    memset(&data, 0, sizeof(data));
    // 문자열 메모리를 해제
    (*env)->ReleaseStringUTFChars(env, j_name, name);
    (*env)->ReleaseStringUTFChars(env, j_password, password);
}
```

C언어에서는 malloc 함수와 free 함수를 사용하여 메모리를 할당하고 해제할 수 있다. 이 두 함수는 C언어 메모리 관리에 핵심적인 역할을 수행한다. malloc 함

수는 필요한 메모리 크기를 인자로 받아 해당 크기의 메모리를 동적으로 할당하며 free 함수는 malloc을 통해 할당된 메모리를 해제하는 데 사용한다. 예제 코드에서 구조체를 선언하고 malloc 함수를 사용하여 메모리를 할당한다. 데이터 사용이 끝난 이후에는 memset 함수를 사용하여 구조체를 초기화한다. memset 함수는 메모리 블록 내의 내용을 특정 값으로 설정하는 데 사용되며 이를 통해 데이터를 초기화할 수 있다. 마지막으로, free 함수를 이용하여 할당된 메모리를 해제한다.

안드로이드 앱에서 사용자가 텍스트 입력 폼에 정보를 입력할 때 입력 내용은 키보드 캐시에 저장되어 자동 완성 제안이나 예측 기능을 제공할 수 있다. 이는 사용자 편의에 도움을 주지만 비밀번호나 개인 정보와 같은 중요 정보가 키보드 캐시를 통해 다른 앱으로 유출될 수 있는지를 확인해야 한다. 액티비티의 레이아웃 파일에서 중요 정보를 입력받는 폼 속성에 일반 텍스트로 지정되어 있는 경우 사용자가 입력했을 때 키보드 캐시에 값이 저장된다. 이는 보안상 문제가 될 수 있으며 민감한 정보를 입력받는 필드에 대해서는 키보드 캐시에 저장되지 않도록 설정해야 한다.

코드 7-31 메모리에 저장되는 입력 폼 설정

```xml
<?xml version="1.0" encoding="utf-8"?>
<LinearLayout
    xmlns:android="http://schemas.android.com/APK/res/android"
    xmlns:app="http://schemas.android.com/APK/res-auto">
    <EditText
        android:id="@+id/KeyBoardCache"
      <!-- 중요 정보 입력 폼의 타입 변경 -->
        android:inputType="text" />
</LinearLayout>
```

7.6.2 진단 방법

루팅된 단말에서는 사용자 또는 앱이 시스템 레벨에서 메모리에 접근할 수 있다. 루트 사용자는 메모리에 저장된 모든 데이터에 접근이 가능하기 때문에 민감한 정보가 평문으로 저장된 경우 유출될 수 있다. ADB를 이용하여 단말의 메모리를 덤프하여 스냅샷을 기록할 수 있다. 메모리 스냅샷의 결과에서 평문으로 저장된 중요 정보가 있는지를 확인한다. 다음의 명령어를 사용한다.

ADB 셸 접속

```
PC > adb shell
```

메모리 덤프를 위해 PID 확인

```
ADB # ps | grep [패키지명]
```

dumpheap 명령으로 프로세스 메모리 덤프

```
ADB # ps | am dumpheap [PID] /data/local/tmp/memory_dump.hprof
```

메모리 덤프 결과 내 문자열만 추출하기 위해 strings 명령 사용

```
ADB # cd /data/local/tmp
ADB # chmod 777 memory_dump.hprof
ADB # strings memory_dump.hprof > memory_dump.txt
```

덤프 결과를 PC로 복사

```
PC > adb pull /data/local/tmp/memory_dump.txt C:\android
```

단말의 파일을 PC로 가져오는 adb pull 명령어를 사용한다. PC에 덤프 파일이 저장되었으므로 파일 편집기를 사용하여 분석하고 중요 정보가 평문으로 저장된 부분이 있는지 확인할 수 있다. 앱에서 사용하는 메모리 영역 전체를 덤프한 결과이므로 파일의 크기가 크고 많은 양의 데이터가 존재할 수 있다. 파일 전체에 대한 전수조사는 어렵기 때문에 앱 내에서 사용자가 입력하거나 처리하고 있는 중요 정보를 직접 검색하거나, 정규표현식$^{regular\ expression,\ regex}$ 등을 사용하여 규칙을 가진 문자열을 찾을 수 있다.

더 알아보기

메모리를 덤프하는 방법은 ADB를 포함하여 다양한 방법이 있다. Part 04에서 프리다를 이용하는 방법도 다룬다.

진단 시 주의 사항으로는 앱의 기능을 충분히 사용한 후에 메모리를 확인하도록 한다. 사용자의 입력 또는 앱 내에서 처리되는 데이터가 메모리 영역에 저장되기 위해서는 기능의 사용이 필수적이며, 단순히 파일 시스템에 저장된 데이터는 기능을 사용하지 않는 경우 앱 사용 중에도 메모리에 저장하지 않을 수 있다. 기능 사용 시 메모리 할당, 해제에서 발생하는 취약점이므로 기능 사용 전후로 여러 번 덤프를 실행해볼 수 있다. 취약점 발견 사례는 사용자 계정 정보 입력, 앱 2차 비밀번호 입력, 네트워크 전송을 위한 버퍼 데이터 준비 관련 기능 등에서 발생한다.

취약 여부	설명
취약	메모리 영역 내 단말 또는 사용자 중요 정보가 평문으로 노출되고 있는 경우
양호	메모리 영역 내 단말 또는 사용자 중요 정보가 평문으로 노출되지 않는 경우

7.6.3 보안 대책

중요 정보는 평문으로 처리하지 않는다. 암호화를 적용하여 메모리 스냅샷 내 데이터를 분석하더라도 알아볼 수 없는 문자열로 처리한다. 암호화 시 메모리 내 데이터 평문 저장을 방지하기 위해 안드로이드에서 제공하는 암호화 모듈을 사용하거나, 안드로이드 키스토어[android keystore]를 사용할 수 있다. 키스토어는 하드웨어 보안 모듈을 사용하여 암호화키를 컨테이너에 저장하고 키 추출을 어렵게 하며, 암·복호화되는 내용이 메모리에 평문으로 저장되지 않도록 한다.

중요 정보를 할당하는 변수 선언 시 정적 변수 선언을 하지 않는다. 불필요한 데이터를 정적 변수 내에 저장하지 않도록 하고, 가능한 경우 인스턴스 변수를 사용하여 데이터를 관리한다. NDK를 사용하는 경우 메모리 할당 함수에 대한 호출의 반환값을 저장하는 마지막 포인터의 수명이 끝나기 전에 free 함수를 이용해서 해당 포인터를 할당 해제해야 한다. 중요 정보를 처리하는 클래스나 컴포넌트를 사용한 이후에 메모리의 재활용 발생 시 의도치 않게 공개될 수 있으므로 기능을 사용한 이후에는 메모리를 초기화하여 메모리 영역에 존재하는 데이터를 널 값으로 설정하거나 무작위 값으로 덮어쓰기한 후 메모리 할당을 해제해야 한다.

코드 7-32 중요 정보 사용 변수 사용 및 사용 후 초기화

```
char ch []=new char[10];
ch [0] = 'P';
ch [1] = 'a';
ch [2] = 's';
ch [3] = 's';
ch [4] = 'W';
ch [5] = 'd';
ch [6] = '!';
```

```
// 사용 후 삭제
java.util.Arrays.fill(ch, (char)0x20);
```

브로드캐스트 리시버 등의 기능은 필요시에만 선언하고 사용한 이후에는 할당 해제하여 불필요하게 메모리를 사용하지 않는다. 액티비티 생명주기에 따라 일시 정지 시점(onPause) 또는 제거 시점(onDestroy) 콜백 함수에 등록하여 구현할 수 있다.

취약점 발견에 따른 대응 방안을 안내할 때, 개발자의 조치 방법에 대한 문의가 많이 발생하는 항목이다. 변수 선언 및 사용 후 할당 해제까지 완료했음에도 메모리 덤프 시 중요 정보가 평문으로 노출되는 경우이다. 다양한 경우가 있지만 외부 라이브러리를 불러와서 사용하는 경우 변수가 메모리 내에 저장되어 사용 후에도 남아있는 경우가 있다. 중요 정보를 처리하는 액티비티 전체 과정에서 메모리 사용 방법에 대한 보안 대책 수립이 필요한 항목이므로, 메모리 사용에 대한 모니터링이 필요하다. 안드로이드 스튜디오에서는 메모리 프로파일러 도구를 제공한다. 개발 시 디버깅하는 과정에서 앱에서 시간 경과에 따라 메모리를 할당하는 과정, 자바 객체 등을 실시간으로 확인할 수 있다. 앱의 메모리 할당을 기록한 다음 할당된 객체를 모두 검사하고, 각 할당의 호출 기록을 확인하고 바로 소스코드로 이동할 수 있다. 이를 참조하여 보안 대책을 적용한다.

더 알아보기

메모리 프로파일러 도구의 상세 정보는 안드로이드 공식 문서에서 확인할 수 있다.
- https://developer.android.com/studio/profile/memory-profiler?hl=ko

민감한 정보를 입력하는 입력 폼에서는 textNoSuggestions 또는 textPassword 와 같은 입력 유형을 사용하여 키보드 입력이 캐시 메모리에 저장되는 것을 방지한다.

코드 7-33 메모리에 저장되지 않는 안전한 입력 폼 사용

```xml
<?xml version="1.0" encoding="utf-8"?>
<LinearLayout
    xmlns:android="http://schemas.android.com/APK/res/android"
    xmlns:app="http://schemas.android.com/APK/res-auto">
    <EditText
        android:id="@+id/KeyBoardCache"
      <!-- 중요 정보 입력 폼의 타입 변경 -->
        android:inputType="textNoSuggestions" />
    <EditText
        android:id="@+id/password_good"
      <!-- 중요 정보 입력 폼의 타입 변경 -->
        android:inputType="textPassword"/>
</LinearLayout>
```

7.7. 클립보드 내 중요 정보 저장

7.7.1 개요

안드로이드 앱의 중요 정보 유출은 운영체제에서 제공하는 기능 때문에 발생하는 경우도 있다. 이 섹션에서 소개하는 클립보드 내 중요 정보 저장은 사용자의 단말에 악성 앱이 설치되거나 사용자의 부주의로 취약성이 발생하는 경우이다. 복사와 붙여넣기는 사용자가 일상적으로 사용하는 기능이다. SNS의 URL을 복사하여 웹 브라우저 앱의 주소창에 붙여 넣을 수 있고, 문자로 수신한 계좌번호 정보를 송금을 위해 금융 앱에 붙여넣기 할 수 있다. 또는 비밀번호를 잊지 않고 사용하기 위해 메모 앱에 저장해놓고 로그인 시마다 복사하여 사용하는 경우도 있다. 앱의 기능을 위해 클립보드의 정보를 수집하는 경우도 있지만, 수집의 이유가 불명확함에도 무조건 클립보드에 접근하는 앱이 존재한다. 앱이 기능을 추가할

당시에는 이슈가 되지 않았지만 운영체제에서 개인 정보 보호를 위해 '클립보드 접근 알림' 기능을 업데이트하면서 많은 앱의 클립보드 수집 사실이 드러났다. 사용자는 계좌번호, 아이디, 비밀번호 등 다양한 중요 정보를 클립보드에 복사하는데, 이 중요 정보가 저장된 클립보드에 많은 앱이 접근한다는 사실조차 알지 못한 것이다. 사소할 수 있는 행동이지만 사용자의 중요 정보가 유출될 수 있는 위험이 있다.

 안드로이드 버전별 변경 사항

안드로이드에서는 사용자의 개인 정보 보호 강화를 위해 많은 기능과 동작 변경 사항이 도입되었다. 그중에 클립보드에 대한 동작과 데이터를 보호하기 위한 기능 또한 추가되었다. 안드로이드 10에서는 현재 포커스가 있는 앱이 아닌 경우(백그라운드로 실행 중인 앱)에는 클립보드 데이터에 접근할 수 없도록 정책이 변경되었다. 상세 설명은 다음 주소를 참조한다.

- https://developer.android.com/about/versions/10/privacy/changes?hl=ko#clipboard-data

또한 안드로이드 12에서는 앱에서 클립보드 데이터를 읽는 경우, 화면 아래쪽에 이름과 함께 복사된 내용을 읽었다는 토스트 메시지를 몇 초간 표시한다.

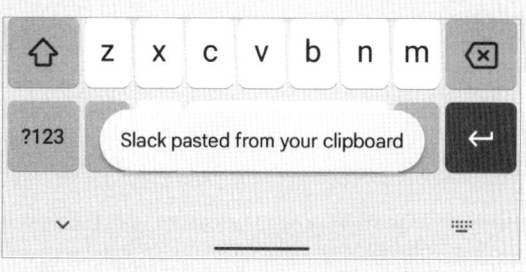

그림 7-32 앱에서 클립보드 접근 시 발생하는 토스트 메시지

사용자가 복사한 정보는 단말 내 클립보드라는 메모리 버퍼에 저장된다. 클립보드에 저장된 정보는 사용자가 앱에 붙여 넣을 때 다른 앱에서 정보를 확인할 수 있다. 클립보드에 접근하는 권한은 별도의 권한 선언이 필요하지 않으며 다른 앱

에서 접근하여 쉽게 데이터를 가져갈 수 있다. 앱에서 복사 붙여넣기와 관련한 작업은 두 가지로 나눌 수 있다.

- 다른 앱에서 복사하여 진단 대상 앱으로 붙여넣기 하는 경우
- 진단 대상 앱에서 복사한 정보를 다른 앱에 붙여넣기 하는 경우

첫 번째의 경우 사용자의 행위에 의존하기 때문에 앱에서는 외부에서 입력하는 값에 대한 유효성 검증 등의 절차만 거치면 되므로 중요 정보의 유출 우려는 없다. 반면, 두 번째는 대상 앱에서 중요 정보를 복사하여 클립보드에 저장하는 경우이다. 사용자가 앱에서 텍스트나 다른 유형의 데이터를 복사하고 클립보드에 저장된 내용을 불러오는 다른 앱을 실행시켰을 때 해당 정보가 새로 실행한 앱에 전달될 수 있다.

7.7.2 진단 방법

앱 기능이나 화면에 중요 정보를 평문으로 나타내는 뷰가 있는 경우, 복사나 잘라내기를 통해 클립보드에 정보를 저장할 수 있다. 클립보드의 내용을 다른 내용으로 덮어씌우지 않는다면 다른 앱에서 클립보드에 접근하는 경우 복사해둔 중요 정보에 접근하여 유출이 발생할 수 있다. 중요 정보를 평문으로 나타내고 있거나 마스킹되어 있다 하더라도 복사했을 때 평문으로 저장하는 기능이 있다면, 중요 정보 유출이 발생할 수 있다.

취약 여부	설명
취약(권고)	앱 기능/화면 내 중요 정보를 복사/잘라내기 했을 때 평문으로 클립보드에 저장되는 경우
양호	앱 기능/화면 내 중요 정보를 복사/잘라내기 할 수 없거나 평문으로 클립보드에 저장되지 않는 경우

7.7.3 보안 대책

이 섹션에서 다루는 내용은 적용이 안드로이드 운영체제 정책에 의존적이며, 사용자의 부주의에 의해 발생할 수 있는 취약성이므로 보안 대책이 현실적이지 않을 수 있기 때문에 취약점이 아닌 권고 사항으로 안내한다.

중요 정보를 포함하고 있는 뷰의 복사와 붙여넣기 기능을 제거한다. 앱에서 길게 누르는 기능을 비활성화하거나 문자열을 선택하더라도 복사 메뉴를 띄우지 않게 한다. TextView.setCustomSelectionActionMODECallback 함수를 통해 문자열을 선택했을 때 팝업 메뉴를 커스터마이징할 수 있다. 문자열을 선택했을 때 복사 메뉴가 없다면 사용자는 해당하는 중요 정보를 복사할 수 없다. 예제 코드는 다음과 같다.

코드 7-34 문자열 선택 시 컨텍스트 메뉴에서 복사 및 잘라내기 기능 제거

```
public class UncopyableActivity extends Activity {
 private EditText copyableEdit;
 private EditText uncopyableEdit;
 @Override
 public void onCreate(Bundle savedInstanceState) {
     super.onCreate(savedInstanceState);
     setContentView(R.layout.uncopyable);
     copyableEdit = (EditText) findViewById(R.id.copyable_edit);
     uncopyableEdit = (EditText) findViewById(R.id.uncopyable_edit);
     // setCustomSelectionActionMODECallback 함수 이용,
     // 문자열 선택 시 나타나는 메뉴 커스터마이징 가능.
     uncopyableEdit.setCustomSelectionActionModeCallback(actionModeCallback);
    }
    private ActionMode.Callback actionModeCallback = new ActionMode.
Callback() {
     public boolean onPrepareActionMode(ActionMode mode, Menu menu) {
            return false;
     }
    private ActionMode.Callback actionModeCallback = new ActionMode.
```

```
Callback() {
    public boolean onPrepareActionMode(ActionMode mode, Menu menu) {
          return false;
    }
    public void onDestroyActionMode(ActionMode mode) {
    }
    public boolean onCreateActionMode(ActionMode mode, Menu menu) {
    // '복사' 메뉴 삭제
          MenuItem itemCopy = menu.findItem(android.R.id.copy);
          if (itemCopy != null) {
                menu.removeItem(android.R.id.copy);
          }
    // '잘라내기' 메뉴 삭제
    MenuItem itemCut = menu.findItem(android.R.id.cut);
    if (itemCut != null) {
          menu.removeItem(android.R.id.cut);
    }
    return true;
    }
    public boolean onActionItemClicked(ActionMode mode, MenuItem item) {
    return false;
    }
};
}
```

CHAPTER 08 인텐트 취약점 진단

인텐트의 기본 개념과 안드로이드 앱의 핵심 컴포넌트인 브로드캐스트 리시버, 컨텐트 프로바이더, 딥링크를 통해 발생할 수 있는 보안 취약점을 진단하는 방법을 다룬다. 각 컴포넌트를 이용한 데이터 전달과 앱 간 상호작용 과정에서 발생할 수 있는 보안 위협을 식별하고, 이를 방지하기 위한 대응 방안을 알아본다.

8.1 개요

안드로이드 앱은 다양한 기능을 포함하고 있으며, 액티비티를 단위로 기능을 수행한다. 각 액티비티는 사용자 인터페이스를 뷰 형태로 제공하여 상호작용하기도 하고, 액티비티 간 이동하며 데이터를 전달하기도 한다. 앱이 한 액티비티에서 다른 액티비티로 이동할 때, 해당 액티비티를 사용하려고 하는 의도를 함께 전달하는 경우가 있다. 이 의도가 인텐트이다. 인텐트는 액티비티 간의 통신을 위한 메커니즘으로 사용되며, 액티비티 시작, 서비스 시작, 브로드캐스트 메시지 전송 등 다양한 작업을 수행하는 데 사용된다.

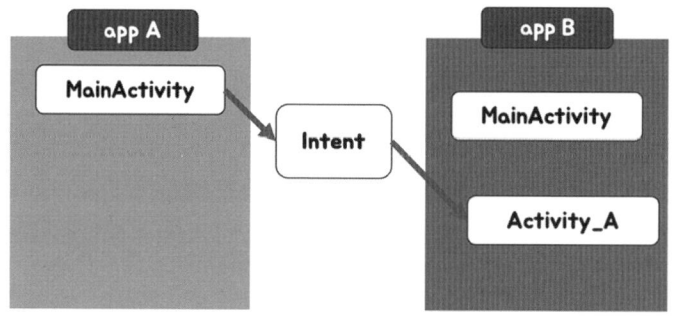

그림 8-1 인텐트 실행 개요

안드로이드 공식 문서에서는 인텐트를 메시징 객체로, 다른 앱 구성 요소로부터 작업을 요청하는 데 사용하는 객체로 설명한다. startActivity와 같은 메서드로 시스템에 인텐트를 전달하면 앱 내에 포함된 액티비티를 시작할 수 있다. 다음 코드 예시는 인텐트를 생성하고 액티비티를 호출하는 방법이다.

코드 8-1 인텐트 생성 및 액티비티 호출

```java
//MainActivity.java
Intent myIntent = new Intent(this, secondActivity.class);

Button button = findViewById(R.id.button);
        button.setOnClickListener(new View.OnClickListener() {
            @Override
            public void onClick(View view) {
                startActivity(myIntent);
            }
        });
```

인텐트를 생성한 후에는 액티비티 전환 시 해당 인텐트를 전달하기 위해 함수나 이벤트 핸들러에 매핑한다. 예제에서는 버튼 클릭 시 메인 액티비티(MainActivity) 위에 다른 액티비티(secondActivity)를 실행한다. 인텐트로 데이터를 함께 전달할 수 있다. 예를 들어 음악 앱에서 음악 검색을 위해 노래 제목을 입력하고 검색 아이콘을 눌렀을 때, 검색 결과 액티비티로 노래 제목 인텐트가 함께 전달된다. 값을 전달하는 방법은 자료형과 변수를 선언한 후 인텐트에 포함하여 액티비티를 호출한다.

데이터를 보내기 위해 사용하는 putExtra 함수는 인텐트에 데이터를 추가하는 데 사용되며, 보낸 값을 받기 위해 사용하는 getExtra 함수는 인텐트로부터 데이터를 추출하는 데 사용된다. 그리고 다양한 자료형을 지원하므로 문자열, 정수, 배열을 포함하며, 클래스 또한 전달할 수 있다. 사용자로부터 값을 입력받은 데이터를 다음 액티비티로 전달하는 기능은 예제 코드를 통해 인텐트를 분석한다. 앱은 메인 액티비티와 두 번째 액티비티로 구성되어 있다. 메인 액티비티에서 입력받은 문자열을 포함하여 하드코딩한 데이터를 두 번째 액티비티로 전달하며, 두 번째 액티비티는 이 데이터를 받아 사용자에게 표시한다.

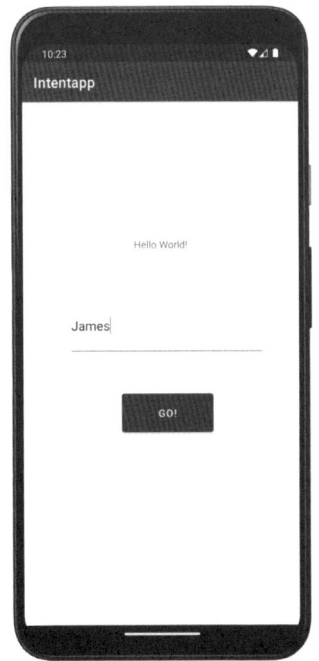

그림 8-2 인텐트를 이용한 데이터 전달 예시 앱 화면

다음 코드 예제는 인텐트를 이용하여 데이터를 전달하는 코드이다.

코드 8-2 인텐트를 이용한 데이터 전달 - 메인 액티비티

```java
//MainActivity.java
public class MainActivity extends AppCompatActivity {
    @Override
    protected void onCreate(Bundle savedInstanceState) {
        super.onCreate(savedInstanceState);
        setContentView(R.layout.activity_main);
        Button gobtn = (Button)findViewById(R.id.Intentbtn1);
        gobtn.setOnClickListener(new View.OnClickListener() {
            @Override
            public void onClick(View v) {
                EditText editText = (EditText)findViewById(R.id.editTextTextPersonName);
                String myname = editText.getText().toString();
                Intent myintent = new Intent(getApplicationContext(), SubActivity.class);
                myintent.putExtra("name", myname);
                myintent.putExtra("address", "서울시 영등포구 00로");
                myintent.putExtra("msg","전송할 메시지를 담습니다.");
                startActivity(myintent);
            }
        });
    }
}
```

선언한 인텐트 객체 myintent에는 putExtra 함수를 사용하여 세 개의 데이터를 저장한다. 입력 폼(EditText)에 입력된 값을 문자열 자료형으로 된 myname 변수에 할당하고 myintent.putExtra(name, myname)을 이용하여 인텐트에 저장한다. address와 msg의 값은 문자열로 하드코딩하여 저장하고 있다. 해당 기능을 버튼 객체로 선언한 gobtn 변수에 할당하고, 버튼 클릭 시 발생하는 이벤트인

onClick 함수에 선언하여 버튼을 클릭했을 때 인텐트에 값을 저장하고 다른 액티비티(SubActivity)를 호출한다.

8.1.1 매니페스트 파일

앱에서 인텐트를 사용하고 있으며, 앱에서 수신할 수 있는 인텐트를 안드로이드 운영체제에 알리려면 매니페스트 파일 내 인텐트 필터 태그를 사용하여 각 앱 구성 요소에 대해 하나 이상의 인텐트 필터를 선언한다. 각 인텐트 필터는 인텐트의 작업, 데이터 및 카테고리를 기반으로 어느 유형의 인텐트를 수락하는지 지정한다. 안드로이드 시스템은 앱의 매니페스트 파일에 선언된 인텐트 필터와 일치하는 경우에 인텐트를 해당 앱으로 전달한다. 매니페스트 파일 내 인텐트 필터 선언은 다음과 같다.

코드 8-3 매니페스트 파일 내 인텐트 필터 선언

```
<AndroidManifest.xml>
<activity android:name="ShareActivity">
    <intent-filter>
        <action android:name="android.intent.action.SEND"/>
        <category android:name="android.intent.category.DEFAULT"/>
        <data android:mimeType="text/plain"/>
    </intent-filter>
</activity>
```

인텐트 필터 태그는 액티비티 태그 내 위치하며, 해당 인텐트가 호출되었을 때 태그를 감싸고 있는 액티비티가 호출된다. 인텐트와 함께 전달된 데이터는 액티비티 실행 시 인자로 전달되어 처리된다.

8.1.2 엑스트라

엑스트라^{extra}는 인텐트를 이용하여 앱의 액티비티를 호출할 때 실행에 필요한 추

가 정보가 담긴 키-값 쌍을 의미한다. putExtra 함수를 이용하여 엑스트라 데이터를 추가할 수 있으며, 이름과 값 두 개의 인자를 가진다. 예를 들어 이메일을 전송하도록 하는 인텐트를 전달할 때 수신자의 이메일 주소, 제목 그리고 내용 등을 포함하여 이메일을 전송하는 액티비티를 호출한다.

코드 8-4 엑스트라를 이용하여 데이터를 포함한 이메일 전송 인텐트 호출

```
Intent email = new Intent(Intent.ACTION_SEND);
email.setType("plain/Text");
email.putExtra(Intent.EXTRA_EMAIL, getString(R.string.email));
email.putExtra(Intent.EXTRA_SUBJECT, "<" + getString(R.string.app_name) + ">");
email.putExtra(Intent.EXTRA_TEXT, "이메일 내용\n");
email.setType("message/rfc822");
startActivity(email);
```

코드 8-5 인텐트를 이용한 데이터 전달 – 두 번째 액티비티

```
//SubActivity.java
public class SubActivity extends AppCompatActivity {
    private AppBarConfiguration appBarConfiguration;
    private ActivitySubBinding binding;
    @Override
    protected void onCreate(Bundle savedInstanceState) {
        super.onCreate(savedInstanceState);
//...(일부 생략)...
        TextView tv = findViewById(R.id.textView1);
        TextView tv2 = findViewById(R.id.textView2);
        TextView tv3 =findViewById(R.id.textView3);
        Intent secondIntent = getIntent();
        String name = secondIntent.getStringExtra("name");
        String address = secondIntent.getStringExtra("address");
        String msg = secondIntent.getStringExtra("msg");
        tv.setText(name);
```

```
        tv2.setText(address);
        tv3.setText(msg);
    }
```

전달된 인텐트를 사용하기 위해 getExtra 함수를 이용하여 인텐트에 저장된 데이터를 불러온다. 키-값 쌍으로 이루어진 데이터를 불러오기 위해서 키값을 이용하며, 이를 통해 TextView 위젯의 문자열을 변경한다. 결과적으로 인텐트로 전달받은 문자열을 앱 화면에 표시할 수 있다.

인텐트는 액티비티 간 데이터 전달뿐만 아니라 다양한 목적으로 사용된다. 다른 액티비티를 시작하는 것은 단방향 작업이 아니며, 양방향으로 액티비티 실행 결과를 수신할 수도 있다. 예를 들어 카메라 액티비티를 호출한 후 촬영한 사진을 받거나, 쇼핑몰 앱에서 결제 기능을 위해 카드 앱을 호출하여 결제 성공 여부를 결과로 받는 등의 작업을 수행할 수 있다. 하지만 이 과정에서 카메라 실행 등 리소스가 많이 필요한 액티비티를 실행하는 경우, 어떤 액티비티가 호출했는지 소실될 수 있고, 사용자가 기능을 사용하는 중에 이탈하는 경우에는 예외 처리가 필요하다.

인텐트를 포함하여 다른 앱을 실행하는 경우와 반대로, 진단 중인 앱이 다른 액티비티로부터 호출을 받는 경우도 있다. 이때 인텐트의 출처와 데이터를 검증하지 않고 데이터를 사용하면 의도하지 않은 동작을 허용하여 취약점이 발생할 수 있다. 따라서, 인텐트를 사용할 때는 출처와 데이터의 안전성을 확인하고 적절한 검증 절차를 수행하는 것이 중요하다.

8.1.3 자원 식별자

자원 식별자Uniform Resource Identifier, URI는 리소스의 위치를 식별하고 접근하는 방법으로, 국제 표준 문서 RFC 3986에 정의되어 있다. 웹사이트 연결을 위해 사용하는 스키마인 https:// 또한 URI의 사용 예시 중 하나이다. 안드로이드에서도 특정 경로의 리소스를 참조하기 위해서 URI를 사용한다. 많은 URI에는 명명 권한에 대한 계층적 요소가 포함되어 있으며, 권한은 다른 URI에 의해 정의되고 재귀적으로 위임될 수 있다. URI는 포트 및 사용자 정보와 함께 등록된 이름 또는 서버 주소를 기반으로 리소스에 접근하기 위한 위치를 구별하는 일반적인 수단을 제공한다.

```
https://www.example.com/board/view?seq=10
```

위와 같은 URI가 존재할 때 구조를 살펴본다.

- **스킴**scheme: 리소스에 접근하는 데 사용할 프로토콜. 웹에서는 http 또는 https를 사용한다.
- **호스트**host: 접근할 대상(서버)의 호스트명. 예시에서는 www.exmple.com이 된다.
- **경로**path: 접근할 대상(서버)의 경로 상세 정보. 예시에서는 board/view?seq=10이 된다.

자원 식별자 vs 자원 지시자

자원 식별자와 자원 지시자Uniform Resource Locator, URL 용어를 혼동하여 사용하는 경우가 많다. 대부분의 경우 문제가 없지만 발견한 취약점에 대한 정확한 정보를 전달하는 업무를 수행한다면 각 용어의 정의와 용도에 대해 구분할 필요가 있다.

URL은 리소스의 정확한 위치 정보(파일의 위치)를 나타낸다. 하지만 URI는 리소스의 위치를 포함하여, 리소스에 대한 고유 식별자이다. 흔히 웹 주소라고도 하며 컴퓨터 네트워크 상에서 리소스가 어디에 위치하는지 알려주기 위한 규약이다.

예시를 살펴보면 https://example.com의 경우 해당 서버를 나타내는 식별자이자 위치이기 때문에 URI이자 URL이다. 하지만, https://exmple.com/123의 경우 해당 리소스를 나타내는 경로는 https://exmple.com까지이며, 접근하려는 정보에 도달하기 위한 추가 식별자인 '123'이 필요하기 때문에 URI이지만 URL은 해당하지 않는다. 따라서, 모든 URL은 URI이며, 모든 URI는 URL이 될 수 없으므로 다음 그림의 포함 관계가 성립한다.

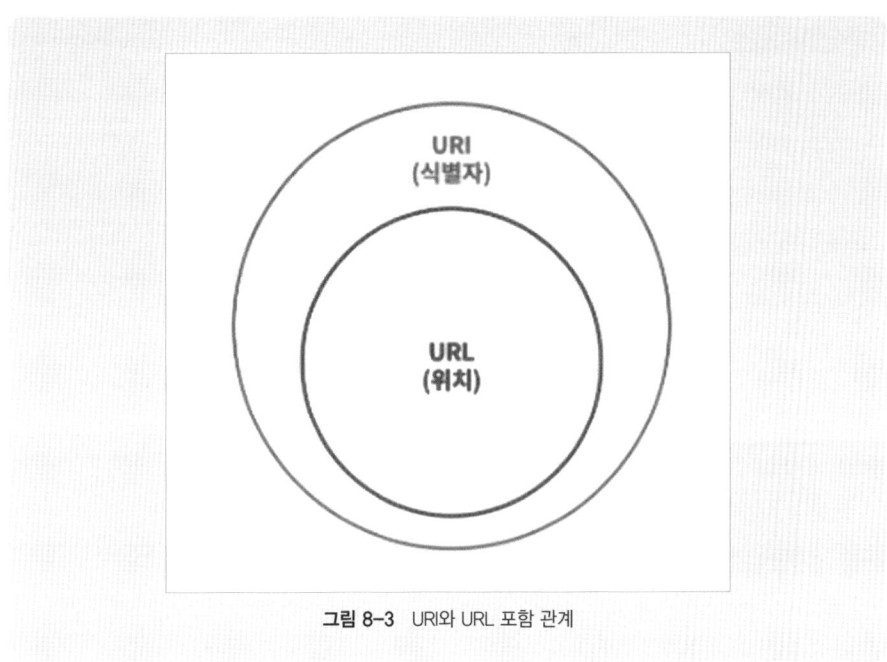

그림 8-3　URI와 URL 포함 관계

8.2　브로드캐스트 리시버

8.2.1　개요

브로드캐스트는 안드로이드 시스템이나 앱에서 게시-구독publish-subscribe 디자인 패턴과 유사한 이벤트 처리 방식을 사용한다. 브로드캐스트는 안드로이드 운영체제 또는 앱이 외부에 메시지를 전송하는 시스템으로, 설치된 모든 앱이 이 메시지를 수신할 수 있다. 앱이 특정 브로드캐스트 이벤트에 대해 수신기를 등록하면, 시스템이 해당 브로드캐스트를 전송할 때 등록된 수신기의 코드가 실행된다. 예를 들어 안드로이드 시스템의 상태 변화부터 앱에서 특정 이벤트 발생 시마다 불특정 다수 앱에게 브로드캐스트를 전송하게 할 수 있다. 다음은 안드로이드 시스템에서 사용 중인 브로드캐스트의 예시이다.

브로드캐스트명	설명
ACTION_BOOT_COMPLETED	시스템 부팅이 완료된 경우
ACTION_CAMERA_BUTTON	카메라 버튼이 눌린 경우
ACTION_DATE_CHANGED	단말의 날짜가 수동으로 변경된 경우
ACTION_SCREEN_OFF	단말의 화면이 꺼진 경우
ACTION_AIRPLANE_MODE_CHANGED	비행기 모드가 변경된 경우
ACTION_BATTERY_CHANGED	배터리 충전 상태가 변경된 경우
android.provider.Telephony.SMS_RECEIVED	SMS 수신

안드로이드 앱은 브로드캐스트 리시버를 사용하여 특정 이벤트를 감지하고 처리하는 로직을 작성할 수 있다. 다음의 예제는 단말의 화면이 켜졌을 때 ACTION_SCREEN_ON 브로드캐스트를 감지하고 로그를 기록한다.

코드 8-6 브로드캐스트 리시버 생성(자바)

```java
public class ScreenOnReceiver extends BroadcastReceiver {
    @Override
    public void onReceive(Context context, Intent intent) {
        if (intent.getAction().equals(Intent.ACTION_SCREEN_ON)) {
            // 화면 켜짐 이벤트 감지 및 추가 로직 작성
            Log.d("ScreenOnReceiver", "화면 켜짐!");
        }
    }
}
```

코드 8-7 AndroidManifest.xml 내 브로드캐스트 리시버 등록

```xml
<receiver android:name=".ScreenOnReceiver">
    <intent-filter>
        <action android:name="android.intent.action.SCREEN_ON" />
    </intent-filter>
</receiver>
```

브로드캐스트 이벤트를 수신하기 위해 먼저 리시버 클래스를 생성한 후 AndroidManifest.xml에 리시버를 등록한다. 시스템에서 특정 이벤트가 발생할 때마다 선언한 리시버 클래스가 호출된다. 예제에서는 이 리시버가 클래스가 호출될 때 로그를 출력하는 기능을 구현할 수 있다. 앱이 브로드캐스트 리시버를 등록하는 방법에는 앱의 매니페스트에 등록하는 정적 브로드캐스트 리시버와 registerReceiver API 호출을 사용하여 앱 코드에 동적으로 등록하는 동적 브로드캐스트 리시버 두 가지 방법이 있다.

구분	사용 방법
정적 브로드캐스트 리시버	AndroidManifest.xml 내 〈receiver〉 요소 선언
동적 브로드캐스트 리시버	소스코드 내 registerReceiver 호출로 사용, unregisterReceiver 호출로 해제

정적 브로드캐스트 리시버로 작성한 이전의 코드를 동적 브로드캐스트 리시버로 수정하면 다음과 같다. 브로드캐스트 리시버 클래스는 그대로 사용한다.

코드 8-8 동적 브로드캐스트 리시버

```java
public class MyActivity extends AppCompatActivity {
    private ScreenOnReceiver screenOnReceiver;
    @Override
    protected void onCreate(Bundle savedInstanceState) {
        super.onCreate(savedInstanceState);
        setContentView(R.layout.activity_my);
```

```
        // 브로드캐스트 리시버 인스턴스 생성
        screenOnReceiver = new ScreenOnReceiver();
        // 브로드캐스트 리시버 등록
      IntentFilter filter = new IntentFilter(Intent.ACTION_SCREEN_ON);
        registerReceiver(screenOnReceiver, filter);
    }
    @Override
    protected void onDestroy() {
        super.onDestroy();
        // 브로드캐스트 리시버 해제
        if (screenOnReceiver != null) {
            unregisterReceiver(screenOnReceiver);
        }
    }
}
```

정적 브로드캐스트 리시버와 동적 브로드캐스트 리시버는 코드의 구조뿐만 아니라 사용 목적에도 차이가 있다. 정적 브로드캐스트 리시버는 AndroidManifest.xml에 등록되기 때문에 주로 시스템 이벤트를 처리하는 데 사용된다. 앱이 실행 중이지 않은 상태에서도 이벤트를 감지할 수 있다. 이는 앱이 백그라운드에서 실행되지 않을 때도 특정 이벤트에 대응할 수 있도록 한다.

동적 브로드캐스트 리시버는 앱이 실행 중일 경우에만 이벤트를 수신하고 처리할 수 있다. 브로드캐스트 리시버의 등록과 해제가 유연하다는 장점이 있다. 리시버가 위치하는 액티비티의 생명주기에 의해 동작 여부가 결정된다. 또한 컴포넌트 내에 리시버를 구현했기 때문에 클래스 내에 있는 변수와 메서드에 대한 접근이 유연하다.

구분	설명
정적 브로드캐스트 리시버	일부 시스템 브로드캐스트 수신 제한 브로드캐스트 신호는 부팅 시점부터 앱 삭제 전까지 수신
동적 브로드캐스트 리시버	정적 브로드캐스트 리시버에서 수신 불가한 신호도 수신 수신 가능 시점을 앱 소스코드에서 설정

두 경우 모두 수신기를 등록하기 위해 수신기에 대한 인텐트 필터가 설정된다. 인텐트 필터는 수신기를 트리거해야 하는 브로드캐스트이다. 다음의 그림은 브로드캐스트 신호를 보내는 앱과 브로드캐스트 리시버를 통해 신호를 받는 과정을 간단하게 나타낸 것이다.

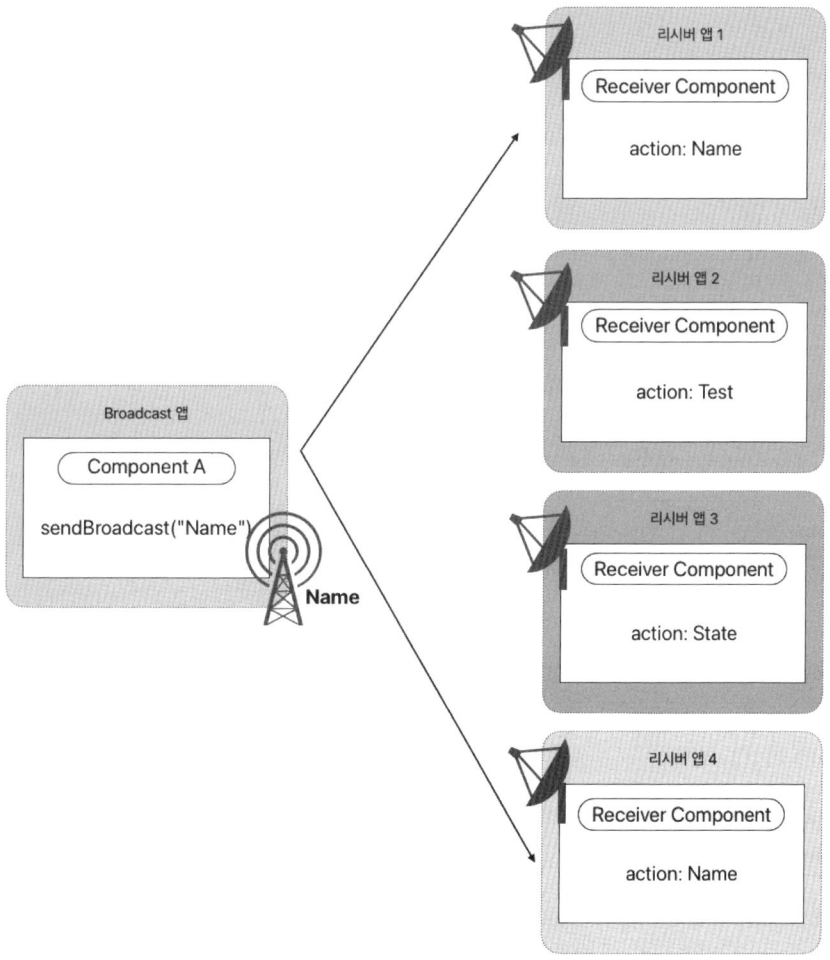

그림 8-4 브로드캐스트 리시버 동작 구조

브로드캐스트 앱에서 Name이라는 메시징 객체를 전송하면 리시버로 같은 객체를 등록한 앱에서 신호를 수신하여 해당 이벤트가 발생했음을 알아차리고 앱 내에서 조건에 맞는 코드를 실행한다. 수신 앱에 등록된 특정 브로드캐스트가 전송되면 브로드캐스트 리시버 컴포넌트 내 onReceive 함수가 실행된다. 신호를 보내는 앱은 어떤 앱에서 신호를 받아서 처리했는지 피드백이 별도로 없는 경우 알 수 없으며, 수신 앱 또한 어떤 앱에서 브로드캐스트를 전송했는지 앱의 패키지명을 확인할 수 없다. 브로드캐스트를 수신할 앱을 구체적으로 지정하지 않는 브로드캐스트를 암시적 브로드캐스트라고 한다.

안드로이드 API 26 이후 변경 사항

안드로이드 플랫폼이 발전함에 따라 시스템 브로드캐스트의 작동 방식이 주기적으로 변경된다. 안드로이드 8.0의 백그라운드 실행 제한의 영향으로 API 26 이상을 타겟팅하는 앱은 암시적 브로드캐스트의 브로드캐스트 리시버를 메타데이터 파일에 더 이상 등록할 수 없다.
안드로이드 9(API 28) 이후부터 NETWORK_STATE_CHANGED_ACTION 브로드캐스트는 사용자의 위치 또는 개인 식별 데이터에 대한 정보를 수신하지 않는다.

브로드캐스트는 스니핑 공격이나 서비스 거부 공격에 취약하다. 악의적인 브로드캐스트 리시버는 사용 가능한 모든 작업, 데이터 및 카테고리를 나열하는 인텐트 문자열을 생성해서 모든 앱의 브로드캐스트 신호를 스니핑할 수 있다. 또한 sendBroadcast(Intent)가 아닌 우선순위를 정할 수 있는 sendOrderedBroadcast(Intent, String)을 이용하여 브로드캐스트를 송신하는 경우, 악성 앱은 브로드캐스트를 먼저 수신하기 위해 높은 우선순위로 자신을 등록할 수 있다. 그런 다음 브로드캐스트를 취소하거나 수정하여 다른 앱에게 전파되지 못하도록 하여 서비스 거부를 유발하거나, 브로드캐스트에 악성 데이터를 삽입할 수 있다.

더 알아보기

sendOrderedBroadcast 함수는 한 번에 한 리시버에게 브로드캐스트를 보낸다. 각 리시버가 차례로 실행될 때 다음 리시버에게 결과를 전파하거나 다른 리시버에게 전달되지 않도록 브로드캐스트를 완전히 중단할 수 있다. 리시버가 실행되는 순서는 일치하는 인텐트 필터의 android:priority 속성으로 제어할 수 있으며, 같은 우선순위를 가진 경우에는 임의의 순서로 실행된다.

예를 들어 전화 발신 이벤트(ACTION_NEW_OUTGOING_CALL)를 브로드캐스트 리시버로 처리하는 앱이 있다면, 특정 번호로는 전화 발신을 차단하는 앱과 전화를 걸기 전 번호를 수정하는 앱이 있는 경우 처리 우선순위가 필요하다.

코드 8-9 취약한 브로드캐스트 사용 예제

```
public class ServerService extends Service {
  // ...
  private void d() {
    // ...
    Intent v1 = new Intent();
    v1.setAction("com.sample.action.server_running");
    v1.putExtra("local_ip", v0.h);
    v1.putExtra("port", v0.i);
    v1.putExtra("code", v0.g);
    v1.putExtra("connected", v0.s);
    if (!TextUtils.isEmpty(v0.t)) {
      v1.putExtra("connected_usr", v0.t);
    }
  }
  this.sendBroadcast(v1);
}
```

위 코드는 브로드캐스트 리시버 내 중요 정보를 포함해서 사용하는 예제이다. 암시적 브로드캐스트 v1을 this.sendBroadcast의 인수로 사용하여 인텐트를 브로드캐스트하는 취약한 함수 d를 사용하고 있다. 인텐트에는 단말의 IP 주소, 포트 번호 등 민감한 정보가 포함되어 있는 것을 확인할 수 있다.

코드 8-10 브로드캐스트 리시버 사용 예제

```
final class MyReceiver extends BroadcastReceiver {
  public final void onReceive(Context context, Intent intent) {
    if (intent != null && intent.getAction() != null) {
      String s = intent.getAction();
      if (s.equals("com.sample.action.server_running") {
        String ip = intent.getStringExtra("local_ip");
        String pwd = intent.getStringExtra("code");
        String port = intent.getIntExtra("port", 8888);
        boolean status = intent.getBooleanExtra("connected", false);
      }
    }
  }
}
```

외부로 노출된 브로드캐스트 리시버는 불특정 다수의 앱으로부터 브로드캐스트를 수신할 수 있다.

8.2.2 진단 방법

브로드캐스트 취약점을 진단하는 방법은 다음과 같은 단계로 이루어진다. 외부로 노출된 브로드캐스트 리시버가 존재하는지를 확인한다. 메타데이터 파일 내 exported 속성이 true로 되어 있거나 소스코드 내 registerReceiver 함수를 사용하여 브로드캐스트 신호를 수신하는 부분이 있는지 확인한다.

단순 체크리스트 기반 취약점 진단 시에는 메타데이터 파일에서 android:exported, android:sharedUserId 속성이 true로 설정되었으나 보호 수준이 서명으로 설정되지 않은 컴포넌트의 존재 여부를 확인하여 취약으로 진단한다. 하지만 앱의 기능 및 목적에 따라 브로드캐스트 리시버의 사용이 필요한 경우가 있으므로 연동 앱과의 연계, 외부 노출 위험성을 판단하여 진단하고 구체적인 보안 대책을 안내하는 것이 좋다.

브로드캐스트로 전송하는 데이터 중 민감 데이터가 포함된 경우 외부에서 열람이 가능한지를 판단한다. 또한 브로드캐스트 사용 시 외부에서 전송되는 브로드캐스트 신호를 검증하고 있는지 확인한다.

ADB를 이용해서 브로드캐스트 리시버를 테스트할 수 있다.

설치된 앱 전체에 브로드캐스트 신호 전송

```
ADB # am broadcast -a [ACTION]
```

지정된 앱에 브로드캐스트 신호 전송

```
ADB # am broadcast -n [패키지명]/[액티비티명] -a [ACTION] -es [전송할 데이터]
```

```
(예시)
ADB # am broadcast -n sample.package/sampleActivity -a com.sample.action.
server_running -es local_ip "1.1.1.1"
```

안드로이드 API 26 이후 변경 사항

상세 ADB 명령어 및 옵션은 공식 문서에서 확인할 수 있다.
- https://developer.android.com/studio/command-line/adb?hl=ko#IntentSpec

ADB를 통해 브로드캐스트 신호를 전송한 후 앱에서 검증 없이 동작하는지를 확인한다. 특정한 상황에서만 수행하는 작업을 임의의 브로드캐스트 신호 발생으로 강제 실행할 수 있거나, 실행해야 하는 작업을 우회하는 경우 취약으로 진단한다.

취약 여부	설명
취약	• 브로드캐스트 신호 송수신 시 데이터를 검증하지 않고 사용하는 경우 • 불필요한 브로드캐스트 리시버가 외부로 노출되어 있는 경우
양호	브로드캐스트 신호 송수신 시 데이터를 검증하고 사용하는 경우

8.2.3 보안 대책

안드로이드 공식 문서에서는 암시적 브로드캐스트를 이용하여 민감한 정보를 브로드캐스트하지 않도록 한다. 동일한 브로드캐스트를 수신하도록 등록한 앱에서 정보를 읽을 수 있기 때문이다. 브로드캐스트를 수신할 수 있는 대상을 제어할 수 있는 방법은 다음과 같이 세 가지가 있다.

- 브로드캐스트를 전송할 때 권한 지정
- 안드로이드 4.0 이상에서는 브로드캐스트를 전송할 때 setPackage(String)을 사용하여 수신할 패키지를 지정
- LocalBroadcastManager를 이용하여 로컬 브로드캐스트 전송

또한 리시버로 등록한 앱에 대해서도 의도하지 않은 브로드캐스트 수신을 방지하기 위해 앱이 수신하는 브로드캐스트를 제한할 수 있다.

- 브로드캐스트 리시버를 등록할 때 권한 지정
- 매니페스트에 선언된 수신자라면 android:exported 속성을 'false'로 지정
- LocalBroadcastManager를 사용하여 로컬 브로드캐스트만 수신

코드 8-11 LocalBroadcastManager.sendBroadcast 사용

```
Intent intent = new Intent("secret data event");
intent.putExtra("event", "this is a InAPP event");
LocalBroadcastManager.getInstance(this).sendBroadcast(intent);
```

다른 앱에서 브로드캐스트 신호를 수신할 필요가 없음에도 앱 내에서 발생하는 이벤트에 따른 처리 로직을 구성하기 위해 브로드캐스트를 사용하는 경우가 있다. 이는 불필요한 컴포넌트나 데이터가 외부로 유출될 수 있으므로, 사용을 지양한다. 또는 Context.sendBroadcast 대신 LocalBroadcastManager.sendBroadcast를 사용하여 전송 범위를 사용 중인 앱 내로 제한할 수 있다.

8.3 컨텐트 프로바이더

8.3.1 개요

컨텐트 프로바이더는 현재 앱이 가지고 있는 정보를 다른 앱에게 공유하는 컴포넌트이다. 예를 들어 메신저 앱에서 연락처를 이용하여 친구 목록을 동기화할 때 연락처 앱의 컨텐트 프로바이더를 이용하여 이름과 전화번호 등을 가지고 온다.

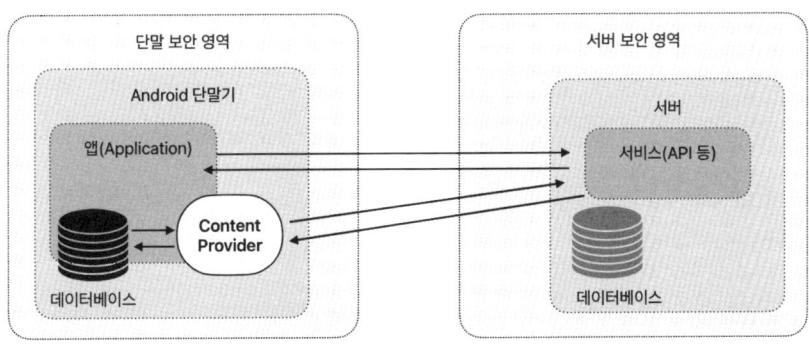

그림 8-5 컨텐트 프로바이더 개요

컨텐트 프로바이더는 안드로이드에서 앱 또는 서버와 특정 데이터를 교환하기 위해 제공하는 공유 인터페이스이다. 액티비티는 사용자에게 뷰를 통해 화면을 제공하면서 데이터의 전송, 처리 등의 상호작용을 한다. 하지만 컨텐트 프로바이더는 클라이언트 객체를 이용하여 다른 앱의 데이터에 접근하고 조작할 수 있다. 컨텐트 프로바이더는 공유 데이터 접근, SQL을 사용하여 데이터베이스에 값을 저장할 수 있고 XML과 같은 파일 형식도 저장할 수 있다. 앱 간의 데이터 교환을 위해서 안드로이드에서 제공하는 구성 요소이며, 다음의 경우에 앱에서 주로 사용한다.

- 앱에서 다른 앱의 데이터를 가져오기 위해 컨텐트 프로바이더에 접근
- 앱에 컨텐트 프로바이더를 생성하여 다른 앱과 데이터 공유
- 중앙 집중식 데이터 관리를 통해 데이터의 무결성과 일관성 유지

컨텐트 프로바이더가 생성된 다른 앱의 데이터에 접근하기 위해서 컨텐트 프로바이더와 서버-클라이언트 구조로 통신을 주고받는다. 외부로 노출된 컨텐트 프로바이더의 접근 권한이 설정되어 있지 않아 다른 앱에서도 접근을 허용하면 앱 내의 접근 가능한 데이터에 위협이 존재한다.

8.3.2 진단 방법

앱에서 사용 중인 컨텐트 프로바이더는 컴포넌트의 일부로서, 안드로이드 매니페스트 파일에 명시된다. AndroidManifest.xml 파일의 〈provider〉 태그는 컨텐트 프로바이더의 설정을 정의한다. 태그의 속성 중 하나인 exported 속성은 컨텐트 프로바이더가 다른 앱에 의해 접근될 수 있는지를 결정한다.

- exported=true 설정은 컨텐트 프로바이더가 다른 앱에 의해 접근 가능함을 의미한다. 이는 컨텐트 프로바이더가 외부 앱에 데이터를 제공하거나 외부 앱으로부터 데이터를 받을 수 있음을 의미한다.
- exported=false 설정은 컨텐트 프로바이더가 동일한 앱의 다른 컴포넌트,

동일한 사용자 ID를 가진 앱, 또는 특정 권한을 가진 시스템 구성 요소에 의해서만 접근될 수 있음을 의미한다. 이는 컨텐트 프로바이더를 내부적으로만 사용하며 외부 앱 접근을 제한함을 의미한다.

코드 8-12 외부로 노출된 컨텐트 프로바이더 선언

```
//AndroidManifest.xml
<?xml version="1.0" encoding="utf-8"?>
<manifest xmlns:android="http://schemas.android.com/APK/res/android"
package="com.sample.app">
  <application
android:icon="@drawable/ic_launcher" android:label="@string/app_name" >
    <!-- exported 값을 true로 설정된 외부 프로바이더 선언 -->
<provider
android:name=".PublicProvider" android:authorities="com.sample.app.
provider" android:exported="true" />
  </application>
</manifest>
```

컨텐트 프로바이더를 사용하기 위해서는 고유한 컨텐트 식별자가 필요하다. 식별자를 통해 어떤 데이터베이스에 어떤 행위를 수행할 것인지 표현할 수 있다. 안드로이드에서 공식적으로 권장하는 컨텐트 식별자의 형식은 다음과 같다.

content://<authority>/<path>/<id>

- **content://**: 컨텐트 프로바이더임을 의미하는 스킴
- **authority**: 컨텐트 프로바이더의 이름을 의미한다. 메타데이터 파일에 선언된 이름과 일치하는 경우 해당 이름의 기능을 사용
- **path**: 데이터의 경로를 의미한다. 데이터베이스의 경우 테이블명을 의미
- **id**: 경로 내의 특정 위치를 지정한다. 데이터베이스의 경우 특정 레코드를 참조

정적 분석 및 동적 분석을 통해 컨텐트 프로바이더의 경로를 확인했다면 ADB를 통해 직접 호출할 수 있다. 외부에서의 호출은 허용되지 않은 앱이지만 명령의 실행 결과로 중요 정보가 반환되거나 데이터의 조작이 가능한 경우 취약으로 진단한다.

컨텐트 프로바이더 기본 명령 사용

```
PC> adb shell content [하위 명령어] [옵션]
```

컨텐트 프로바이더 명령 상세 사용

```
PC> adb shell content insert –uri <URL> --bind <binding> [--bind <binding>…]

PC> adb shell content upda– --uri <URL> --where <WHERE>

PC> adb shell content dele– --uri <URL> --bind <binding>

PC> adb shell content que– --uri <URL> --bind <binding>

PC> adb shell content ca– --uri <URL> --method <method>

(옵션 설명)
<url> = 컨텐트 프로바이더의 url
<binding> = 열(column)에 바인딩하여 지정할 서식
<method> = 컨텐트 프로바이더가 지정한 메서드 이름
```

(예시) 컨텐트 프로바이더 쿼리 조회 명령 예시

```
PC> adb shell content que– --uri content://com.myapp.authority/path –where column=x
```

> **안드로이드 7.0 이후 변경 사항**
> 안드로이드 7.0 이전까지는 파일 URI(file://)를 이용하여 앱 내 파일에 직접 접근을 허용하였다. 이미지를 로드할 경우 내부 저장소에 있는 절대 경로를 전달하여 파일을 가져오는 것이 가능하였다. 앱에서 파일에 직접 접근하기 위해서는 파일 시스템의 접근 권한을 앱에서 접근 가능하도록 변경해야 하는데, 이는 권한을 되돌리기 전까지 누구든지 파일 시스템에 접근을 허용하는 것이기 때문에 취약한 방법이다. 안드로이드 7.0 이후 파일 URI의 노출을 금지하는 엄격 모드 strict mode API 보안 정책을 적용하였고, 앱에서 파일 경로를 공유하는 것이 금지되었다.

파일 프로바이더는 컨텐트 프로바이더의 서브 클래스로, 안드로이드 단말에 저장된 파일에 대한 접근을 제공하는 컴포넌트이다. 파일 프로바이더는 file:// 스킴 대신 content:// 스킴을 사용하여 파일에 접근하며, 앱 간의 파일 공유를 보다 안전하게 할 수 있다. 인텐트는 파일 프로바이더를 통해 컨텐트 프로바이더에 간접적으로 접근할 수 있다. 파일 프로바이더를 사용하면 다른 앱에 파일 접근 권한을 부여할 수 있으며, 다른 앱이 파일을 읽거나 쓸 수 있게 한다. 또한 권한을 부여한 후 결과를 반환받거나 접근한 앱을 활성화할 수 있으며, 사용자가 앱에서 작업을 수행하도록 하여 접근한 앱에서 필요한 데이터를 액세스할 수 있는 기능이다. 진단 시에는 파일 프로바이더에 의해 허용된 작업의 권한이나 범위를 넘어서 접근이 가능한지를 확인해야 한다.

8.3.3 보안 대책

불필요한 컨텐트 프로바이더의 외부 노출 설정을 하지 않도록 한다. 사용이 필요한 경우 접근 및 사용 시 별도의 권한을 지정하여 사용한다. 외부에서 액티비티를 시작할 때 exported:true로 설정된 컴포넌트만 실행할 수 있다. 예를 들어 앱의 메인 액티비티이며 android.categoryLAUNCHER 카테고리를 포함하는 경우 실행할 수 있지만, exported:false로 설정되어 있고 액티비티를 외부에서 실행하려고 하면 시스템에서 예외(ActivityNotFoundException)가 발생한다.

8.4 딥링크

8.4.1 개요

■ 딥링크 개요

브로드캐스트 리시버와 컨텐트 프로바이더에서 사용한 스킴뿐만 아니라 개발자가 직접 앱에서 사용할 URI를 정의할 수 있다. 이를 앱에서 사용하는 딥링크로 정의하며, 이를 이용하여 모바일 환경에서 특정 주소 혹은 값을 클릭하면 앱의 지정된 위치로 실행된다.

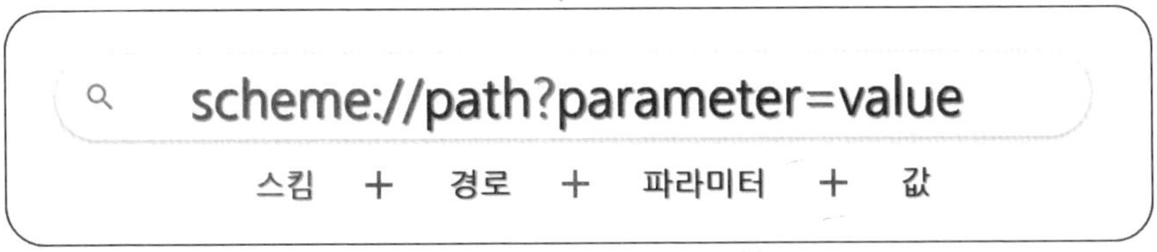

그림 8-6 딥링크 개념

딥링크는 주어진 리소스에 어떻게 접근하는지 나타내는 정보이다. 특정 리소스의 경로, 파라미터와 값을 조합하면 하나의 딥링크가 완성된다. URI 스킴을 이용한 딥링크는 앱에 스킴값을 등록하는 형태로 앱을 구분한다.

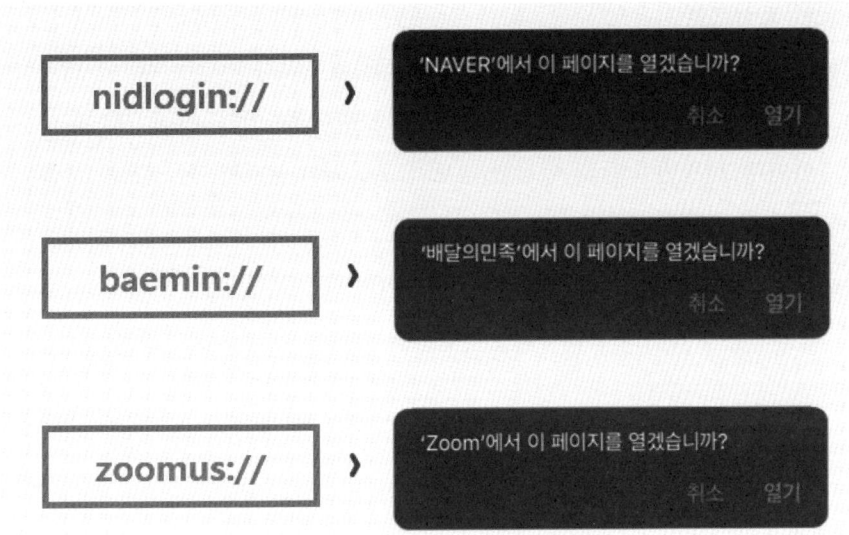

그림 8-7 스킴별 앱 구분 및 실행 확인 화면

딥링크의 앱 리소스 접근 방법 및 실행 방법의 차이에 따라 유니버설 링크, 앱 링크 등 구분이 존재하지만 취약점 진단 시 동일하게 확인이 가능하므로 딥링크로 통일하여 설명한다.

안드로이드에서 인텐트 필터를 사용하면 특정 URI에 대한 인텐트를 처리할 수 있다. 이 기능을 통해 다른 앱이나 브라우저에서 링크를 호출하면 URI 값이 있는 인텐트가 발생하고, 그 인텐트 필터가 설정된 앱이 단말에서 실행된다. 이 과정에서 보안 위협이 발생할 수 있다.

- **다중 앱 선택**: 인텐트 필터가 동일한 여러 개의 앱이 설치되어 있는 경우, 사용자에게 앱 선택 대화상자가 표시된다. 이 상황에서 사용자는 실수나 혼동으로 악성 앱을 실행시킬 위험이 있다.
- **악성 앱의 위험**: 정상 동작을 하는 앱과 악성 행위를 하는 앱이 동시에 설치된 경우, 인텐트가 악성 앱으로 전달될 수 있다. 악성 앱은 인텐트를 통해 전달된 URL에 포함된 파라미터를 이용하여 민감한 정보를 탈취하거나 악의적

인 목적으로 사용할 수 있다.
- **중요 정보 노출**: 인텐트를 통해 다른 앱에 데이터가 전달될 때, 이 데이터에 포함된 URL의 파라미터가 의도치 않게 노출될 수 있다. 이때 URL에 사용자 아이디, 비밀번호 등의 민감한 정보가 포함되어 있다면, 이 정보가 노출되거나 악용될 위험이 있다.

이와 같은 이유로 URI를 통해 인텐트를 처리할 때는 중요 정보를 포함하지 않아야 한다. 사용자 아이디와 비밀번호가 URL에 포함되는 예시를 살펴본다.

```
unsafe://appdomain/login?ID=myid&passwd=abcd1234
```

암시적 인텐트는 특정 앱을 명시적으로 지정하지 않고, 안드로이드 시스템에 특정 작업을 요청하는 방식이다. 해당 인텐트에 응답하는 앱이 두 개 이상인 경우, 사용자는 실행할 앱을 선택할 수 있으며, 선택한 앱을 해당 작업에 대한 기본 앱으로 지정할 수 있다. 예를 들어 웹 URL을 통해 웹페이지에 접근할 때 브라우저를 선택하는 대화상자가 나타난다. 사용자가 실행할 앱을 선택한 다음에는 전달받은 인텐트는 해당 앱에서 처리하기 때문에 앱의 코드가 어떻게 작성되어 있는지에 따른다.

예시의 unsafe 스킴을 실행하는 경우, 입력한 계정 정보가 악성 앱에 의해 수집될 수 있다. 암시적 인텐트의 사용은 개발자가 의도한 앱이 실행된다는 보장을 할 수 없기 때문에, 특히 민감한 정보를 다룰 때는 주의가 필요하다. 중요 정보가 포함된 인텐트를 다룰 때는 명시적 인텐트를 사용하여 특정 앱을 지정하는 것이 안전하다. 명시적 인텐트를 사용하면 안드로이드 시스템이 인텐트를 처리하는 앱을 정확하게 지정할 수 있어, 악성 앱에 의한 데이터 탈취의 위험을 줄일 수 있다.

■ 웹뷰 개요

웹뷰^{webview}는 안드로이드 앱에서 웹페이지 또는 html 파일의 내용을 표시할 수 있는 컴포넌트이다. 웹뷰를 사용하면 웹 브라우저가 아닌 앱 내에서 웹사이트를 쉽게 표시할 수 있으며, 이는 사용자에게 일관된 환경을 제공하고 웹 및 앱 개발에 드는 리소스를 줄인다. 웹뷰에서 자바스크립트를 사용하도록 설정하면 웹뷰 내의 웹페이지와 앱 간에 데이터를 교환할 수 있게 되며, 이는 다양한 사용자 경험을 제공한다. 그러나 웹뷰에서 자바스크립트를 사용할 때는 보안에 주의해야 한다. 다음은 웹뷰에서 자바스크립트를 사용하기 위한 설정을 진행하는 과정이다.

웹뷰에서 자바스크립트를 사용하도록 하려면 웹뷰 설정 파일에서 setJavaScript Enabled 함수를 이용하여 값을 설정해야 한다. 설정하는 방법은 다음과 같다.

코드 8-13 웹뷰 설정 내 자바스크립트 사용 설정

```
webview.getWebSettings().setJavaScriptEnabled(true);
```

자바스크립트의 기본 설정은 비활성 상태이기 때문에 명시적으로 활성화한 이후에 외부에서 딥링크를 이용하여 앱을 실행하고 데이터를 전달할 수 있다. 웹뷰 설정을 통해 자바스크립트 사용을 선언한 이후에는 웹뷰에 추가할 자바스크립트 인터페이스 클래스를 생성한다.

코드 8-14 웹뷰와 연결된 자바스크립트 인터페이스 사용

```
// 웹페이지의 자바스크립트 요청을 처리할 인터페이스 선언
public class WebViewInterface{
  private WebView myAppView;
  private Activity myContext;
  public WebViewInterface(Activity activity, WebView view){
    myAppView = view;
    myContext = activity;
  }
// 웹뷰와 연결된 자바스크립트 인터페이스 선언
  @JavascriptInterface
  public void showtoast(String msg){
```

```
    Toast.makeText(myContext, msg, Toast.LENGTH_LONG.show());
  }
}
```

자바스크립트 인터페이스 클래스를 선언한 후 자바스크립트를 사용할 함수 선언 앞부분에 @JavascriptInterface 어노테이션^{annotation}을 사용한다. 안드로이드 4.1(API Level 17) 이상부터 자바스크립트 인터페이스 어노테이션이 달린 공개 함수만 외부 자바스크립트에서 접근할 수 있다.

 어노테이션

어노테이션은 사전적 의미로 주석이라는 뜻이다. 자바에서 어노테이션은 소스코드에 추가해서 사용할 수 있는 메타데이터의 한 종류이다. 앱 코드에서 처리해야 할 데이터가 아니라 컴파일 과정에서 이 코드를 어떻게 처리해야 하는지 알려주는 추가 정보를 제공한다. 어노테이션은 특수문자 앳(@)을 붙여서 사용한다.

자바 코드 정적 분석을 하면 어노테이션이 붙어있는 코드를 종종 볼 수 있는데 다음과 같은 정보를 제공한다.

- 컴파일러에게 코드 작성 문법 에러를 체크하도록 정보 제공
- 런타임에 특정 기능을 실행하도록 정보 제공

사용자가 어노테이션을 별도로 선언할 수도 있고 자바에서 기본으로 제공하는 어노테이션을 사용할 수 있다. 기본으로 제공하는 어노테이션의 예시는 다음과 같다.

- @Override
  - 메서드를 오버라이드하겠다는 의미로 메서드의 선언 앞에 붙인다.
- @Deprecated
  - 메서드를 사용하지 않도록 처리(deprecated)한다. 이 메서드를 사용하는 앱을 컴파일할 경우 컴파일 에러가 발생한다. 메서드를 삭제할 수는 없지만 개발자에게 사용을 중지할 것을 알릴 때 사용한다.

웹뷰를 사용하는 액티비티에 인터페이스 객체와 웹에서 호출할 객체의 이름을 선언한다. 해당하는 객체명으로 자바스크립트가 호출되는 경우 인터페이스에 정의된 모든 함수를 사용할 수 있다.

코드 8-15 액티비티 클래스에서 웹뷰 및 자바스크립트 인터페이스 호출

```java
public class MainActivity {
 private WebView mWebView = null;
 private WebViewInterface mWebViewInterface;
 @Override
 public void onCreate(Bundle savedInstanceState) {
    super.onCreate(savedInstanceState);
    getWindow().requestFeature(Window.FEATURE_PROGRESS);
    setContentView(R.layout.activity_main);
    mWebView = (WebView) findViewById(R.id.webview); // 웹뷰 객체
    mWebViewInterface = new WebViewInterface(MainActivity.this, mWebView);
// JavascriptInterface 객체화
    mWebView.addJavascriptInterface(mWebViewInterface, "Android"); // 웹뷰에 JavascriptInterface를 연결
 }
}
```

사용자가 다음의 자바스크립트가 작성된 웹페이지에 방문하면 안드로이드 토스트 메시지가 나타난다.

코드 8-16 자바스크립트 인터페이스와 연결하기 위한 웹페이지 코드

```html
<!DOCTYPE html>
<html>
    <head>
            <title> URI SCHEME Trigger</title>
    </head>
    <body>
            <h1> URI Scheme Trigger</h1>
    </body>
    <script>
            window.Android.showtoast("JavascriptInterface Invoke");
    </script>
</html>
```

예시 코드에서 토스트 메시지를 띄우는 문자열을 변경하면 변조된 문자열이 그대로 나타나는 것처럼, 자바스크립트의 인자는 변조가 가능하며 앱에서 무결성을 검증하지 않는 경우 그대로 실행된다. 웹과 앱이 상호작용할 수 있어 많은 앱에서 사용된다. 토스트 메시지를 띄우는 예시 코드이지만 구현에 따라 앱 코드의 함수와 연결하여 다양한 기능을 수행할 수 있다. 이벤트 웹페이지에서 앱 실행으로 연결하여 할인 쿠폰을 발급하거나, SNS 앱의 경우 임의의 사용자를 팔로우할 수 있는 등의 사례가 있다.

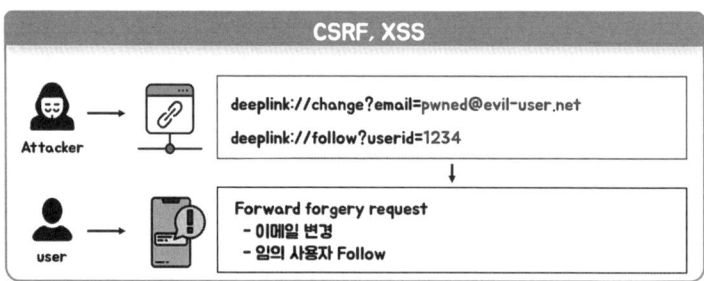

그림 8-8 딥링크 실행을 통한 CSRF 공격 예시

다음은 딥링크를 사용하는 앱에서 발생할 수 있는 취약점을 더 알아본다.

- **웹뷰 자바스크립트 실행을 통한 파일 시스템 접근 취약점**

자바스크립트를 통해 안드로이드 단말의 파일 시스템에 직접 접근할 수 있다. 웹뷰의 설정에서는 파일 시스템에 접근을 허용하도록 하는 설정 변경이 가능하며, 참값으로 변경한 경우 파일 시스템에 직접 접근이 가능하다.

코드 8-17 취약한 웹뷰 파일 접근 설정

```
WebSettings settings = view.getSettings();
settings.setAllowFileAccess(true);
settings.setAllowFileAccessFromURLs(true);
settings.setAllowUniversalAccessFromURLs(true);
```

■ 웹뷰 실행 시 발생하는 웹 취약점

자바스크립트를 적절하게 핸들링하지 않으면, 크로스 사이트 스크립트Cross-Site Scripting, XSS 공격이나 크로스 사이트 요청 오염Cross-Site Request Forgery, CSRF 등 웹 환경과 유사한 공격이 발생할 수 있다. 웹뷰를 통한 브라우징 시에도 사용자 인증 및 인가를 위해 웹 서버와 인증 정보를 캐시에 저장한다. 공격자의 스크립트가 단말에서 실행되기 때문에 공격 유형에 따라 세션이나 쿠키값이 공격자의 서버로 전송될 수 있다.

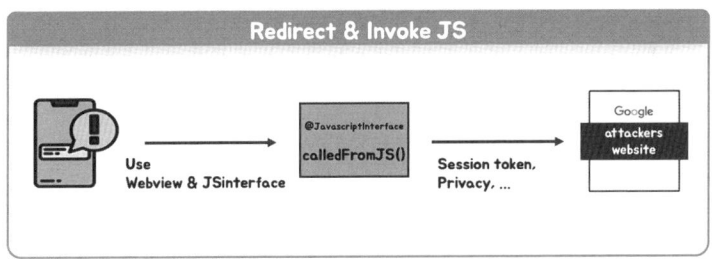

그림 8-9 딥링크 실행을 통한 오픈 리다이렉트, 자바스크립트 취약점 개요

addJavascriptInterface 함수를 사용하면 자바스크립트가 앱을 제어할 수 있다. 이는 유용한 기능일 수 있지만 웹뷰에 포함된 웹 코드가 신뢰할 수 없는 출처에서 온 경우, 공격자는 앱 내의 자바 코드를 실행하는 악성 스크립트를 삽입할 수 있다. 해당 공격은 주로 스킴에서 실행하는 도메인을 검증하지 않고 인자들을 전달할 때 발생한다.

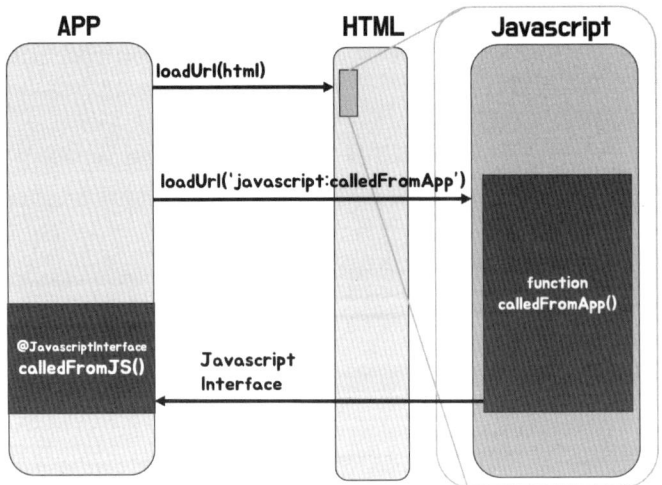

그림 8-10 앱과 웹의 자바스크립트 통신 과정

URI 스킴으로 실행한 앱은 사용자의 권한으로 실행되기 때문에 사용자 토큰, 로그인 정보에 접근이 가능하며 앱 구현에 따라 위치 정보, 연락처, 사진 데이터에도 접근이 가능하다. 또한 사용자가 인지하지 못하는 상태에서의 동작 위험이 존재한다. 앱에서 어떤 기능을 스킴으로 동작하도록 구현했는지에 따라 취약점 발생 범위가 다양하고 넓다.

자바스크립트 인터페이스를 통해 입력받은 인자를 검증 없이 사용한다면 삽입 공격에 취약하다. 다음 예시 코드의 경우 딥링크를 통해 자바스크립트를 인자를 받은 것으로 가정하고 인자를 SQL 쿼리문에 직접 사용하고 있다. 이 경우 SQL 구문 삽입 공격이 발생한다.

코드 8-18 딥링크를 통한 자바스크립트 인터페이스 사용 취약 코드 예시

```
import android.webkit.JavascriptInterface;
import android.database.sqlite.SQLiteOpenHelper;
class ExposedObject extends SQLiteOpenHelper {
    @JavascriptInterface
```

```java
    public String studentEmail(String studentName) {
        // SQL 쿼리에 인자 직접 대입(취약 사용)
        String query = "SELECT email FROM students WHERE studentname = '"
+ studentName + "'";
        Cursor cursor = db.rawQuery(query, null);
        cursor.moveToFirst();
        String email = cursor.getString(0);
        return email;
    }
}
webview.getSettings().setJavaScriptEnabled(true);
webview.addJavaScriptInterface(new ExposedObject(), "exposedObject");
webview.loadData("", "text/html", null);
// SQL 공격 구문 삽입
String name = "Robert'; DROP TABLE students; --";
webview.loadUrl("javascript:alert(exposedObject.studentEmail(\""+ name
+"\"))");
```

웹 환경에서 발생하는 취약점이 안드로이드 웹뷰를 사용할 때 동일하게 발생할 수 있으며, 전달되는 인자의 검증 미흡에서 시작된다.

8.4.2 진단 방법

ADB를 이용한 인텐트 필터 URI 테스트 방법은 다음과 같다. 실행 명령의 경우 **7.4 액티비티 강제 실행** 진단 방법과 유사하지만 -d 옵션과 함께 URI를 전달한다.

딥링크로 앱 실행

```
PC> $ adb shell am start
        -W -a android.intent.action.VIEW
        -d <URI> <PACKAGE>
```

메타데이터에 선언된 인텐트 핸들러는 앱과 웹 간의 연결 및 호출 의도를 정의한다. 딥링크로 전달하는 모든 인텐트에 대해서 값을 변조하면서 앱 실행 결과를 확인한다. 인텐트 필터에 등록된 스킴으로 시작하는 URI는 모두 진단 중인 앱을 실행하도록 등록한 것이기 때문에 디컴파일한 코드를 분석하여 전달되는 인텐트가 어떻게 처리되는지 확인한다. 필터링은 적절히 수행하고 있는지, 인텐트를 실행한 결과를 돌려주는 도메인이 검증된 도메인인지 등을 확인할 수 있다. 자세한 내용은 다음 항목들을 확인하여 취약 여부를 진단할 수 있다.

취약 여부	설명
취약	• 안전하지 않은 자바스크립트 사용: 자바스크립트를 통해 단말의 로컬 파일에 접근을 허용하고 있거나, 중요 정보의 노출 또는 조작이 가능한 경우 • 데이터 평문 전송: 서버와 통신할 때 보안 연결을 사용하지 않아 통신 구간 데이터가 평문으로 노출되는 경우 • 오픈 리다이렉트: 딥링크로 전달된 리다이렉트 인자를 검증하지 않아 조작된 링크를 실행했을 때 외부 페이지로 리다이렉트가 가능한 경우
양호	딥링크를 이용한 앱 실행 시 스킴, 도메인, 포트 등 검증 후 실행을 허용하는 경우

8.4.3 실습하기 - MBTI 앱

실습 앱을 통해 직접 딥링크로 실행되는 앱의 취약점을 알아본다. 앱 파일은 이 책의 깃허브 페이지에서 받을 수 있다. 앱은 워게임 형식으로 되어 있어 파일 내에서 정답(플래그)을 찾으면 된다. 다음 페이지로 넘어가기 전 직접 실습을 통해서 정답을 찾아볼 수 있다. 플래그의 형식은 FLAG{…}이다. 앱을 설치하면 다음 그림처럼 각각의 성격 유형을 선택할 수 있고, 선택 후에는 간단한 설명이 나오는 앱이다.

그림 8-11 실습 앱 실행 화면

버튼을 클릭하고 설명을 확인하는 기능 외에는 화면에서 확인할 수 있는 것이 없기 때문에 앱 파일을 디컴파일하고 정적 분석을 진행한다. 먼저 메타데이터 파일을 확인하여 어떤 컴포넌트와 스킴이 등록되어 있는지 확인한다.

코드 8-19 실습 앱 메타데이터 파일(AndroidManifest.xml)

```xml
<?xml version="1.0" encoding="utf-8"?>
<manifest xmlns:android="http://schemas.android.com/APK/res/
android" android:versionCode="1" android:versionName="1.0"
android:compileSdkVersion="33" android:compileSdkVersionCodena
me="13" package="com.gomguk.checkcheck" platformBuildVersionCode="33"
platformBuildVersionName="13">
    <application android:theme="@style/Theme.Checkcheck"
```

CHAPTER 08 _ 인텐트 취약점 진단   239

```
android:label="@string/app_name" android:icon="@mipmap/ic_
launcher" android:debuggable="true" android:allowBackup="true"
android:supportsRtl="true" android:extractNativeLibs="false"
android:fullBackupContent="@xml/backup_rules" android:appComponentFactory
="androidx.core.app.CoreComponentFactory" android:dataExtractionRules="@
xml/data_extraction_rules">
        <activity android:name="com.gomguk.checkcheck.MBTI1Activity"
android:exported="true">
            <intent-filter>
                <action android:name="android.intent.action.VIEW"/>
                <category android:name="android.intent.category.DEFAULT"/>
                <category android:name="android.intent.category.
BROWSABLE"/>
                <data android:scheme="mbti" android:host="personality"/>
            </intent-filter>
        </activity>
        <activity android:name="com.gomguk.checkcheck.MainActivity"
android:exported="true">
            <intent-filter>
                <action android:name="android.intent.action.MAIN"/>
                <category android:name="android.intent.category.
LAUNCHER"/>
            </intent-filter>
        </activity>
    </application>
</manifest>
```

메타데이터 파일 분석을 통해 앱의 패키지명은 com.gomguk.checkcheck이며, 등록된 딥링크 스킴은 mbti, 도메인은 personality임을 확인할 수 있다. 스킴을 통해 앱을 실행하는 경우 동작하는 액티비티는 인텐트 필터를 감싸고 있는 액티비티 태그인 com.gomguk.checkcheck.MBTI1Activity가 된다. 현재까지 수집한 정보로 딥링크를 생성하면 다음과 같다.

mbti://personality

딥링크로 실행 시 동작하는 액티비티 코드를 분석한다. 다음은 코드 중 일부이다.

코드 8-20 딥링크 실행 코드 일부(1)

```
public final class MBTI1Activity extends AppCompatActivity {
//...생략...
    /* JADX INFO: Access modifiers changed from: protected */
    @Override // androidx.fragment.app.FragmentActivity, androidx.
activity.ComponentActivity, androidx.core.app.ComponentActivity, android.
app.Activity
    public void onCreate(Bundle savedInstanceState) {
        Uri uri;
        super.onCreate(savedInstanceState);
        setContentView(R.layout.activity_mbti1);
        Bundle bundle = getIntent().getExtras();
        TextView textView = null;
        if (bundle != null) {
            String personalKey = getIntent().getStringExtra("mbti");
            String personalValue = getIntent().
getStringExtra("description");
            View findViewById = findViewById(R.id.textView2);
            Intrinsics.checkNotNullExpressionValue(findViewById,
"findViewById(R.id.textView2)");
            TextView textView2 = (TextView) findViewById;
            this.textView = textView2;
            if (textView2 == null) {
                Intrinsics.throwUninitializedPropertyAccessException("text
View");
                textView2 = null;
            }
            textView2.setText(personalKey);
            View findViewById2 = findViewById(R.id.textView3);
            Intrinsics.checkNotNullExpressionValue(findViewById2,
```

```
"findViewById(R.id.textView3)");
        TextView textView3 = (TextView) findViewById2;
        this.textView2 = textView3;
        if (textView3 == null) {
            Intrinsics.throwUninitializedPropertyAccessException("text
View2");
            textView3 = null;
        }
        textView3.setText(personalValue);
    }
```

액티비티에서는 딥링크 실행에 필요한 파라미터를 확인할 수 있다. 인텐트로부터 문자열 데이터를 추출하는 데 사용하는 함수인 getStringExtra를 사용한다. 이 함수는 번들 클래스의 getString을 호출하여 동작한다. 예를 들어 getStringExtra('mbti') 함수가 실행되면 전달된 인텐트에서 mbti에 해당하는 문자열 값을 반환한다. 실습 앱에서는 mbti와 description의 값을 가져와서 두 변수(personalKey, personalValue)에 저장하고 있다.

코드 8-21 딥링크 실행 코드 일부(2)

```
    //...생략...
        if ("android.intent.action.VIEW".equals(getIntent().getAction())
&& (uri = getIntent().getData()) != null) {
            String dl_data1 = uri.getQueryParameter("mbti");
            String dl_data2 = uri.getQueryParameter("human");
            if (Intrinsics.areEqual(dl_data1, "HACK")) {
                View findViewById3 = findViewById(R.id.textView2);
                Intrinsics.checkNotNullExpressionValue(findViewById3,
"findViewById(R.id.textView2)");
                TextView textView4 = (TextView) findViewById3;
                this.textView = textView4;
                if (textView4 == null) {
                    Intrinsics.throwUninitializedPropertyAccessException("
```

```
textView");
                textView4 = null;
            }
            textView4.setText(dl_data1);
            if (Intrinsics.areEqual(dl_data2, "yes")) {
                String res = decryptECB("UilYPKV6HwVu9+g3s72Ql8MqVaQ/DTcuTGdydLXFK5s=");
                View findViewById4 = findViewById(R.id.textView3);
                //...생략...
    }
```

코드를 계속 분석하면 인텐트가 어떤 키-값 쌍을 가져야 하는지 확인할 수 있다. getQueryParameter 함수는 URI에서 쿼리 파라미터를 추출하는 데 사용한다. URI의 일부로 있는 파라미터를 읽고 값을 반환한다. 파라미터에서 값을 추출하고 변수를 조건문으로 비교하고 있다. 분석한 내용으로 조건문 검사를 통과하는 딥링크를 생성하면 다음과 같다. 딥링크를 확인하고 ADB를 이용하여 직접 실행해보자.

mbti://personality?mbti=HACK&human=yes

딥링크로 실습 앱 실행

```
PC> $ adb shell am start
     -W -a android.intent.action.VIEW
     -d mbti://personality?mbti=HACK&human=yes com.gomguk.checkcheck
```

그림 8-12 실습 앱 정답 화면

딥링크로 데이터를 받아 어떤 로직에 연결할지는 개발자가 구현하는 것이기 때문에 취약점이 발생할 수 있는 범위가 넓다. 진단을 위해서는 어떤 스킴과 도메인을 사용하는지 메타데이터 파일에서 분석한 후, 실행한 딥링크의 파라미터를 검증 후에 사용하는지를 점검한다. 딥링크를 파싱하는 함수를 분석하면 시간을 단축시킬 수 있다.

8.4.4 보안 대책

신뢰할 수 없는 인텐트를 사용하여 딥링크를 실행하는 경우 컴포넌트를 시작하거나 데이터를 반환하지 않는다. 악성 앱이나 링크를 통해 민감한 파일, 시스템 데이터에 접근하지 못하도록 제한한다. 앱에서 실행하는 인텐트 유효성을 검사한다.

- 불필요한 외부 노출 컴포넌트 사용을 제한한다. 앱 컴포넌트가 다른 앱으로부터 인텐트를 수신할 필요가 없는 경우 매니페스트 파일에서 android:exported "false"를 설정하여 해당 앱 컴포넌트를 비공개로 설정한다.
- 인텐트를 실행할 때는 신뢰할 수 있는 소스에서 가져온 것인지 확인한다. getCallingActivity와 같은 함수를 사용하면 인텐트를 호출한 원본 액티비티를 확인할 수 있다.

코드 8-22 인텐트를 호출한 액티비티를 검증 후 실행하는 코드

```
// 신뢰할 수 있는 액티비티에서 호출된 것인지 확인
if (getCallingActivity().getPackageName().equals("known")) {
    Intent intent = getIntent();
    // 인텐트 확장
    Intent forward = (Intent) intent.getParcelableExtra("key");
    // 검증 후 인텐트를 이용한 액티비티 실행
    startActivity(forward);
}
```

딥링크를 통해 앱을 시작할 때 신뢰할 수 있는 도메인에서 요청한 것인지 검증해야 한다. 리다이렉션되는 인텐트가 앱의 비공개 컴포넌트에 전송되지 않는지, 외부 앱의 다른 컴포넌트로 전송되지 않는지 확인한다. 리다이렉션이 외부 앱을 대상으로 하는 경우, 인텐트가 앱의 비공개 콘텐츠 제공 업체 또는 시스템 데이터

중 하나에 URI 권한을 부여하지 않는지 확인한다. 앱은 리다이렉션하기 전에 인텐트를 처리하는 데 사용할 컴포넌트를 resolveActivity와 같은 함수를 사용하여 확인할 수 있다.

코드 8-23 인텐트를 처리할 컴포넌트 확인 후 실행하는 코드

```
Intent intent = getIntent();
 // 인텐트 확장
 Intent forward = (Intent) intent.getParcelableExtra("key");
 // 컴포넌트명 확인
 ComponentName name = forward.resolveActivity(getPackageManager());
 // 인텐트를 전송할 앱의 패키지명, 클래스명 확인
 if (name.getPackageName().equals("safe_package") &&
    name.getClassName().equals("safe_class")) {
   // 검증 후 인텐트 리다이렉션
   startActivity(forward);
 }
```

웹뷰에서 자바스크립트는 필요한 경우에만 명시적으로 허용하여 사용하고, 사용 전 신뢰할 수 있는 도메인에서 요청한 것인지 검증한다.

코드 8-24 웹뷰 사용 시 호출할 URL의 화이트리스트 기반 필터링 적용

```
// WebViewActivity.java
// URL 접근 허용 리스트 선언
String[] allowList = getResources().getStringArray(R.array.allow_url_list);
// 화이트리스트 기반 URL 접근 허용 리스트 가져오기
Uri uri = Uri.parse("the URL received from Intent");
for (String str : allowList) {
 if (uri.getScheme().equals("https") && uri.getHost().equals(str)) {
  webView.loadUrl(uri.toString());
 }
```

자바스크립트를 통해 단말의 파일에 직접 접근하지 않도록 설정값을 변경한다.

코드 8-25 웹뷰에서의 직접 파일 접근 제한 설정

```
WebSettings settings = view.getSettings();
settings.setAllowFileAccess(false);
settings.setAllowFileAccessFromURLs(false);
settings.setAllowUniversalAccessFromURLs(false);
```

웹뷰에서 단말의 리소스에 접근할 때는 android.webkit.WebViewAssetLoader를 사용하여 파일을 안전하게 로드한다. 제공하는 헬퍼 클래스를 이용하여 웹뷰 클래스 내에서 http(s)://로 시작하는 링크를 사용하여 로컬 파일을 불러올 수 있다. file:// 스킴이 아닌 웹과 유사한 URL을 사용하기 때문에 동일 출처 정책Same Origin Policy, SOP과도 호환된다.

동일 출처 정책이란?

브라우저는 기존 서버가 아닌 다른 서버에서 수신한 데이터는 신뢰하지 않는다. 웹 서버와 통신 중에는 패킷 헤더에 쿠키나 세션 등 사용자를 식별하는 값을 포함하고 있는데, 이를 다른 서버로 전송하게 되면 위험하기 때문이다. 이를 방지하기 위한 정책이 동일 출처 정책이다. 동일 출처 정책은 같은 스킴, 도메인, 포트를 사용하는 서버에게만 데이터를 요청하여 받을 수 있다. 웹 서버가 자신과 동일한 출처를 가진 서버에서 수신한 데이터 요청만 처리하고 다른 곳에서 보낸 요청은 무시한다.

웹뷰에서 안드로이드 단말에 저장된 파일에 접근하기 위해 file:// 스킴을 사용하면, 동일 출처 정책에 위반하여 응답을 받을 수 없다. 대신 안드로이드에서 제공하는 android.WebViewAssetLoader를 사용하여 접근하면 동일 출처 정책에 호환 가능하게 사용할 수 있다.

코드 8-26 웹뷰에서의 단말 파일 시스템 접근 시 경로 제한 설정

```
WebViewAssetLoader loader = new WebViewAssetLoader.Builder()
    .setDomain("sample.example.com")
```

```
    // 접근 허용할 경로 지정
    .addPathHandler("/resources", new AssetsPathHandler(this))
    .build();
webView.setWebViewClient(new WebViewClientCompat() {
    @Override
    public WebResourceResponse shouldInterceptRequest(WebView view,
WebResourceRequest request) {
        return assetLoader.shouldInterceptRequest(request.getUrl());
    }
});
webView.loadUrl("https://sample.example.com/resources/www/index.html");
```

네 가지 종류에 걸쳐 인텐트 관련 취약점을 다루었다. 인텐트 취약점 진단을 수행할 때는 인텐트를 분석하여 원래의 기능이 조작 가능한지 확인하고 이후 악의적인 목적으로 기능 사용이 가능한지 확인한다. 각 컴포넌트에 대한 기능이 명시된 인텐트 연동 규격서를 참고할 수 있다면 요청하여 수행할 수 있다. 실행되는 악의적 기능에 대해서는 분석가의 개인 검토 후 위험도를 산정할 수 있다. 인텐트가 정상적인 기능을 수행하고 있음에도 사용하고 있는 데이터, 기능 등이 사용자 중요 정보와 개인 정보를 암호화하지 않고 암시적으로 보내는 경우에도 취약으로 진단할 수 있다.

CHAPTER 09 통신 구간 취약점 진단

앱과 서버의 통신 구간에서 발생할 수 있는 보안 취약점, 특히 HTTP와 TCP 패킷 스니핑 및 변조 위협에 초점을 맞춘다. 통신 데이터를 스니핑하거나 변경하여 발생할 수 있는 보안 문제를 식별하고, 이를 방지하기 위한 암호화 통신, SSL/TLS 적용, 패킷 검증 기법 등의 대응 방안을 소개한다.

9.1 HTTP 패킷 스니핑 & 변조

9.1.1 개요

물리적으로 떨어진 위치에서의 데이터 전송에는 암호화가 필요하다. 사용자는 단말을 공용 Wi-Fi 핫스팟과 같은 안전하지 않은 네트워크에 연결할 수 있다. 안드로이드 시스템 보안 모델 사용자는 하위의 두 계층인 운영체제와 앱이 안전하다고 생각하고 단말과 앱을 사용한다. 안드로이드에서는 전송 구간에서의 보안을 위해 보안 소켓 계층$^{Secure Sockets Layer, SSL}$과 이를 계승한 전송 계층 보안$^{Transport Layer Security, TLS}$을 통해 암호화 통신을 한다. SSL 통신에는 공개키 암호화 방식이 사용되는데, 인증서에 서명하여 자신이 비공개키를 보유하고 있음을 증명한다. 공개키 암호화 방식, 인증서 등 낯선 용어들이 많이 나오지만 인증서는 개인을 안전하게 식별하는 데 사용하는 방법으로 이해할 수 있다.

대부분의 웹 서버는 SSL을 적용한 HTTPS 연결을 이용해 통신한다. SSL 통신의 핵심은 웹 서버의 정보를 비공개키로 암호화하여 인증서를 생성하고 올바른 통신 주체임을 증명한다. 하지만 누구나 자체 인증서와 비공개키를 생성할 수 있기 때문에 인증서의 서명값만으로 신뢰할 수는 없으며, 이 문제를 해결하기 위해서 클라이언트가 신뢰할 수 있는 하나 이상의 인증서 집합을 갖도록 한다. 서버는 인증 기관Certificate Authority, CA이라는 발급 기관의 인증서를 사용하여 구성한다.

그림 9-1 인증서를 이용한 보안 통신

인증서를 이용한 보안 통신을 처음 구성하기 위한 연결을 SSL 핸드셰이크라고 하며 과정을 간략하게 설명하면 다음과 같다.

① 서버는 인증 기관을 통해 도메인에 대한 인증서를 발급받는다.
② 서버는 접속 요청을 받을 때 인증 기관으로 발급받은 인증서를 제공한다.
③ 단말은 서버의 인증서를 내장된 신뢰할 수 있는 인증 기관 목록과 비교하여 인증서의 유효성을 검증한다.
④ 인증서가 유효하다고 판단하는 경우, 단말과 서버 간의 암호화 통신이 이루어진다.

웹 브라우저를 통해 도메인에 접속할 경우 신뢰할 수 있는 서버인지를 판단한다. 안드로이드는 인증서를 발급하는 주요 인증 기관의 목록을 단말 내에 저장한다. 안드로이드의 새로운 버전이 업데이트될 때마다 새로 식별된 인증 기관의 인증서가 시스템 경로 내에 저장된다. SSL을 이용하여 서버와 통신할 때 서버 인증서 정보 또는 CA 인증서 목록 내에 존재하는 인증서인 경우 신뢰할 수 있는 서버로 판단한다.

2012년부터 안드로이드 앱에서 HTTPS 연결 시 많은 보안 위협이 존재해왔다. 공격자가 생성한 인증서를 단말에 설치하게 되면 모든 도메인에 대한 HTTPS 연결을 도청할 수 있게 되며, 공격자가 앱 서버로 위장한다면 패킷을 변조하거나 재전송하는 등의 중간자 공격Man in the Middle Attack을 수행할 수 있다. 다음은 인증서를 이용한 HTTPS 연결과 공격자가 어떻게 중간자 공격을 수행하는지 그림으로 나타낸 것이다.

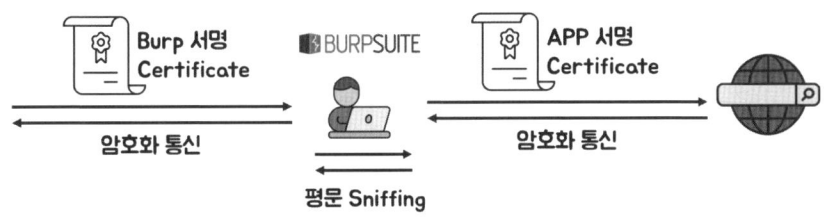

그림 9-2   악의적인 인증서 설치를 통한 중간자 공격

공격자는 사용자의 단말과 서버의 통신 구간 사이에 위치하면서 중간자 공격을 수행한다. 취약한 무선 네트워크 탈취, 공격자의 핫스팟 연결 등 네트워크를 장악한다는 전제 조건이 필요하지만 이 책의 범위를 벗어나기 때문에 다루지 않는다. 사용자가 HTTPS 세션을 시작하기 위해 요청을 보내면, 공격자는 이 요청을 중간에서 가로채서 공격자의 인증서를 제공하고 HTTPS 연결을 맺는다. 그리고 공격자는 사용자가 원래 통신하려고 했던 앱 서버와 HTTPS로 연결한다. 공격자는 통신 구간 중간에서 피해자와 서버 간의 연결을 평문으로 확인할 수 있다.

9.1.2   진단 방법

앱의 취약점을 진단하기 위해 HTTPS 패킷을 수집하고 변조하기 위해서는 단말의 프록시 연결이 필요하다. 공격자 관점에서는 네트워크를 장악하고 처음 서버와 보안 연결을 설정하는 순간에 공격을 수행해야 하지만, 진단자 관점에서는 단말이 프록시 서버를 거쳐서 통신하면 프록시 도구에서 패킷을 확인할 수 있다.

단말의 HTTPS 패킷을 확인하기 위한 필요 사항은 다음과 같다.

- 단말 내 프록시 서버의 인증서 설치
- 프록시 서버(진단 PC)에서 서버와 포트를 설정하여 연결 대기
- 단말의 네트워크 설정에서 프록시 서버 설정
- 프록시 도구를 통해 패킷 스니핑 및 변조

■ **SSL 인증서 우회**^{SSL pinning}

중간자 공격을 수행하기 위해서는 공격자가 인증서(Self-Signed Certificate)를 등록해야 한다. 이는 안드로이드 운영체제 정책인 '신뢰할 수 있는 인증 기관에서 발급한 인증서의 서버만 신뢰'를 무시하고 프록시 서버의 인증서를 단말에 설치하여 프록시 서버를 신뢰하게 하는 것이다.

먼저 프록시 도구에서 인증서를 생성한다. 설명에서는 PortSwigger의 버프 스위트^{Burp Suite} 도구를 사용한다. 공식 홈페이지(https://portswigger.net/burp/communitydownload)에서 다운받을 수 있으며, 커뮤니티 버전을 사용해도 무관하다. 사용하고 있는 PC의 운영체제를 선택 후 다운로드한다. 다운받은 후 설치 매니저의 안내에 따라 설치를 진행한다.

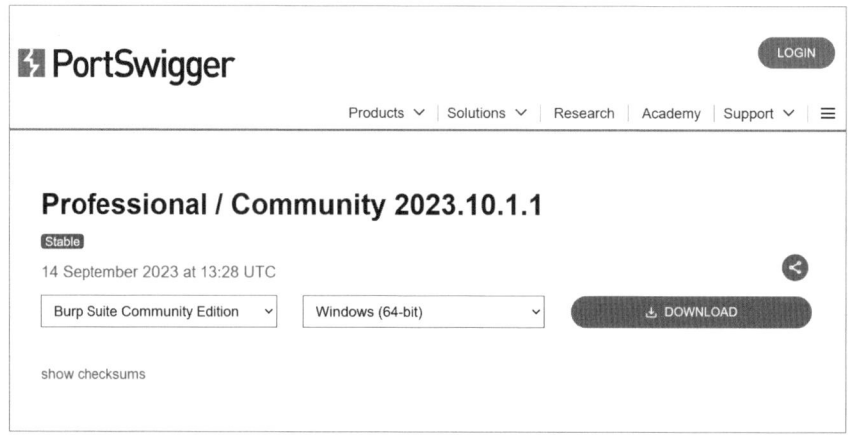

그림 9-3 공식 홈페이지 내 다운로드

설치를 완료한 후 처음 실행하면 다음과 같은 화면을 확인할 수 있다.

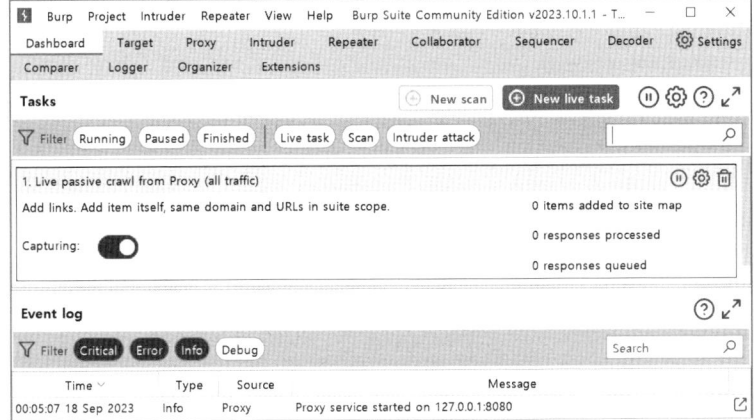

그림 9-4 버프 스위트 실행 및 초기 화면

상단의 메뉴에서 [Proxy] 〉 [Proxy Settings]로 접근한다. 버프 스위트의 버전에 따라 메뉴의 위치에 차이가 있을 수 있으므로 유의하여 진행한다.

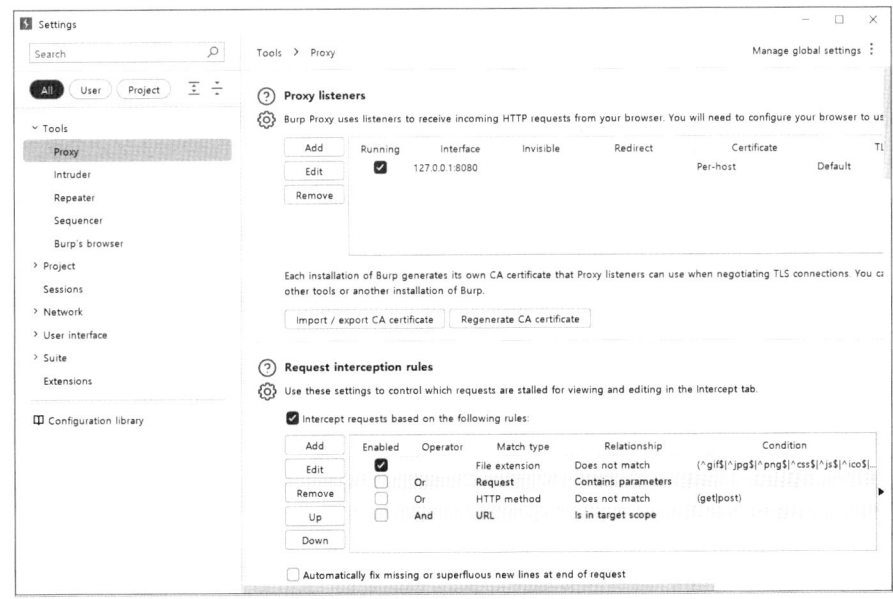

그림 9-5 설정 메뉴 접근

CHAPTER 09 _ 통신 구간 취약점 진단 253

⟨Import / export CA certificate⟩ 버튼을 클릭하고 선택 상자에서 [Export] 〉 [Certificate in DER format] 선택 후 ⟨Next⟩로 진행한다.

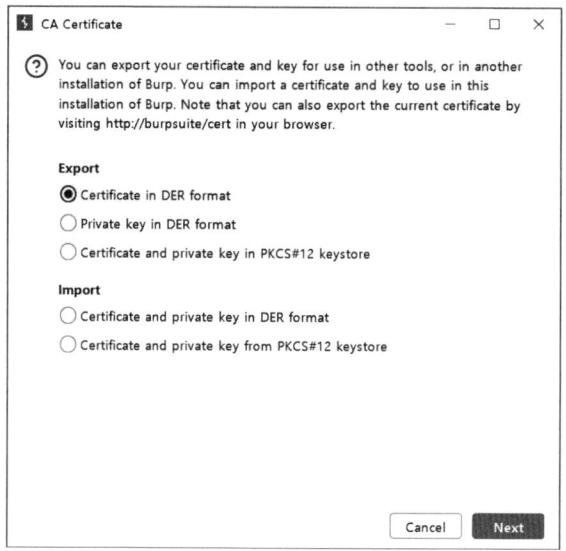

그림 9-6 인증서 내보내기 형식 지정

인증서 저장 위치를 선택할 수 있다. 파일명을 cacert.der로 하여 임시 경로에 저장한다.

그림 9-7 인증서 파일 저장 위치 지정

여기까지 진행했다면, 프록시 도구의 인증서를 생성한 것이다. 다음으로는 안드로이드 운영체제가 식별할 수 있는 인증서 형식으로 변환한다.

인증서 형식 변경을 위한 OpenSSL 도구를 설치한다. 홈페이지(http://slproweb.com/products/Win32OpenSSL.html)에서 다운받을 수 있다. 이 도구는 인증서 검증, 인증서 정보 파싱 등에도 사용하는 도구이다.

아래로 스크롤하여 운영체제에 맞는 설치 파일을 다운받는다. 실습 환경에서는 Win64 OpenSSL v3.0.2 Light를 사용한다.

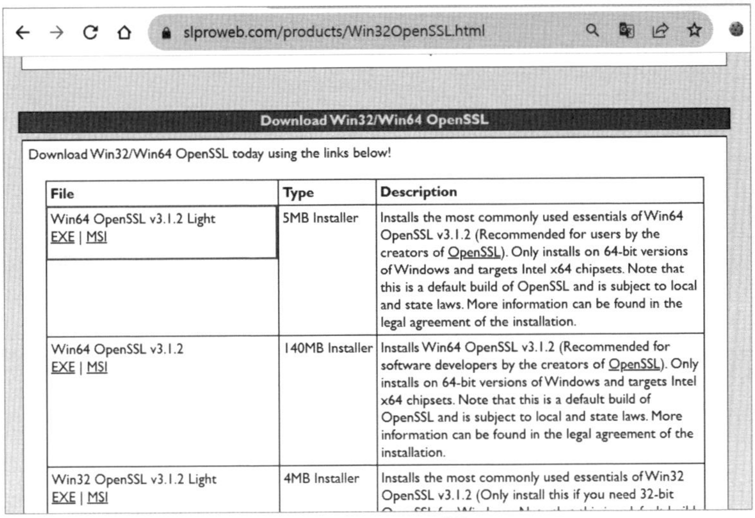

그림 9-8 OpenSSL 다운로드

다운받은 파일을 실행하면 OpenSSL 도구를 받을 수 있다.

OpenSSL 이용하여 pem 파일로 변환

```
PC > openssl x509 -inform DER -in cacert.der -out cacert.pem
PC > openssl x509 -inform PEM -subject_hash_old -in cacert.pem
```

안드로이드 7 미만 버전에서는 pem 형식으로 변환한 인증서를 외부 저장소에 복사한 후 단말에서 선택하면 설치하여 사용할 수 있었다. 하지만 안드로이드 7 이상부터 시스템 경로에 등록된 CA 인증서만 신뢰한다. 일반 사용자의 권한으로는 외부로부터 다운받은 인증서를 설치할 수 없으며, 루트 권한으로 시스템 경로에 직접 복사 후에 사용할 수 있다. 시스템 인증서에 복사하기 위해서는 파일명을 인증서의 해시값으로 변경해야 한다. openssl의 -subject_hash_old 명령을 사용하여 확인할 수 있다.

그림 9-9 인증서 형식 변환 및 파일 목록 확인

cacert.pem 파일명을 [해시값].0으로 변경한다. 예제에서는 a987bbc9.0으로 변경하였다. 실행 환경에 따라 인증서의 해시값이 다르게 나올 수 있으므로 명령 실행 결과로 나오는 해시값으로 변경한다. 변경한 이후에 안드로이드 시스템 경로로 넣었을 때 인증서를 인식할 수 있다.

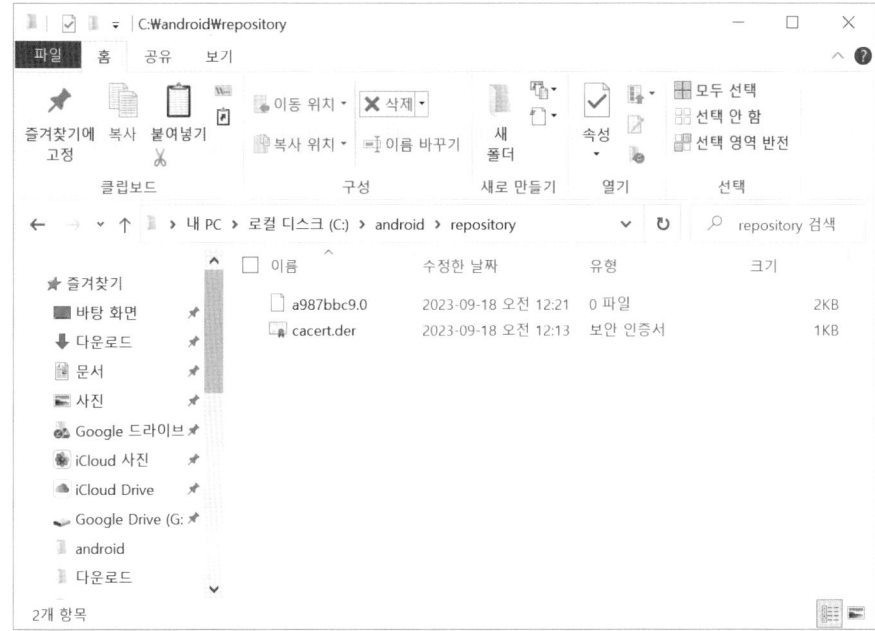

그림 9-10 인증서 파일명 변경

ADB를 이용하여 인증서 파일 시스템 경로로 복사

```
PC > adb push .\[생성한 인증서 파일명] /data/local/tmp
PC > adb shell
ADB$ su
ADB# cp ./[인증서 파일명] /system/etc/security/cacerts/
```

시스템 경로 내 쓰기 권한 없음 에러

임시 경로 내의 인증서 파일을 시스템 경로로 복사하려고 할 때 Read-only file system이나 '/dev/block/dm-4' is read-only와 같은 에러가 발생할 수 있다.

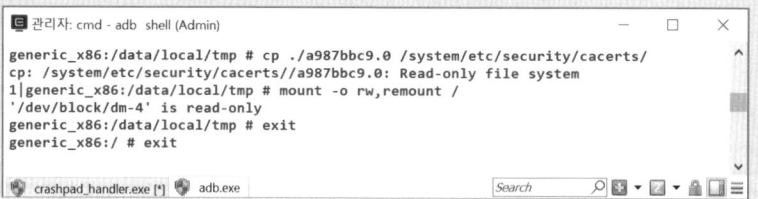

그림 9-11 시스템 경로 파일 복사 시 발생 에러

시스템 경로에 파일을 복사하기 위해서는 /system 경로 내 쓰기 권한이 부여되어 있어야 한다. 리마운트 명령을 이용하여 에뮬레이터나 단말에 쓰기 권한을 부여할 수 있다. 다음 명령으로 읽고 쓰기 권한을 부여하여 경로를 리마운트한다.

```
PC > adb root
PC > adb disable-verity
PC > adb reboot
PC > adb root
PC > adb remount
PC > adb shell
ADB$ su
ADB# mount -o rw,remount /system
```

```
■ 관리자: cmd - adb  shell (Admin)                                  —    □    ×
generic_x86:/data/local/tmp # cd /system/etc/security/cacerts
generic_x86:/system/etc/security/cacerts # ls
00673b5b.0   399e7759.0   60afe812.0   91739615.0   b7db1890.0   d59297b8.0
04f60c28.0   3a3b02ce.0   6187b673.0   9282e51c.0   b872f2b4.0   d7746a63.0
0d69c7e1.0   3ad48a91.0   63a2c897.0   9339512a.0   b936d1c6.0   da7377f6.0
10531352.0   3c58f906.0   67495436.0   9479c8c3.0   bc3f2570.0   dbc54cab.0
111e6273.0   3c6676aa.0   69105f4f.0   9576d26b.0   bd43e1dd.0   dbff3a01.0
12d55845.0   3c860d51.0   6b03dec0.0   95aff9e3.0   bdacca6f.0   dc99f41e.0
1dcd6f4c.0   3c899c73.0   75680d2e.0   9685a493.0   bf64f35b.0   dfc0fe80.0
1df5a75f.0   3c9a4d3b.0   76579174.0   9772ca32.0   c2c1704e.0   e442e424.0
1e1eab7c.0   3d441de8.0   7892ad52.0   985c1f52.0   c491639e.0   e48193cf.0
1e8e7201.0   3e7271e8.0   7999be0d.0   9d6523ce.0   c51c224c.0   e775ed2d.0
1eb37bdf.0   40dc992e.0   7a7c655d.0   9f533518.0   c559d742.0   e8651083.0
1f58a078.0   455f1b52.0   7a819ef2.0   a2c66da8.0   c7e2a638.0   ed39abd0.0
219d9499.0   48a195d8.0   7c302982.0   a3896b44.0   c907e29b.0   f013ecaf.0
23f4c490.0   4be590e0.0   7d453d8f.0   a7605362.0   c90bc37d.0   f0cd152c.0
27af790d.0   5046c355.0   81b9768f.0   a7d2cf64.0   cb156124.0   f459871d.0
2add47b6.0   524d9b43.0   82223c44.0   a81e292b.0   cb1c3204.0   facacbc6.0
2d9dafe4.0   52b525c7.0   85cde254.0   a987bbc9.0   ccc52f49.0   fb5fa911.0
2fa87019.0   583d0756.0   86212b19.0   ab5346f4.0   cf701eeb.0   fd08c599.0
302904dd.0   5a250ea7.0   869fbf79.0   ab59055e.0   d06393bb.0   fde84897.0
304d27c3.0   5a3f0ff8.0   87753b0d.0   aeb67534.0   d0cddf45.0
31188b5e.0   5acf816d.0   882de061.0   b0ed035a.0   d16a5865.0
33ee480d.0   5cf9d536.0   88950faa.0   b0f3e76e.0   d18e9066.0
343eb6cb.0   5e4e69e7.0   89c02a45.0   b3fb433b.0   d41b5e2a.0
35105088.0   5f47b495.0   8d6437c3.0   b74d2bd5.0   d4c339cb.0
generic_x86:/system/etc/security/cacerts #
```

그림 9-12 시스템 경로 내 인증서 복사 및 목록 확인

프록시의 인증서를 복사한 이후 안드로이드 시스템 경로 내 인증서 목록을 확인하면 기존에 등록된 인증서를 포함하여 복사한 인증서를 확인할 수 있다. 인증서를 복사했다면, 단말의 네트워크 설정에서 프록시 연결 설정을 진행한다. 단말의 네트워크 패킷을 진단 PC로 전달하여 PC의 프록시 도구에서 분석할 수 있도록 구성한다. 먼저 단말에서 [설정] 〉 [네트워크] 〉 [Wi-Fi] 메뉴로 접근한다.

현재 연결된 네트워크 오른쪽의 톱니바퀴 버튼을 통해 상세 설정을 할 수 있다. 상세 메뉴에 접근하여 프록시 설정 메뉴로 접근한다. 단말기 종류, 안드로이드 버전마다 설정 메뉴, 프록시 설정 메뉴 접근 방법이 다를 수 있다. [Advanced options] 메뉴 등에서 변경할 수 있으니 메뉴를 잘 구분하여 접근한다.

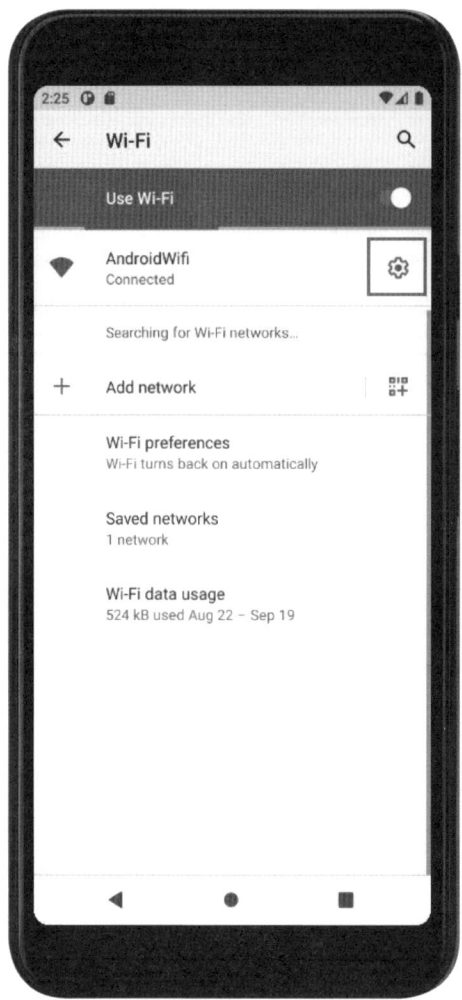

그림 9-13   네트워크 설정 및 상세 설정 접근

프록시 도구의 설정에서 리스닝할 주소를 PC의 내부 IP 주소로 설정하고 단말에서도 프록시 설정을 [Manual]로 변경한 후 리스너의 주소와 포트를 지정한다. 저장 버튼으로 네트워크 설정을 저장한다. 에뮬레이터가 아닌 실제 단말을 이용하는 경우에도 PC와 단말이 같은 네트워크에 연결되어 있어야 한다.

그림 9-14 버프 스위트 프록시 리스너 설정 및 단말 프록시 설정

버프 스위트의 [Proxy] 〉 [Intercept] 메뉴에서 단말의 HTTP(S) 패킷을 가로채서 볼 수 있다. 패킷의 관찰, 변조, 재전송 등 다양한 작업을 수행할 수 있다.

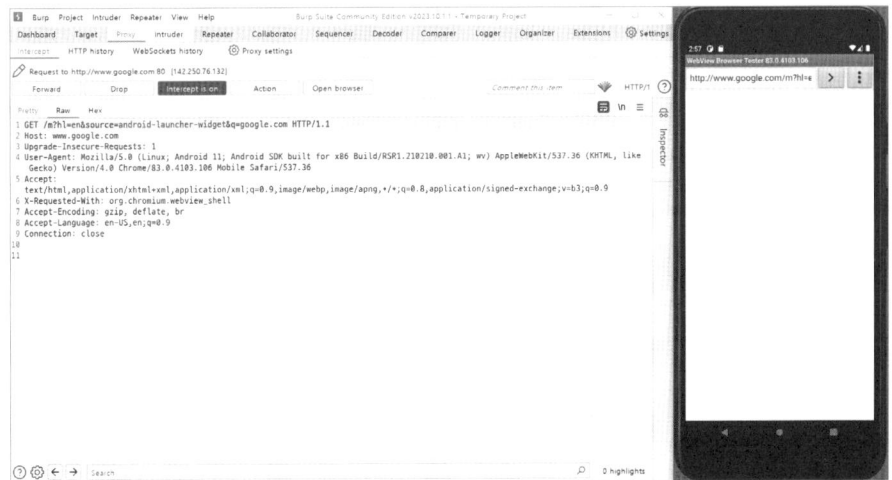

그림 9-15 프록시 연결 및 패킷 캡처 확인

[Proxy] 〉 [HTTP History] 메뉴에서 단말과 서버 간 요청과 응답한 패킷의 기록을 분석할 수 있다. 이 외에도 [Repeater] 메뉴를 사용하면 특정 HTTP 요청을

선택하여 다시 서버로 보낼 수 있다. 요청 패킷의 파라미터, 헤더, 쿠키 등에 변조된 값을 삽입하고 결과를 관찰하는 방식으로 분석한다. [Intruder] 메뉴는 공격 테스트를 자동화하기 위한 도구를 제공한다. 다양한 입력 데이터를 시스템에 자동으로 입력하고 응답을 분석한다.

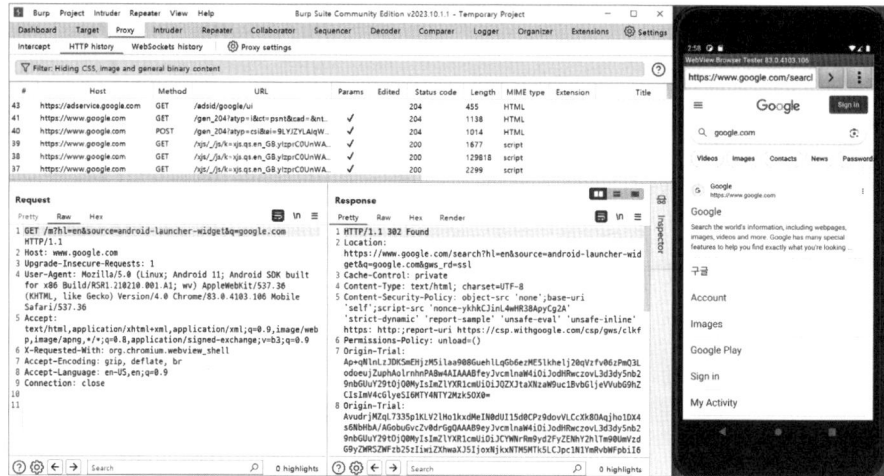

그림 9-16 패킷 내보내기 및 통신 기록 확인

■ 웹 취약점 진단

안드로이드 앱의 HTTPS 통신을 프록시 도구를 이용해서 확인하고 변조할 수 있다면, 발생할 수 있는 취약점의 특징에 대해 알아본다.

① 웹 애플리케이션과의 유사성

많은 안드로이드 앱은 백엔드 시스템과 통신하기 위해 HTTP/HTTPS 프로토콜을 사용한다. 이때, 백엔드 시스템은 웹 애플리케이션과 유사한 구조를 가진다. 따라서 웹앱에서 발견되는 취약점들이 안드로이드 앱의 백엔드에서도 발생할 수 있다.

② API를 사용하는 경우

레스트풀Representational State Transfer, RESTful API를 사용하여 앱과 서버가 데이터를 주고

받는 경우 또한 웹 서비스와 유사한 방식으로 동작하기 때문에 SQL 삽입 공격, 불충분한 인가, 인증 우회 취약점 등이 발생할 수 있다.

웹 애플리케이션 취약점 진단에 가장 흔하고 심각한 취약점을 나열한 목록 Open Web Application Security Project, OWASP 의 상위 10개 API 보안 취약점에 대해서 설명하고 앱 환경에서 발생할 수 있는 위협에 대해서 다룬다.

① **부적절한 인가** broken object level authorization

인증받지 않은 사용자가 인증 이후 데이터에 접근할 수 있는 취약점이다. 안드로이드 앱에서는 로그인 절차에 사용한 식별자를 사용하여 민감한 정보에 접근하려는 함수에서 검증을 실시하고 값을 반환하는지 확인한다.

② **불충분한 인증** broken authentication

인증 절차가 잘못 구현되어, 공격자가 인증 토큰을 탈취하거나 다른 사용자의 인증 정보와 권한을 일시적 또는 영구적으로 획득할 수 있는 취약점이다. 안드로이드 앱에서는 인증 정보가 저장될 수 있는 위치가 웹 브라우저에 비해 다양하므로, 사용자의 인증 토큰이 저장되는 위치를 안전하게 관리하고 있는지 확인한다.

③ **개체 속성 수준 권한 부여 미흡** broken object property level authorization

개체 속성 수준에서의 부적절하거나 누락된 권한 검증으로 인해 정보 노출이나 조작이 발생할 수 있는 취약점이다. 앱에서 API를 통해 객체의 속성에 접근할 때 적절한 권한을 가지고 있는 사용자가 접근하는 것인지 검증해야 한다.

④ **서비스 거부 공격** unrestricted resource consumption

네트워크 대역폭, 컴퓨팅 리소스, 메모리, 저장소 등의 시스템 자원을 과도하게 소비하여 서비스 거부나 운영 비용의 증가를 초래하는 취약점이다. 앱에서 요청을 조작하여 단말의 리소스를 과도하게 소비하게 하거나 서버의 리소스를 소비하게 하는 경우 서비스 성능 저하나 정상 응답 수신 여부를 확인한다.

⑤ **함수 수준 인증 미흡** broken function level authorization

복잡한 접근 제어 정책과 불분명한 관리자 및 일반 기능 간 구분으로 발생하는 취약점이다. 앱에서 사용자 권한에 따라 기능 접근을 제한하는 로직이 취약하면 공격자가 인가되지 않은 기능을 실행할 수 있다. 함수를 실행하는 주체의 권한이 미흡한 경우에도 기능을 실행하면서 인가되지 않은 기능을 사용할 수 있는지를 확인한다.

⑥ 민감한 비즈니스 흐름에 대한 무단 접근 unrestricted access to sensitive business flows

티켓 구매, 댓글 게시 등 비즈니스 흐름에 제한 없이 접근이 가능한 경우, 공격자는 자동화된 스크립트나 봇을 이용하여 기능을 악용할 수 있다. 자동화된 방식으로 대량의 티켓을 예약하고 취소함으로써 시스템을 마비시키거나, 특정 제품에 대한 가짜 리뷰를 대량으로 생성할 수 있다. 앱의 기능과 비즈니스 흐름을 파악하고 정상적인 사용 패턴에 벗어난 파라미터 입력 등을 시도하고 응답을 확인한다.

⑦ 서버 측 요청 위조 server side request forgery

사용자가 전달한 API 경로의 유효성을 검증하지 않고 실행할 때 서버 등 원격지의 리소스를 가져오는 경우 발생한다. 공격자는 방화벽이나 보안 장비를 우회하여 서버 내부 네트워크에 접근하거나 외부 시스템과 상호작용을 통해 중요 정보를 획득할 수 있다. 사용자 입력에 경로나 IP 주소를 받는 부분을 식별하고, 사용자 입력을 기반으로 서버에 요청을 전송하는 방식을 확인한다. 식별한 위치에 내부 IP 주소나 도메인 주소를 입력하여 응답으로 내부 정보를 확인할 수 있는지 확인한다.

⑧ 미흡한 보안 설정 security misconfiguration

앱에서 API와 앱 코드 간 잘못된 구성으로 발생한다. 서버, 데이터베이스, 네트워크 서비스 등 다양한 구성 요소에서 발생할 수 있다. 앱이나 서버 한 시스템이 아닌 전체 인프라에 대한 통합적인 접근을 통해 확인한다. 처음에 잘 구성된 시스템이더라도 업데이트나 수정 작업을 통해 구조가 변경되는 경우 나중에 취약해질 수 있으므로 주의한다.

⑨ **부적절한 저장소 관리** improper inventory management

API와 관련된 저장소의 관리가 부적절할 때 발생하는 취약점이다. 사용하지 않는 API를 탐색하거나 문서화되지 않은 API를 찾아 접근이 가능한지, 민감한 정보를 확인할 수 있는지를 확인한다.

⑩ **안전하지 않은 API 사용** unsafe consumption of APIs

개발자가 서드파티 API로부터 받은 데이터를 사용자 입력보다 더 신뢰하여 검증하지 않을 때 발생할 수 있는 취약점이다. 앱 코드에서 API로부터 받은 데이터를 어떻게 처리하고 가공하는지 확인하고 데이터 검증을 하지 않는 경우 크로스 사이트 스크립트, 삽입 공격 등 취약점이 발생하는지를 확인한다. 서드파티 API에서 공식 문서를 제공하고 있는 경우 SSL/TLS 적용, API키의 적절한 관리 등 안전하게 API를 사용하는지를 확인한다.

취약 여부	설명
취약	• 단말과 서버 간 통신을 통해 인증, 데이터 전송 등을 수행할 때 평문으로 전송하여 통신 내용이 유출되는 경우 • 중간자 공격을 통해 통신 내용의 변조가 가능한 경우 • 보안 강도가 낮은 암호화 프로토콜을 이용하여 통신하는 경우
양호	단말과 서버 간 안전한 암호화 프로토콜을 사용하여 암호화 통신을 사용하며 스니핑, 중간자 공격 등 공격이 불가능한 경우

9.1.3 보안 대책

앱과 서버 간에 SSL 통신 시 앱에서 인증서에 대한 확인 과정이 있어야 한다. 안드로이드 앱에서는 SSL 인증서 검증을 강제하지 않기 때문에 개발 시 에러 방지를 위해 공인 인증 기관 발급 인증서가 아니더라도 에러를 무시하도록 개발하는 경우가 있다. 앱과 서버 간 SSL 통신 중 인증서가 변경되더라도 앱이 중지되거나 경고창이 생성되지 않는 경우, 사용자가 인지하지 못한 상태에서 공격자는 중간자 공격을 통한 SSL 통신 스니핑 및 패킷 조작이 가능하다. 앱은 서버 인증서를 다음의 절차를 포함해서 검증해야 한다.

- X.509 인증서의 주체인 CN$^{Common\,Name}$과 URL이 일치하는지 확인한다.
- 인증서가 신뢰할 수 있는 CA에 의해 서명되었는지 확인한다.
- 서명값이 올바른지 확인한다.

안드로이드에서는 개발자들이 SSL 구현을 자유롭게 정의할 수 있다. 개발자는 java.net, android.net 또는 org.apache.http를 사용하여 서버 또는 HTTP 연결을 생성할 수 있으며, org.webkit은 웹 브라우징 기능을 구현하는 데 필요한 기능을 제공한다.

안드로이드에 설치된 앱은 시스템 경로에 설치된 인증서를 신뢰한다. 하지만 등록된 인증서 중에서 공격자가 임의로 생성한 인증 기관에서 발급한 인증서를 신뢰하게 되면, 중간자 공격에 노출된다. 앱에서 직접 신뢰할 수 있는 인증서 목록을 지정할 수 있다. 인증서 고정은 하나 이상의 공개키를 앱 소스코드에 등록하여 유효한 인증서 체인에 위치하는지 검증한 후 통신한다. 다음은 인증서 고정을 적용하는 코드 예시이다.

코드 9-1 앱 소스코드 내 인증서 고정 예제

```xml
// res/xml/network_security_config.xml
    <?xml version="1.0" encoding="utf-8"?>
      <network-security-config>
          <domain-config>
              <domain includeSubdomains="true">example.com</domain>
              <pin-set expiration="2025-01-01">
                  <pin digest="SHA-256">7HIpactkIAq2Y49orF0OQKurWxmmSFZhBCoQYcRhJ3Y=</pin>
                  <!-- backup pin -->
                  <pin digest="SHA-256">fwza0LRMXouZHRC8Ei+4PyuldPDcf3UKgO/04cDM1oE=</pin>
```

```
        </pin-set>
    </domain-config>
</network-security-config>
```

9.2 TCP 패킷 스니핑 & 변조

9.2.1 개요

TCP$^{\text{Transmission Control Protocol}}$ 패킷은 HTTP 패킷과 다른 네트워크 계층에서 동작하기 때문에 스니핑할 수 있는 범위가 다르다. HTTP 스니핑은 주로 웹 서버와 단말 사이에서 이루어지는 패킷을 관찰할 수 있고 웹페이지에 대한 요청, 응답, API 호출 및 쿠키와 세션 정보 등을 포함한다. 하지만 TCP 스니핑은 네트워크 트래픽의 전체 TCP 스택을 대상으로 하며, 많은 종류의 데이터 전송에 사용된다. HTTP, FTP, SMTP 등의 프로토콜뿐만 아니라 다양한 유형의 네트워크 상호작용에서 이루어지는 통신 과정을 분석할 수 있다.

9.2.2 진단 방법

■ **앱을 이용한 패킷 스니핑**

간단한 통신 과정을 관찰하기 위해서는 루팅된 안드로이드 단말에 패킷 캡처를 지원하는 앱을 설치하여 수집할 수 있다. 앱 설치만으로 네트워크 설정을 변경해주고 분석을 목적으로 하는 앱을 지정하여 트래픽을 볼 수 있기 때문에 가장 간단한 방법이다. Packet Capture, Debug Proxy, tPacketCapture 등 설치할 수 있는 앱은 다양하며, 직접 설치 후 자신에게 맞는 앱을 사용하면 된다.

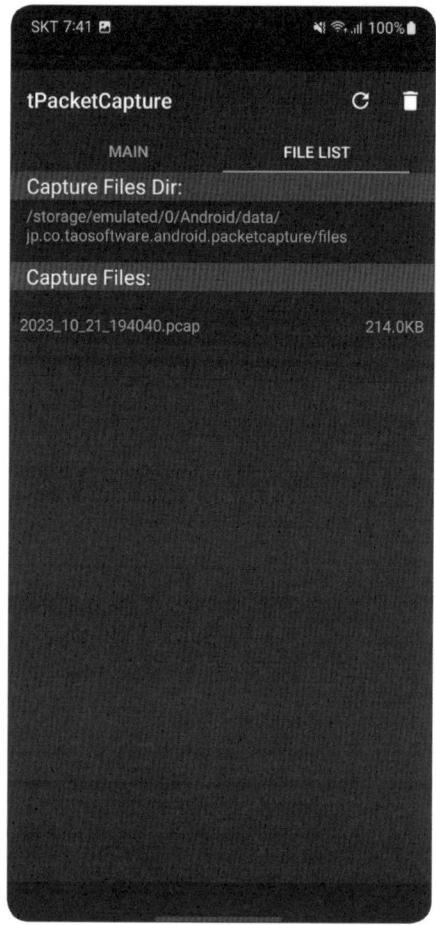

그림 9-17 tPacketCapure 앱 사용 화면

- **tcpdump & wireshark를 이용한 패킷 스니핑**

tcpdump는 리눅스에서 TCP 패킷을 캡처할 수 있는 바이너리이다. 루팅된 안드로이드 단말에서도 같은 기능을 사용할 수 있도록 제공하고 있으며, Wi-Fi 연결 및 다른 안드로이드 단말에 있는 모든 네트워크 연결에서 패킷을 캡처할 수 있다. 공식 홈페이지(https://www.androidtcpdump.com/android-tcpdump/

downloads)에서 바이너리를 다운받을 수 있으며 ADB를 이용하여 파일을 전송한 후 바이너리를 실행하면 된다. 자세한 과정은 다음 명령어를 따른다.

tcpdump 바이너리 단말로 복사

```
PC > adb push tcpdump /data/local/tmp/tcpdump
```

tcpdump 바이너리 실행 권한 부여

```
ADB # chmod 775 tcpdump
```

tcpdump 바이너리 실행 및 패킷 덤프

```
ADB # ./tcpdump -X -n -s 0 -w /sdcard/capture.pcap
```

(참고) 기타 네트워크 디버그 명령어

```
ADB # ./tcpdump netstat (활성화된 네트워크 연결 확인)
ADB # ./tcpdump route (라우팅 테이블 확인)
ADB # ./tcpdump iftop (네트워크 연결 현황 확인)
```

패킷 덤프 후 결과 파일 추출을 위해 파일 소유자 권한 변경

```
ADB # chown shell:shell [dump_file_name]
PC > adb pull [location_of_dump_file]
```

앱을 이용한 방법과 tcpdump를 이용한 방법 모두 패킷을 캡처한 이후 결과 파일을 분석한다. 실습을 위해서 TCP 통신을 하는 임의의 앱을 지정한 후 데이터 통신을 캡처한 다음 분석해도 좋고, 직접 평문 통신을 테스트할 수 있는 앱을 이용하여 서버와 클라이언트를 준비해서 실습할 수 있다. 제시한 코드를 PC에서 실행하면 간단한 형태의 TCP 통신을 하는 서버를 구현할 수 있다. 코드는 Node.js 언어로 작성되었으며, 설치 후 명령 프롬프트에서 node [파일명].js로 실행할 수 있다.

코드 9-2 TCP 서버 구현 코드

```
//Simple TCP Server.js
const net = require('net');
// 클라이언트 저장할 배열
let clients = [];
let tServer = net.createServer(function(client) {
// 클라이언트 정보 저장
    clients.push(
        {
            name : client.remotePort,
            client : client
        }
    );

    console.log("connection clients list : "+ clients);
    client.setEncoding('utf8');

    client.on('data', function(data) {
        console.log('클라이언트로부터 받은 remort port  : '+ client.remotePort +' / 데이터 : '+ data.toString());
        // 데이터를 발신한 소켓 클라이언트에게 메시지 발신
        client.write('Hello Client!');
    });

    client.on('end', function() {
        // 클라이언트 소켓이 커넥션을 끊었을 때
        console.log("end connection : "+client.remotePort);
        console.log(client.remoteAddress + ' Client disconnected');
```

```
            let idx = clients.indexOf(clients.name);
            clients.splice(idx,1);
            console.log(clients);
        });

        client.on('error', function(err) {
            console.log('Socket Error: ', JSON.stringify(err));
        });

        client.on('timeout', function() {
            console.log('Socket Timed out');
        });
    });

    tServer.listen(3912, function() {
        console.log('TCP Server listening on : ' + JSON.stringify(tServer.address()));
        tServer.on('close', function(){
            console.log('Server Terminated');
        });
        tServer.on('error', function(err){
            console.log('Server Error: ', JSON.stringify(err));
        });
    });
```

코드를 간단히 설명하면 클라이언트로부터 연결을 수립하기 위한 소켓을 준비하고 특정 포트에서 연결을 기다린다. 클라이언트와 연결이 성립되고 데이터를 수신하면 수신한 데이터를 콘솔에 기록하고 "Hello Client!" 데이터를 클라이언트에게 전송한다. 동작 중인 서버에 연결하기 위해서는 PC의 IP 주소와 포트 번호를 지정한다. IP 주소는 실습을 진행하는 PC마다 다르게 설정되어 있으며, 포트 번호는 코드에서 지정하였으므로 '3912'를 입력하면 된다. 해당 포트가 사용 중인 경우에는 코드에서 사용하고 있지 않은 포트로 변경한다. 실습에서는 서버와 클라이언트가 같은 네트워크에 연결되어 있으므로 내부 IP를 통해 연결한다. 192.168.0.143:3912가 동작 중인 서버이다.

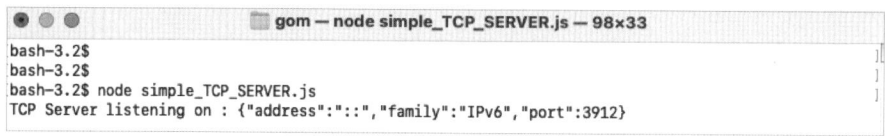

그림 9-18 TCP 서버 실행 및 연결 대기

안드로이드 단말의 플레이 스토어에서 Simple TCP Socket Tester 앱을 설치하여 실습을 위한 TCP 클라이언트를 준비한다.

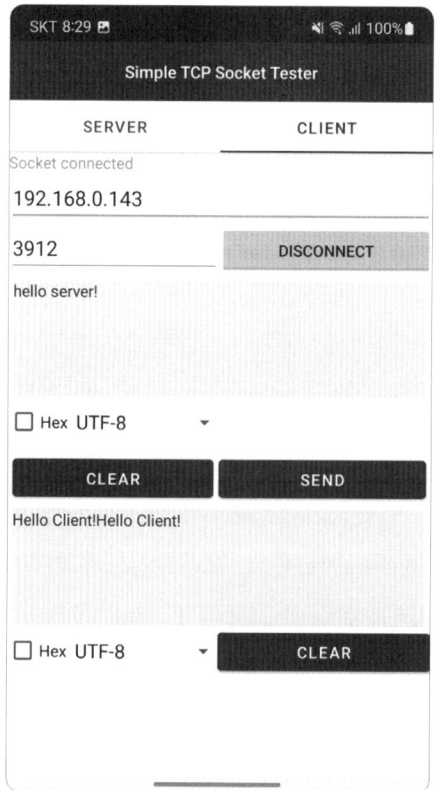

그림 9-19 TCP 테스트 앱에서 서버 연결 및 응답 확인

앱에서 요청 전송 시 서버에서도 연결이 성립되었음을 확인할 수 있는 로그와 받은 데이터를 확인할 수 있다.

그림 9-20 TCP 서버에서 클라이언트 요청 및 수신 데이터 확인

패킷 캡처를 위해 tcpdump를 실행한 후 서버 연결 및 데이터 통신을 진행하면, 통신 과정이 기록된다. 이때 평문 통신을 하는 경우 데이터가 그대로 기록되어 중요 정보 유출 등 위협이 발생할 수 있다. 통신 구간에 공격자가 위치하는 경우 단말에 대한 별도 권한 획득 없이도 데이터를 확인할 수 있다. 패킷 덤프 파일을 직접 분석하여 데이터를 확인한다. 결과 파일의 확장자는 .pcap로 패킷 캡처의 약자이다. 이 파일은 와이어샤크라는 도구로 분석할 수 있다. 공식 홈페이지(https://www.wireshark.org/download.html)에서 다운로드받고 설치한 후,

다음의 과정에 따라 분석한다. 단말에 저장된 패킷 덤프 파일을 PC로 옮긴 후의 과정부터 설명한다.

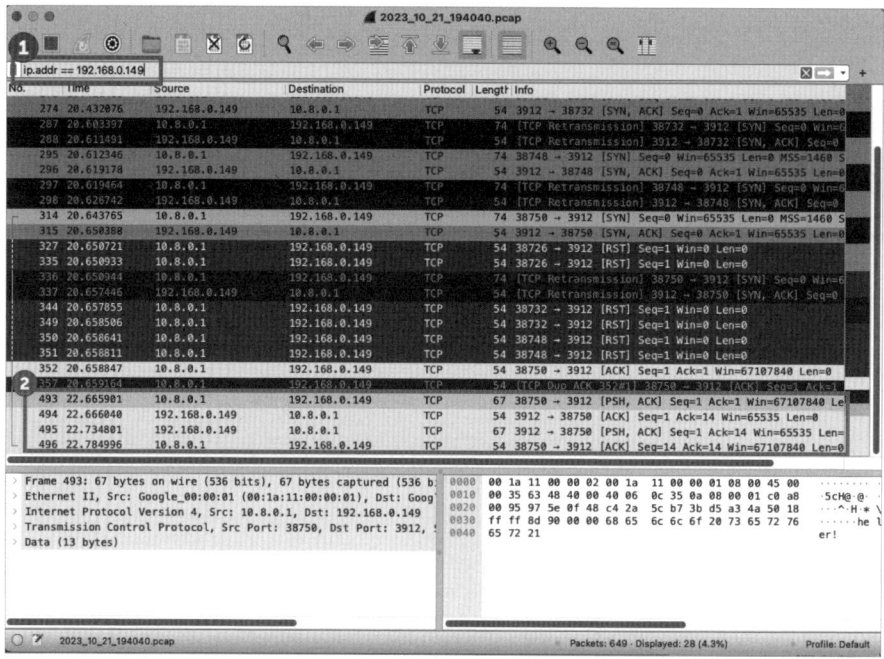

그림 9-21 와이어샤크 필터 사용 및 패킷 확인

와이어샤크를 설치한 상태에서 파일을 더블클릭하거나, 와이어샤크를 실행한 후 패킷 파일을 지정하면 패킷을 분석할 수 있다. 상단의 필터에 목적지 서버의 IP 주소를 입력하거나 TCP 통신 중 상태를 나타내는 플래그를 지정하여 분석할 패킷의 양을 효과적으로 줄일 수 있다. 다음은 필터에 사용할 수 있는 구문을 몇 가지 소개한다.

필터 구문	설명
ip.addr == 1.1.1.1	출발지, 목적지 IP 주소 지정
ip.src == 1.1.1.1 && ip.dst == 1.2.3.4	출발지, 목적지 IP 둘 다 일치하는 경우 필터링

tcp.port == 8080	출발지, 목적지 대상 포트가 있는 모든 TCP 패킷 필터링
tcp.flags.reset==1	TCP 패킷 중 RST(reset) 플래그가 설정된 패킷 필터링

필터를 적용한 후 적은 양의 패킷 목록을 분석하는 것이 시간을 단축하는 데 도움이 된다. 목록의 패킷 중에서 분석하고자 하는 패킷을 더블클릭하거나 우클릭한 후 [Follow TCP Stream]을 선택하면, 와이어샤크의 유용한 분석 기능 중 하나인 TCP 통신 스트림을 읽기 쉬운 형태와 색으로 구분하여 보여준다.

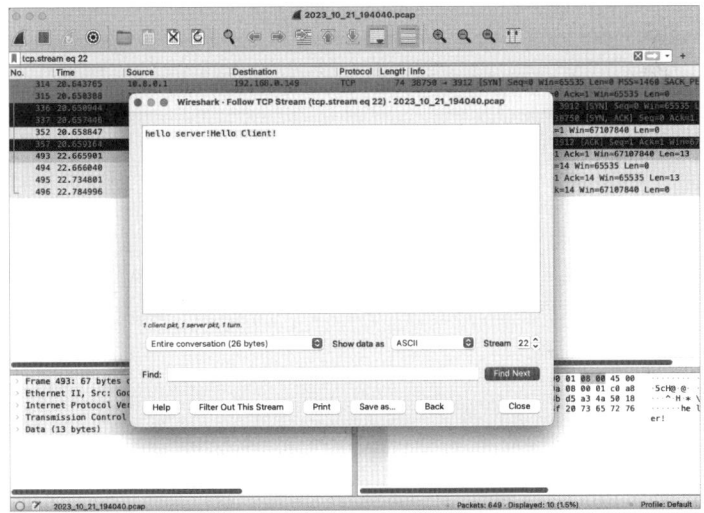

그림 9-22 상세 패킷 및 평문 전송 확인

서버와 앱이 통신하는 패킷을 찾았다면, 패킷 상세 내용을 통해 평문으로 전송된 데이터를 확인할 수 있다. 실제 앱 진단 시 와이어샤크 도구를 통해 전송 계층에서 평문으로 전송되는 중요 정보가 있다면 통신 구간 내 위치한 공격자에게 유출될 수 있으므로 취약으로 판단한다.

■ NoPE Proxy를 이용한 TCP 패킷 변조

덤프와 분석을 통해서는 이미 통신이 완료된 패킷에 대해서 사후 분석을 진행하는 것이므로 통신 구간 중 데이터 변조를 수행하려면 프록시를 사용해야 한다. HTTP 패킷 변조를 위해 버프 스윗 도구를 사용했다면, TCP 패킷 변조를 하기 위해 버프 스윗에 설치할 수 있는 플러그인을 사용한다. NoPE(Nope, I'm not gonna deal with this.) 프록시는 버프 스윗 프록시 도구에서 다루지 않는 프로토콜non-HTTP protocol을 다루기 위해 사용한다. 직접 도메인 네임 서버Domain Name Server, DNS를 구성하여 모든 DNS 요청을 프록시로 요청하게 하거나 지정한 목적지로 전송하게끔 할 수 있다. HTTP 연결이 아닌 연결도 프록시 도구로 살펴볼 수 있으며, 통신 구간 중간에 위치하여 내용을 직접 조작할 수 있다. 버프 스윗에 설치된 인증서를 이용하므로 단말에서 암호화 통신(SSL/TLS)을 하더라도 프로토콜 에러를 발생하지 않는다. 설치를 위해 다음의 과정을 따른다. 먼저, 버프 스윗를 열고 [Extension] 탭으로 이동하여 'NoPE'를 검색해서 나타나는 플러그인을 설치한다.

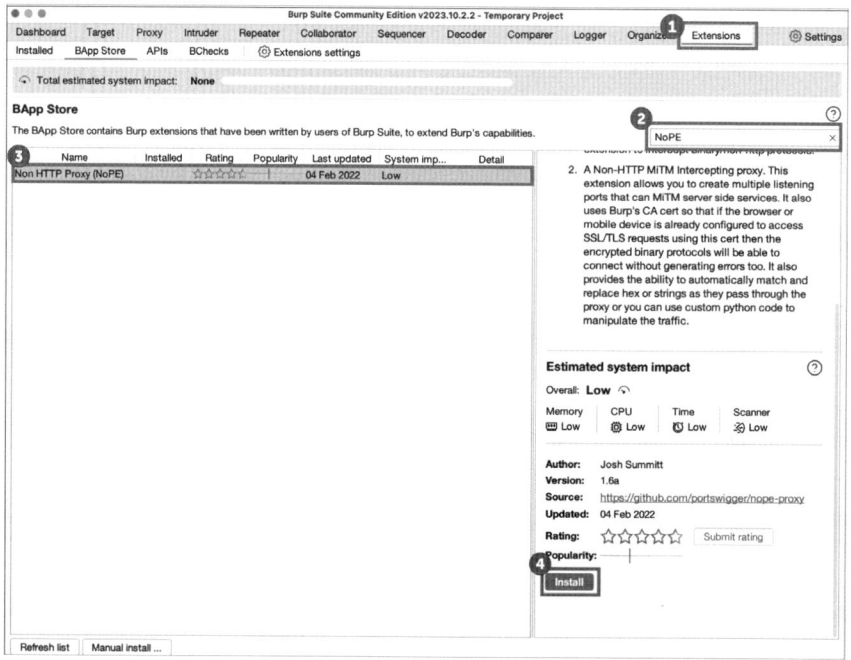

그림 9-23 NoPE 프록시 설치

플러그인이 설치되지 않는 경우 개발자 공식 깃허브 페이지(https://github.com/summitt/Nope-Proxy/releases)에서 자바 파일(.jar)을 내려받아 직접 로드할 수 있다. 정상적으로 설치가 완료되면 버프 스위트의 상단 탭에 [NoPE Proxy]가 생긴다.

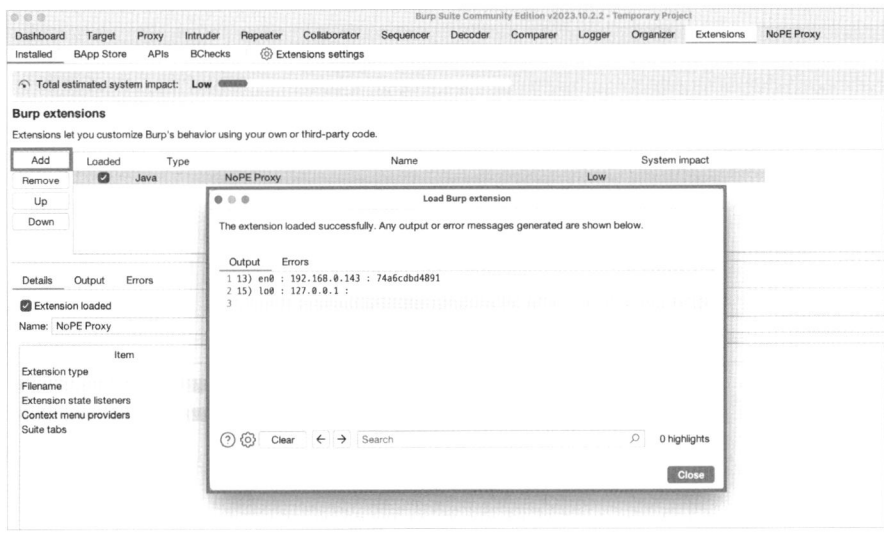

그림 9-24 플러그인 직접 추가

플러그인 설치 이후 NoPE 프록시를 사용하기 위해서 네트워크 인터페이스 설정과 DNS 서버 주소로 사용할 IP 주소를 지정해주어야 한다. 사전 조건으로 진단을 수행하는 PC와 단말은 서로 동일한 네트워크의 내부 IP 주소를 부여받은 상태여야 한다. 준비가 되었다면 [NoPE Proxy] 탭의 [Server Config]로 이동한다. 다음의 그림을 참조하여 설명한다.

CHAPTER 09 _ 통신 구간 취약점 진단 **277**

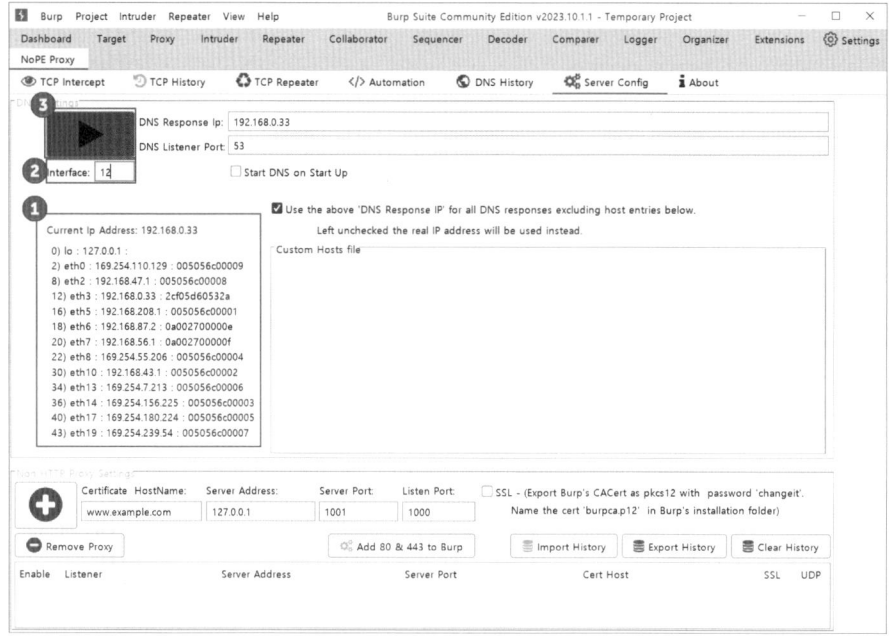

그림 9-25 NoPE DNS 서버 설정

그림의 ①은 현재 PC에서 인식하고 있는 네트워크 인터페이스 목록을 출력하며, DNS 서버를 구성할 인터페이스를 선택해야 한다. 현재 데이터 연결을 하고 있고 단말과 같은 네트워크 대역에 있는 인터페이스를 선택한다. 실습에서는 192.168.0.33 IP가 부여된 12) eth3 인터페이스를 사용한다. 식별된 인터페이스의 번호를 그림의 ②에 기입한다.

그림의 ②에 인터페이스 번호를 입력하면 [DNS Response IP] 필드에 IP값이 자동으로 채워진다. 아래의 [DNS Listener Port]에는 DNS 요청을 받을 포트 번호를 입력한다. 그대로 사용해도 되지만 실습에서는 53을 사용한다.

설정을 완료한 후 그림의 ③ 버튼을 클릭하여 모든 DNS 트래픽 요청에 대해 캡처할 수 있도록 프록시에서 DNS 서버를 실행한다. PC와 단말은 동일한 네트워크에 있기 때문에 단말의 모든 DNS 요청을 버프 스위트의 DNS 서버로 다시 전송한다. 이때 인터셉트할 요청을 필터링하여 원하는 패킷을 분석할 수 있다.

PC에서 인터셉트를 위한 DNS 서버 설정이 완료되었으므로 단말의 네트워크 설정에서 수동으로 DNS 주소를 고정하면 된다. 다음의 과정을 따른다.

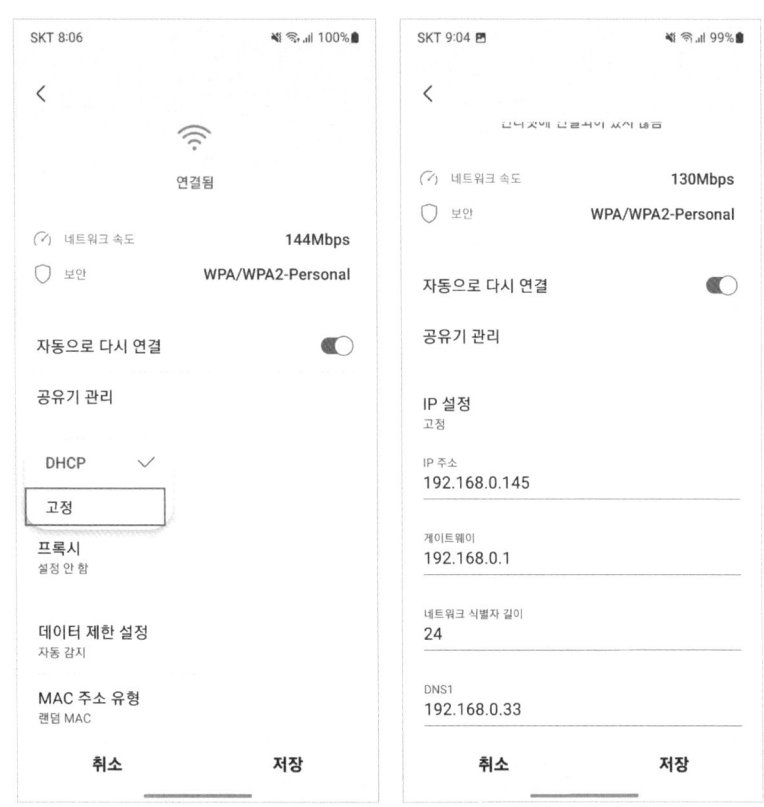

그림 9-26 무선 연결 네트워크 설정

연결된 무선 네트워크 환경에서 DNS 주소를 버프 스위트에서 설정한 DNS 주소로 변경한다. 그러면 단말에서는 도메인에 대한 주소를 변경할 때 버프 스위트에게 질의를 하게 되고, 중간에서 패킷을 스니핑하고 변조할 수 있다. 그림에서는 DNS1 필드의 주소를 진단 PC의 버프 스위트 DNS 주소인 192.168.0.33으로 변경한다.

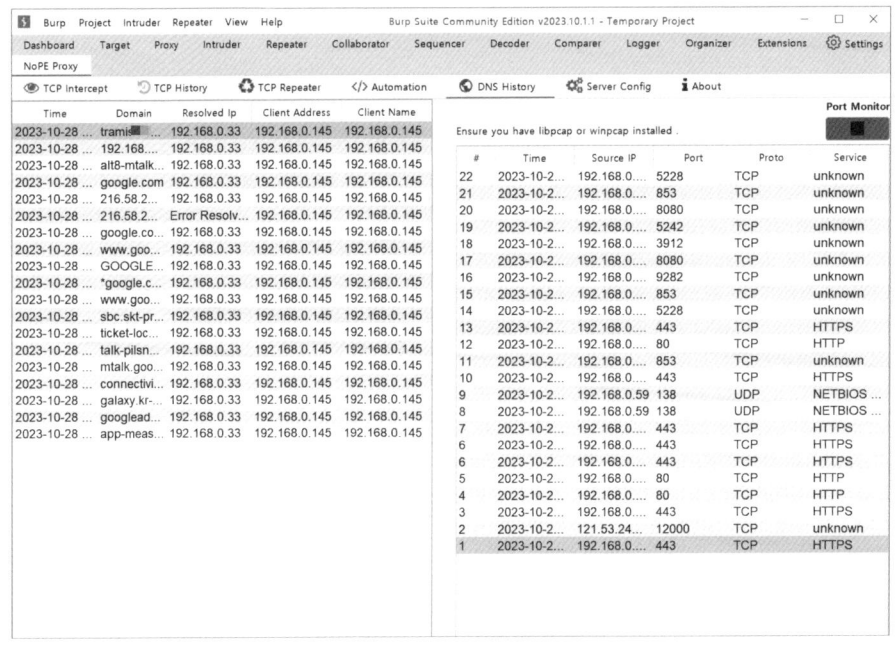

그림 9-27 DNS 요청 기록 확인

설정이 정상적으로 완료되었다면, NoPE 프록시 도구로 요청이 기록된다. 도메인 주소에 따른 IP 주소를 바로 확인할 수 있으며, 분석 중인 앱의 서버 주소를 식별하기 위해 앱의 정적 분석 결과를 통해 알아낸 주소를 이용하여 IP를 확인할 수 있다. 주소를 확인한 후에는 다시 [Server Config] 탭으로 이동하여 하단의 [Non HTTP Proxy Settings] 입력 폼을 채운다.

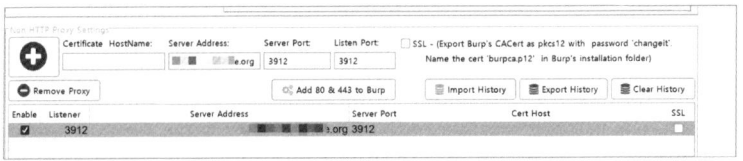

그림 9-28 서버 주소 및 리스닝 포트 지정

스니핑 후 패킷을 확인할 서버의 주소와 포트를 기록하고 활성화[enable] 박스를 체크하여 스니핑을 시작한다. [TCP Intercept] 탭으로 이동하여 [Intercept is ON]

상태로 변경하면 지정한 서버에서의 TCP 패킷을 캡처할 수 있으며, 가로챈 패킷에 대해서는 변조가 가능하다.

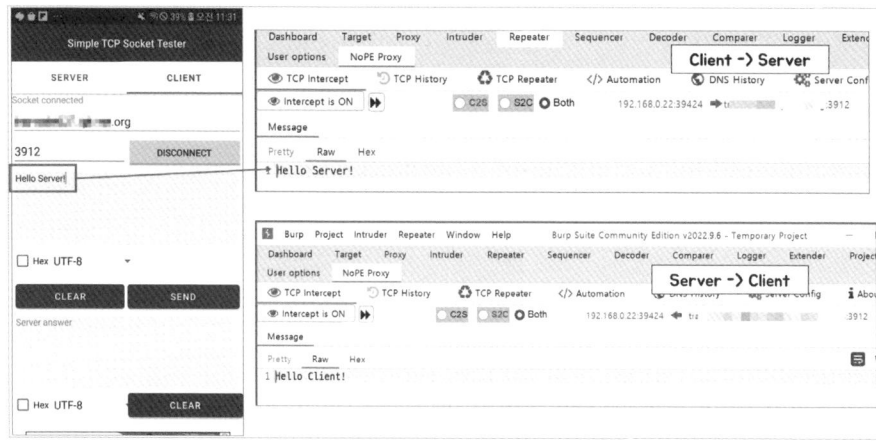

그림 9-29 TCP 요청 및 응답 패킷 캡처 확인

취약 여부	설명
취약	• 단말과 서버 간 통신을 통해 인증, 데이터 전송 등을 수행할 때 평문으로 전송하여 통신 내용이 유출되는 경우 • 중간자 공격을 통해 통신 내용의 변조가 가능한 경우 • 보안 강도가 낮은 암호화 프로토콜을 이용하여 통신하는 경우
양호	단말과 서버 간 안전한 암호화 프로토콜을 사용하여 암호화 통신을 사용하며 스니핑, 중간자 공격 등 공격이 불가능한 경우

9.2.3 보안 대책

패킷을 평문으로 전송하지 않아야 한다. 암호화된 연결을 통해 중간자 공격 및 패킷 스니핑 공격에 대응할 수 있다. 또한 패킷의 데이터 무결성을 검증하고, 패킷의 데이터 형식이 일관적인지를 송·수신 과정에서 검사한다.

PART 04

후킹과 프리다

동적 분석에서 중요한 역할을 하는 후킹과 프리다는 안드로이드 앱의 보안 진단에 있어 필수적인 기법이다. 후킹과 프리다를 통해 얻을 수 있는 기대 효과와 함께, 실제 앱 분석에서 도구를 어떻게 활용할 수 있는지 다룬다.

CHAPTER 10 후킹

리버스 엔지니어링에서 꽃으로 불리는 후킹에 대해서 다룬다. 지금까지 다루었던 진단 도구와 후킹을 함께 사용하여 진단하면, 더 빠르고 정확한 진단을 할 수 있다.

후킹을 의미 그대로 해석하면 갈고리 또는 낚아채다의 의미를 가진다. 안드로이드 앱에서의 후킹은 특정 함수나 메시지, 이벤트 등의 호출을 가로채고 수정하는 기술이다. 앱 진단에서 후킹은 주로 디버깅, 모니터링, 패치 등 다양한 목적으로 사용한다. 네트워크 사용, 파일 입출력, 문자열 처리 등 주요 함수에 후킹을 설정한 이후 함수 후킹 시 인자값을 기록하거나 변조하는 행위를 할 수 있다.

실제 함수의 실행 흐름과 후킹 시 실행 흐름의 차이를 간단한 예제를 통해서 알아본다. 안드로이드 앱 코드는 메인 함수에서 세 개의 함수를 순서대로 호출하는 구조로 되어 있으며, 각 함수는 로그를 출력하는 기능을 수행한다. 중간 단계에서 호출하는 함수를 후킹하여 새로운 동작을 수행하도록 한다. 먼저 정상 실행 시 코드 흐름이다.

```java
@Override
protected void onCreate(Bundle savedInstanceState) {
    super.onCreate(savedInstanceState);
    setContentView(R.layout.activity_main);

    // 메인 함수에서 세 개의 함수 호출
    functionA();
    functionB();
    functionC();
}
```

↓

```java
private void functionA() {
    Log.d("HookExample", "함수 A가 호출되었음");
}
```

↓

```java
private void functionB() {
    Log.d("HookExample", "함수 B가 호출되었음");
}
```

↓

```java
private void functionC() {
    Log.d("HookExample", "함수 C가 호출되었음");
}
```

실행 결과

```
D/HookExample: 함수 A가 호출되었음
D/HookExample: 함수 B가 호출되었음
D/HookExample: 함수 C가 호출되었음
```

그림 10-1 앱 정상 실행 흐름

실행 결과를 확인하면 함수 세 개(functionA, functionB, functionC)가 호출되어 각각 디버그 로그를 출력하는 것을 확인할 수 있다. 이제 중간에 있는 functionB 함수를 후킹하여 다른 동작을 수행하도록 한다. 함수 후킹 시 실행 흐름은 다음과 같다.

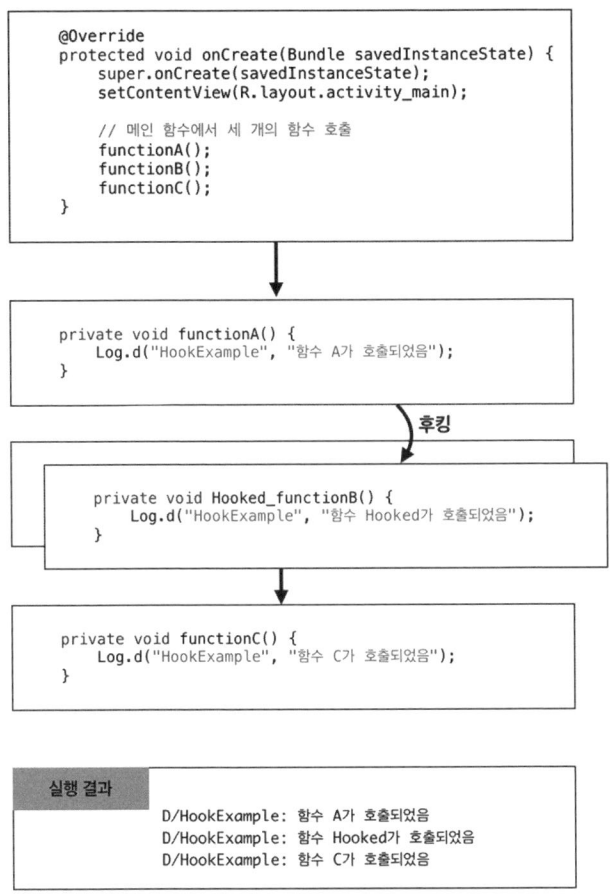

그림 10-2 앱 후킹 실행 흐름 예시

실행 결과를 확인하면 후킹 전 기존 함수를 대체하여 새롭게 작성한 함수의 코드를 삽입하였으므로 실행 흐름이 달라진 것을 확인할 수 있다. 후킹은 이처럼 기존 함수를 완전히 대체할 수도 있고, 함수 호출 시 인자를 관찰하거나 반환값을 변경하여 실행하도록 할 수 있다. 함수 후킹을 설명하기 위한 가장 기본적인 예제를 소개한 것이며, 실제 앱에서는 좀 더 복잡한 동작을 수행함에 유의한다.

어떻게 코드 실행의 중간에 다른 코드의 삽입이 가능한 것일까? 함수 호출 규약에 따라 다르지만, 표준 호출에 따르면 함수 호출 시 어셈블리에서는 먼저 스택에 인자를 전달하고, 호출이 종료되었을 때 돌아갈 반환 주소를 저장한다. 이 과정을 함수의 프롤로그^{prologue}라고 한다. 프롤로그 이후 함수 내부의 모든 코드를 실행하게 되고, 실행을 마치면 반환값을 넘겨준다. 프로그램의 제어는 스택에 저장된 돌아갈 반환 주솟값으로 이동하여, 스택에 저장했던 함수 호출 정보를 제거한다. 제거하는 일련의 과정을 함수의 에필로그^{epilogue}라고 한다. 이와 같은 과정은 모든 함수 호출에서 일어난다. 후킹을 시도하면 함수의 프롤로그가 시작될 때 기존 함수의 주소를 미리 스택에 저장한다. 현재 프로그램의 동작 위치를 작성한 후킹 스크립트가 저장된 주소를 가리키도록 한다. 후킹 스크립트의 실행이 종료되면 다시 저장해둔 원래 함수의 주소로 이동하여 흐름을 복구한다. 후킹을 통해 함수가 실행될 때의 인자와 결괏값을 확인할 수 있고 처음부터 함수 코드를 재작성할 수도 있다. 다음은 앱 실행 중 후킹을 하는 원리 중 두 가지를 설명한다.

10.1 프로시저 링크 테이블 및 전역 참조 테이블을 이용한 후킹

함수를 호출할 때 모든 함수가 같은 파일 내에 위치하지 않고 외부에 구현된 경우가 있기 때문에 각 라이브러리를 연결해주는 것이 필요하다. 각 라이브러리 파일의 헤더에는 파일 중 몇 번째 위치에 어떤 함수가 있는지 명시한 테이블$^{Procedure\ Linkage\ Table,\ PLT}$이 존재한다. 의존성이 있는 라이브러리를 개발한 코드와 함께 컴파일하면, 동적 링크 과정을 거쳐서 빌드하여 라이브러리의 코드를 직접 포함하지 않고 라이브러리 함수의 주소만 얻어온 다음 사용한다. 이때 참고하는 주소가 PLT의 주소이다. 하지만 라이브러리 파일은 하나의 앱에서만 사용하지 않는다. 자주 사용하고, 많은 앱이 사용하는 라이브러리는 하나의 메모리 공간에 매핑하여 공유해서 사용한다.

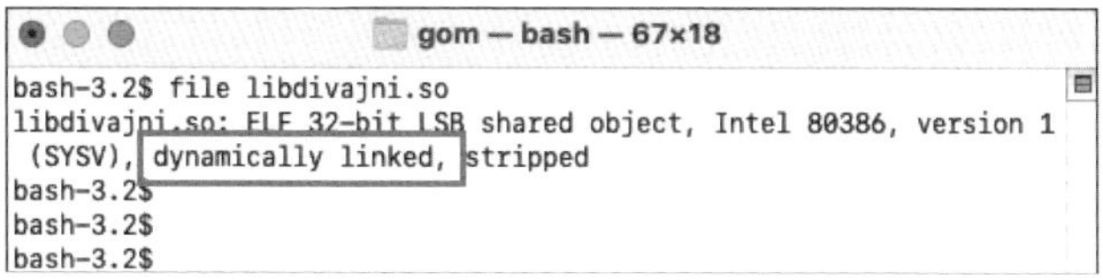

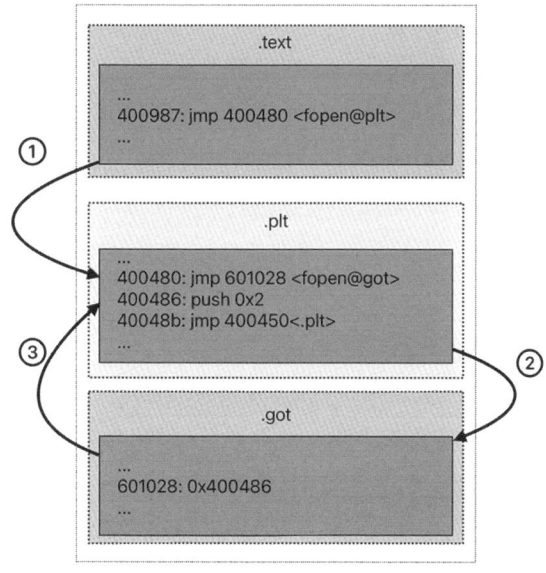

그림 10-3 동적 링크된 공유 라이브러리를 사용하는 DIVA 앱의 네이티브 파일

이때 함수의 참조 위치는 현재 단말 메모리에 있는 위치를 참조하는데, 그때 사용하는 것이 전역 참조 테이블$^{Global\ Offset\ Table,\ GOT}$이다. 라이브러리에 있는 함수를 참조하는 방법을 다시 살펴보면 다음과 같다.

그림 10-4 함수 최초 호출 시 전역 참조 테이블 참조 과정

① PLT에 있는 함수를 호출하면 단말의 메모리에 위치한 실제 함수 주소가 있는 GOT로 점프한다. GOT에는 라이브러리에 존재하는 실제 함수의 주소가 기록되어 있기 때문에 이 함수를 호출한다.
② 최초 호출인 경우, 라이브러리 파일의 헤더에서 함수의 위치를 찾아 주소를 알아내고 GOT에 기록한다.

③ 호출한 이력이 있는 경우 GOT에 있는 주소로 점프한다.

이 과정에서 GOT에 기록된 함수의 주소를 새로 작성한 후킹 함수의 주소로 교체하면 기존 함수가 아닌 후킹 함수가 실행되기 때문에 기존과 다른 동작을 수행할 수 있다. 하지만 GOT를 이용한 후킹은 외부에서 로드해서 사용하는 라이브러리만 후킹이 가능하고, 진단 앱뿐만 아니라 다른 앱에서 함수를 사용할 때도 후킹 함수가 실행된다는 단점이 있다.

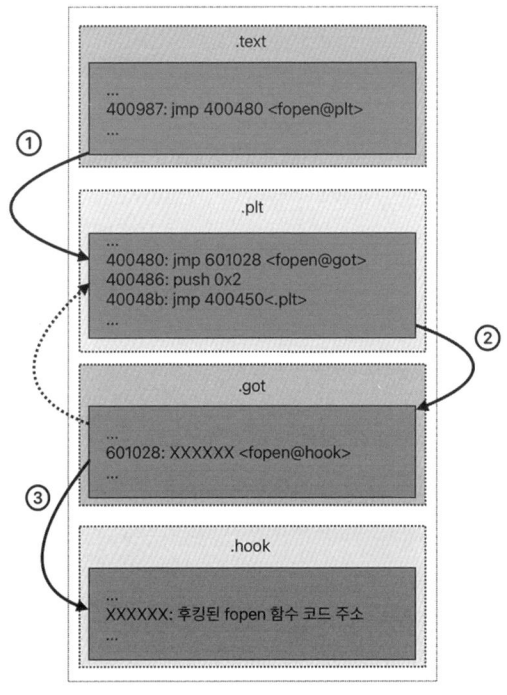

그림 10-5 후킹 시 함수 호출 흐름

10.2 디버깅 함수를 이용한 후킹

디버깅 함수 ptrace는 리눅스나 유닉스 환경에서 프로세스 디버깅에 사용되는 함수이다. lib.so 파일에서 ptrace를 선언하고 있다. ptrace를 이용한 함수 후킹 원리는 다음과 같다.

① **ptrace 함수 호출**: 후킹하려는 대상 프로세스와 함께 ptrace 함수를 호출한다. ptrace 함수는 디버깅을 시작하고 프로세스를 추적한다.
② **디버그 모드 사용**: 대상 프로세스는 디버그 모드로 전환되며, 이로 인해 해당 프로세스는 일시 중지된다.
③ **레지스터 및 메모리 접근**: 디버그 모드에서는 ptrace를 통해 앱 프로세스의 레지스터 및 메모리에 접근할 수 있다. 이를 통해 프로세스의 상태와 메모리 내용을 읽거나 수정할 수 있다.
④ **프로세스 제어**: 레지스터 및 메모리에 접근하여 필요한 내용을 수정했다면, 일시 중지된 프로세스를 재개하거나 단계별로 실행할 수 있다.
⑤ **디버그 이벤트 처리**: 후킹 함수를 삽입하기 위해 특정 함수 호출 시점을 감지한다.
⑥ **후킹 스크립트 삽입**: 함수의 진입점, 종료 시점 등 앱 프로세스에서 이벤트가 발생할 때 후킹 코드를 대상 프로세스의 메모리에 삽입한다. 대상 프로세스가 다음 명령을 실행할 때 실행된다.
⑦ **디버깅 모드 종료**: 후킹이 완료되면 기존의 함수 종료 시점 이후로 앱 정상 실행 흐름을 복원한다.

앱 소스코드를 디컴파일된 코드 수준에서 하는 분석을 넘어 앱을 실행하면서 함수 호출 인자 확인, 변조 등 적극적으로 조사할 수 있어 후킹을 사용한다. 하지만 디버깅이나 후킹의 경우 이미 많이 알려진 기법이며, 프로세스의 코드를 직접 변경하기 때문에 무결성 탐지 등 여러 기법에 의해 쉽게 발견된다. 후킹을 이해하기 위해서는 ELF 파일 구조, 리버싱 등 많은 배경지식이 필요하다. 이 책에서는 앱 진단에 필요한 지식만 다루기 위해 깊게 다루지 않는다. 관심이 있다면 관련 키워드를 검색해서 추가 연구를 해볼 수 있다.

CHAPTER 11 프리다

동적 분석 도구인 프리다의 개념, 설치 방법, 주요 기능과 파이썬 바인딩을 소개한다. 프리다를 이용한 후킹 실습을 통해 앱의 흐름을 조작하고 함수 호출 인자를 변경하는 방법을 다룬다.

11.1 프리다 개요 및 설치

11.1.1 프리다 개요

프리다는 동적 바이너리 조사 도구$^{Dynamic\ Binary\ Instrumentation,\ DBI}$이다. 윈도우, OSX, 리눅스, 안드로이드, iOS 등 다양한 운영체제를 지원하며 앱의 프로세스에 사용자가 작성한 자바스크립트 코드 조각^{snippets}이나 라이브러리를 삽입할 수 있다. 스크립트 언어를 사용하면 코드를 수정할 때마다 컴파일하는 과정이 불필요하며, 빠른 수정을 통해 내부 동작을 분석하고 조작할 수 있다.

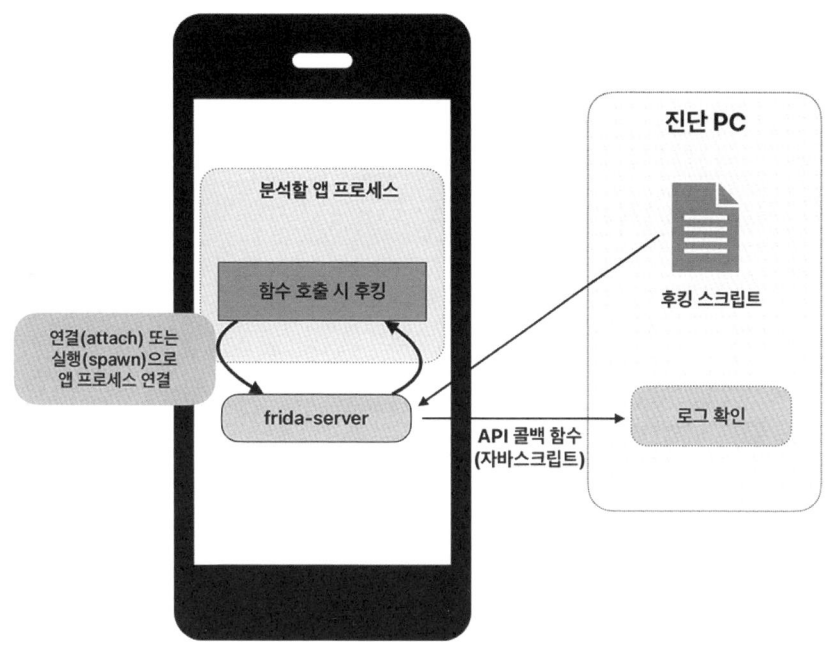

그림 11-1 프리다 동작 개요

프리다의 모든 기능을 사용하기 위해서는 단말의 루팅이 필요하다. 기술적으로는 기기를 루팅하지 않고 프리다 바이너리를 포함하여 앱을 리패키징하거나 디버거를 통해 동일한 작업을 수행할 수 있지만, 이 챕터에서는 루팅된 기기를 기준으로 한다. 프리다는 에이전트와 서버로 구성되며, 단말과 진단 PC에 각각 설치한다. 설치 과정은 공식 홈페이지(https://frida.re/docs/android/)를 따르며 다음과 같다.

11.1.2 진단 PC에 프리다 설치

파이썬 모듈로 설치할 수 있으며, 사전에 파이썬 설치가 필요하다. 파이썬 설치를 완료한 후에 다음 명령으로 프리다를 설치할 수 있다. 프리다와 프리다 툴즈^{frida-}

tools에 대해 종속성을 가지므로 두 개의 모듈을 모두 설치한다.

프리다 설치

PC > pip3 install frida

```
bash-3.2$ pip3 install frida
Defaulting to user installation because normal site-packages is not writeable
Collecting frida
  Using cached frida-16.1.5-cp37-abi3-macosx_11_0_arm64.whl (30.5 MB)
Requirement already satisfied: typing-extensions in ./Library/Python/3.9/lib/p
ython/site-packages (from frida) (4.5.0)
Installing collected packages: frida
Successfully installed frida-16.1.5
```

그림 11-2 프리다 설치

PC > pip3 install frida-tools

권한 에러가 발생하는 경우 다음 명령을 입력한다.

PC > sudo pip3 install frida-tools

```
bash-3.2$ sudo pip3 install frida-tools
WARNING: The directory '/Users/gom/Library/Caches/pip' or its parent directory is not
 owned or is not writable by the current user. The cache has been disabled. Check the p
ermissions and owner of that directory. If executing pip with sudo, you should use sud
o's -H flag.
Collecting frida-tools
  Downloading frida-tools-12.3.0.tar.gz (200 kB)
                                             ━━━━━━━━━━ 200.5/200.5 kB 7.5 MB/s eta 0:00:00
  Installing build dependencies ... done
  Getting requirements to build wheel ... done
  Preparing metadata (pyproject.toml) ... done
Requirement already satisfied: colorama<1.0.0,>=0.2.7 in ./Library/Python/3.9/lib/pyth
on/site-packages (from frida-tools) (0.4.5)
Requirement already satisfied: frida<17.0.0,>=16.0.9 in ./Library/Python/3.9/lib/pytho
n/site-packages (from frida-tools) (16.1.5)
Requirement already satisfied: prompt-toolkit<4.0.0,>=2.0.0 in ./Library/Python/3.9/li
b/python/site-packages (from frida-tools) (3.0.38)
Requirement already satisfied: pygments<3.0.0,>=2.0.2 in ./Library/Python/3.9/lib/pyth
on/site-packages (from frida-tools) (2.14.0)
Requirement already satisfied: typing-extensions in ./Library/Python/3.9/lib/python/si
te-packages (from frida<17.0.0,>=16.0.9->frida-tools) (4.5.0)
Requirement already satisfied: wcwidth in ./Library/Python/3.9/lib/python/site-package
s (from prompt-toolkit<4.0.0,>=2.0.0->frida-tools) (0.2.6)
Building wheels for collected packages: frida-tools
  Building wheel for frida-tools (pyproject.toml) ... done
  Created wheel for frida-tools: filename=frida_tools-12.3.0-py3-none-any.whl size=209
495 sha256=24b27af22119be1008d3f902ce6a6402e12f8fc6bf41c327b71d1e8c2921d72b
  Stored in directory: /private/tmp/pip-ephem-wheel-cache-qkixkenj/wheels/37/2d/a8/d95
549d2d7cbb42eab046c251494b7b0e81a6835a37dbdda65
```

그림 11-3 프리다 설치2(frida-tools)

프리다 설치 확인

```
PC > frida --version
```

그림 11-4 프리다 설치 확인

11.1.3 단말에 프리다 서버 설치

루팅된 단말에 프리다 서버를 실행한다. 공식 깃허브 페이지(https://github.com/frida/frida/releases)에서 단말의 아키텍처에 맞는 프리다 서버 파일을 다운받는다. 이때 PC에 설치한 프리다 버전과 같은 버전의 프리다 서버를 다운받는다. [Releases] 페이지에서 다운로드받고자 하는 버전의 [Assets] 메뉴를 열면 다운로드받을 수 있다.

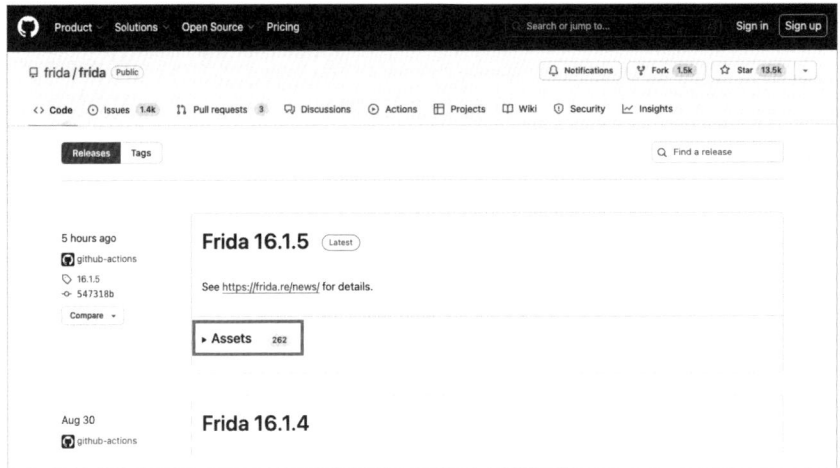

그림 11-5 프리다 깃허브 페이지

frida-qml-16.1.5-macos-x86_64.tar.xz	10.1 MB	6 hours ago
frida-qml-16.1.5-windows-x86.tar.xz	18.4 MB	6 hours ago
frida-qml-16.1.5-windows-x86_64.tar.xz	19.2 MB	6 hours ago
frida-server-16.1.5-android-arm.xz	6.62 MB	6 hours ago
frida-server-16.1.5-android-arm64.xz	14.8 MB	6 hours ago
frida-server-16.1.5-android-x86.xz	15 MB	6 hours ago
frida-server-16.1.5-android-x86_64.xz	30.2 MB	6 hours ago
frida-server-16.1.5-freebsd-arm64.xz	7.39 MB	6 hours ago
frida-server-16.1.5-freebsd-x86_64.xz	7.52 MB	6 hours ago
frida-server-16.1.5-linux-arm64-musl.xz	7.43 MB	6 hours ago
frida-server-16.1.5-linux-arm64.xz	7.44 MB	6 hours ago
frida-server-16.1.5-linux-armhf.xz	7.28 MB	6 hours ago
frida-server-16.1.5-linux-mips.xz	4 MB	6 hours ago
frida-server-16.1.5-linux-mips64.xz	3.73 MB	6 hours ago
frida-server-16.1.5-linux-mips64el.xz	3.79 MB	6 hours ago
frida-server-16.1.5-linux-mipsel.xz	4.06 MB	6 hours ago
frida-server-16.1.5-linux-x86.xz	8.5 MB	6 hours ago
frida-server-16.1.5-linux-x86_64-musl.xz	8.7 MB	6 hours ago
frida-server-16.1.5-linux-x86_64.xz	8.71 MB	6 hours ago
frida-server-16.1.5-macos-arm64.xz	12.8 MB	6 hours ago
frida-server-16.1.5-macos-arm64e.xz	12.9 MB	6 hours ago
frida-server-16.1.5-macos-x86_64.xz	8.6 MB	6 hours ago
frida-server-16.1.5-qnx-armeabi.xz	4.98 MB	6 hours ago
frida-server-16.1.5-windows-x86.exe.xz	18.4 MB	6 hours ago
frida-server-16.1.5-windows-x86_64.exe.xz	19.8 MB	6 hours ago

그림 11-6 안드로이드용 프리다 서버 다운로드 상세

안드로이드 아키텍처별로 사용 가능한 프리다 서버를 제공하고 있으며, 사용하고 있는 아키텍처에 맞는 파일을 받아서 사용한다. 단말의 아키텍처를 확인하고 단말에서 프리다 서버를 실행하기 위해 다음의 명령을 사용한다.

단말 아키텍처 확인

```
PC > adb shell getprop ro.product.cpu.abi
```

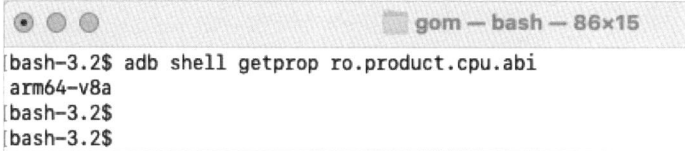

그림 11-7 PC와 연결된 단말의 CPU 아키텍처 확인(예시)

다운받은 프리다 서버 파일을 단말의 임시 경로에 복사

```
PC > adb push [ frida-server ] /data/local/tmp
```

파일 권한 및 소유자 변경

```
PC > adb shell
ADB $ su -
ADB # cd /data/local/tmp
ADB # chmod 755 frida-server
ADB # chown root.root frida-server
```

프리다 서버 실행

```
ADB # frida-server &
```

프리다 서버 프로세스 실행 확인

```
ADB # ps -ef|grep frida
```

```
emulator64_arm64:/data/local/tmp # ps -ef |grep frida
root       4562  4556 1 15:02:12 pts/0 00:00:00 frida-server-16.1.4-android-arm64
root       4598  4556 0 15:02:44 pts/0 00:00:00 grep frida
emulator64_arm64:/data/local/tmp #
emulator64_arm64:/data/local/tmp #
emulator64_arm64:/data/local/tmp #
emulator64_arm64:/data/local/tmp #
```

그림 11-8 프리다 서버 프로세스 실행 확인

> **주의하기**
>
> Failed to attach:unable to inject library into process without libc
>
> 위와 같은 에러가 발생하는 경우 프리다 서버와 에이전트의 버전이 일치하지 않거나 단말기 아키텍처에 맞지 않는 프리다 서버를 실행시킨 경우이다.
>
> 깃허브에서 아키텍처에 맞는 프리다 서버를 다운받는다. 또한 PC에 설치한 버전과 버전이 일치하는 프리다 서버를 설치한다.

11.1.4 프리다 통신 확인

단말과 PC에 모두 프리다를 설치한 후에는 단말에서 실행 중인 프리다 서버와 PC의 연결이 성립되는지 확인한다. 프리다는 단말에서 동작 중인 프로세스를 확인하는 기능을 제공한다. 아래의 명령어를 사용하여 확인할 수 있다.

프리다 통신 확인

```
PC > frida-ps -U
```

실행 옵션	설명
-U	USB에 연결된 단말의 정보 확인
-a	현재 동작 중인 앱 나열
-i	단말에 설치된 앱 나열
-D [단말 식별자]	여러 개의 단말이 연결된 경우 특정 단말과 연결

```
gom — bash — 66×73
bash-3.2$ frida-ps -U
 PID  Name
----  --------------------------------------------------
3077  Calendar
3353  Drive
3268  Gmail
1214  Google
1958  Messages
 959  Phone
1474  Photos
2836  YouTube
 220  adbd
 187  android.hardware.audio@2.0-service
 254  android.hardware.biometrics.fingerprint@2.1-service
 188  android.hardware.broadcastradio@1.1-service
 189  android.hardware.camera.provider@2.4-service_64
 190  android.hardware.configstore@1.1-service
 191  android.hardware.drm@1.0-service
```

그림 11-9 프리다를 통해 구동 중인 프로세스 확인

```
gom — bash — 88×23
bash-3.2$ frida-ps -Uai
 PID  Name              Identifier
----  ----------------  ----------------------------------------
3805  Chrome            com.android.chrome
1214  Google            com.google.android.googlequicksearchbox
1214  Google            com.google.android.googlequicksearchbox
 959  Phone             com.android.dialer
2836  YouTube           com.google.android.youtube
   -  Calendar          com.google.android.calendar
   -  Camera            com.android.camera2
   -  Clock             com.google.android.deskclock
   -  Contacts          com.android.contacts
```

그림 11-10 프리다를 통해 실행 중인 앱의 프로세스 식별자(PID) 확인

11.2 프리다 주요 기능

안드로이드 동적 분석 과정에서 사용하는 프리다는 앱 코드에서 함수를 지정하여 실행 시점에 파라미터를 관찰하거나 조작할 수 있다. 또한 후킹한 함수의 전체 로직을 재작성할 수도 있으며, 취약점을 발견하는 데 유용하게 사용한다. 프리다에서 제공하는 주요 기능은 다음과 같다.

- **인터셉트**: 함수 호출, API 호출, 그리고 함수 호출 등을 관찰하고 필요한 경우 이를 변경할 수 있다.
- **스크립트 주입**script injection: 분석할 앱에 자체 자바스크립트나 라이브러리를 주입하여 원하는 작업을 수행할 수 있다. 이를 통해 코드 실행 중에 앱의 동작을 수정할 수 있다.
- **실시간 코드 수정**: 앱이 실행 중인 동안 메모리에 직접 접근하여 값을 변경하거나 코드를 수정할 수 있다.
- **대상 함수 호출 모니터링**: 애플리케이션이 특정 함수를 호출할 때마다 로그 등을 통해 확인할 수 있다. 이를 통해 애플리케이션의 동작을 파악하거나 이벤트를 발생 여부를 감시할 수 있다.
- **추적**stalking: 스레드를 추적하여 모든 함수 및 실행되는 모든 명령어 단위로 캡처할 수 있다. 코드 추적기code tracer의 원리로 동작하며, 실행 중인 앱의 메모리 데이터를 확인할 수 있다.

11.2.1 프리다를 이용한 후킹 실습 1

안드로이드 앱 코드를 후킹할 때는 프리다에서 제공하는 자바 API를 사용한다. 자바 API를 사용하면 달빅과 ART 등 자바 가상 머신에 로드된 프로세스를 조사할 수 있다. 스크립트 언어는 자바스크립트로 작성할 수 있으며, 컴파일 과정 없이 바로 사용 가능하다. 기본적인 함수 사용이나 문법은 자바스크립트 문법을 따른다. 첫 번째 후킹 스크립트는 액티비티 생명주기 함수인 onCreate를 후킹한다. 실습 앱은 자유롭게 선택 가능하며, 앱 실행 시 첫 번째로 실행되는 메인 액티비티의 onCreate를 후킹하고 스크립트를 분석한다. 예제 코드에서는 DIVA 앱을 대상으로 한다.

코드 11-1 메인 액티비티의 onCreate 함수 후킹 스크립트

```
Java.perform(function(){
  var activity = Java.use("jakhar.aseem.diva.MainActivity");
  activity.onCreate.overload("android.os.Bundle").implementation = function(var_0) {
    console.log("onCreate() 함수가 호출됨");
    var ret = this.onCreate.overload("android.os.Bundle").call(this,var_0);
  };
})
```

첫 번째 후킹 스크립트의 작성을 완료했다면, 다음의 명령어로 후킹 스크립트와 함께 앱을 실행할 수 있다.

후킹 스크립트 실행

```
PC > frida -U -l [후킹 스크립트 파일명].js -f [앱 식별자]
```

프리다로 앱을 실행시키면서 단말에서의 변화와 콘솔에서 로그를 살펴본다. 앱이 실행되면서, 메인 액티비티의 화면이 로드되는 순간 콘솔에서 로그를 확인할 수 있다.

```
bash-3.2$ frida -U -l hooking.js -f jakhar.aseem.diva
     ____
    / _  |   Frida 16.1.5 - A world-class dynamic instrumentation toolkit
   | (_| |
    > _  |   Commands:
   /_/ |_|       help      -> Displays the help system
   . . . .       object?   -> Display information about 'object'
   . . . .       exit/quit -> Exit
   . . . .
   . . . .   More info at https://frida.re/docs/home/
   . . . .   Connected to Android Emulator 5554 (id=emulator-5554)
Spawned `jakhar.aseem.diva`. Resuming main thread!
[Android Emulator 5554::jakhar.aseem.diva ]-> onCreate() 함수가 호출됨
[Android Emulator 5554::jakhar.aseem.diva ]->
[Android Emulator 5554::jakhar.aseem.diva ]->
```

그림 11-11 프리다 스크립트 실행 결과 및 로그 확인

스크립트를 살펴보면, 미리 선언된 키워드와 함께 특수 목적으로 사용하고 있는 함수가 있는 것을 확인할 수 있다. 예제 코드의 내용을 포함하여 함수와 그 사용 목적은 다음과 같다.

함수	설명
setImmediate	단말이 느려질 때 연결 시간 초과(timeout)로 종료되는 것을 방지
Java.Perform(fn)	스레드가 가상 머신(JVM)에 연결되었는지 확인하고 함수(fn)를 호출

Java.use 함수의 인자에는 후킹할 클래스명을 명시한다. 클래스에는 하나 이상의 함수가 선언될 수 있으므로 선언한 클래스명을 저장한 변수의 멤버 변수로 함수명을 사용한다. 예제 코드에서는 onCreate 함수를 후킹하기 위해서 명시하였다. 오버로드의 인자에는 함수에서 사용하고 있는 인자의 자료형과 개수를 명시한다. 자바의 경우 함수의 오버로딩이 가능하여 함수의 이름만으로 어떤 함수인지 특정할 수 없기 때문이다.

함수 오버로딩

함수 오버로딩은 인자의 개수나 자료형을 다르게 하여 하나의 이름으로 함수를 작성할 수 있다. 다음 예시에서 함수 오버로딩의 사용 예제를 살펴본다.

```
int add(int a, int b){
return a + b;
}
double add(int a, double b){
return a + b;
}
double add(double a, double b, double c){
return a + b + c;
}
```

세 개의 함수 모두 오버로딩으로 'add'라는 같은 이름을 사용하여 함수를 정의하고 있다. 함수 오버로딩이 불가한 경우 자료형만 다르고 같은 기능을 하고 있음에도 함수의 이름을 따로 선언해야 한다. 개발자는 같은 기능을 하는 함수의 인자의 개수와 자료형에 관계없이 이름을 동일하게 하여 관리할 수 있다. 오버로딩의 조건은 다음과 같다.

- 함수의 이름이 같아야 한다.
- 인자의 개수 또는 타입이 달라야 한다.
- 인자의 개수와 타입은 같고 반환 타입이 다른 경우는 오버로딩이 성립되지 않는다.

함수 오버로딩이 가능한 이유는 함수 시그니처에 있다. 각각의 함수는 시그니처로 구분을 한다. 함수의 시그니처는 함수의 선언부에 명시되는 함수의 이름과 인자의 리스트로 구성된다. 하나의 클래스 안에서는 같은 시그니처를 가질 수 없다.

후킹할 함수의 이름과 종류를 명시했다면 구현 구문을 통해 후킹한다. 이후에는 후킹할 함수를 재작성하여 함수에서 사용하고 있는 변수를 관찰하거나 재작성할 수 있다. 후킹하도록 선언한 함수와 재작성할 함수에서 사용하는 파라미터의 개수를 일치시켜야 에러 없이 후킹 스크립트가 동작한다. 이 정보는 정적 분석을 통해서 얻을 수 있으며, 함수가 선언된 부분을 찾거나 함수를 호출하여 사용하고 있는 부분을 분석하면 된다. 예제 코드에서는 후킹하려는 함수가 하나의 인자를 사용하고 있으므로 후킹 스크립트의 함수 또한 하나의 인자를 선언(실습 코드에서는 'var_0')한다.

함수가 호출되는 순간을 확인하기 위해서 콘솔창에 로그를 남기는 console.log 함수를 사용하였다. 함수가 호출되면 로그가 기록되고 여러 개의 함수에 로그를 기록하도록 했을 때 호출 순서, 호출 여부 등을 확인할 수 있다. 로그를 남기는 것 외에도 추가 로직을 작성할 수 있으며, 이 부분에 변수 조작, 다른 라이브러리 호출 등 스크립트 작성에 따라 다양한 활용이 가능하다. 이후에는 기존 함수의 정상 실행 로직을 반환해주기 위해서 call 함수를 실행하여 함수를 종료한다.

참조 변수(this)

자바에서 this는 객체 자신을 가리키는 참조 변수이다. 인스턴스가 생성되고 자신의 객체에 직접 접근할 때 사용한다. 주로 멤버 변수와 파라미터의 이름이 동일할 때 이를 구분하기 위해 사용한다. this 참조 변수를 이용하여 클래스 함수 및 생성자에서 자기 자신의 데이터를 업데이트하거나 조작할 수 있다. 모든 인스턴스 함수에는 this 참조 변수가 존재하고 있으며, 프리다에서도 이를 이용하여 인스턴스 변수에 접근할 수 있다.

11.2.2 프리다 스크립트 실행 방식

프리다 스크립트의 실행 방식은 프로세스 연결attach 방식과 프로세스 생성spawn 방식으로 두 가지가 있다. 프리다는 지정된 앱 식별자를 사용하여 새 프로세스를 생성하거나 이미 실행 중인 프로세스에 연결할 수 있다. 어떤 방식을 선택할지는 앱의 동작 특성과 분석하려는 목적에 따라 달라진다. 프리다를 이용하여 안드로이드 후킹을 수행할 때 연결 실행 방식과 생성 실행 방식의 차이는 다음과 같다.

① **연결 실행 방식**

이미 실행된 앱 프로세스에 후킹하는 방법이다. 앱이 실행된 후 특정 함수 호출

이후에 스크립트가 실행되어야 하는 경우에 사용한다. 실행된 앱에 프리다 스크립트를 연결해야 하므로 frida-ps 등 프로세스 식별자를 확인하는 명령어를 이용해서 앱에 대한 정보를 확인한 후에 후킹 스크립트를 로드한다.

프리다 연결(attach) 실행 방식

```
PC > adb frida -U [앱 식별자] -l [후킹 스크립트 파일명].js.
```

앱 프로세스명

프리다 15 버전 이후 변경 사항으로, 실행 중인 프로세스를 지정하기 위해서는 앱의 패키지명이 아닌 앱 식별자(프로세스명)를 지정해야 한다. frida-ps -Ua 명령어로 실행한 결과에서 이름(name)에 해당하는 부분을 확인하면 된다. 실행 중인 셸의 종류에 따라 앱 아이콘이 함께 표시되기도 한다.

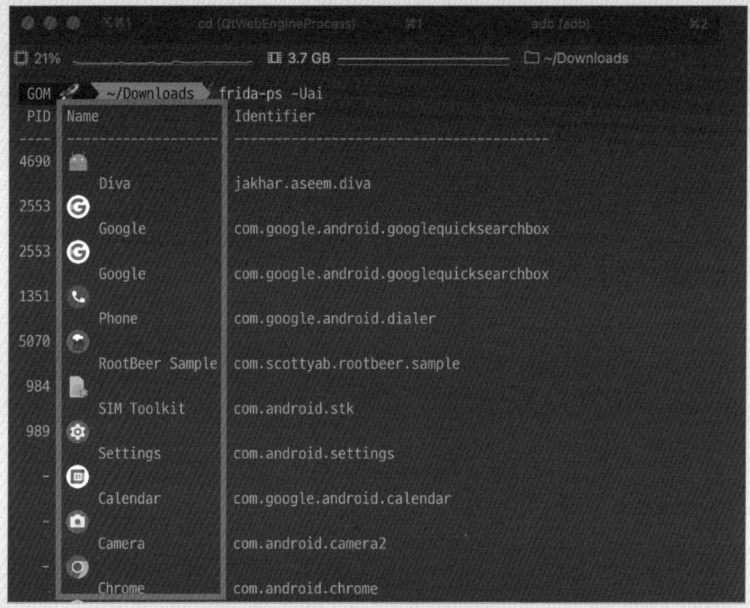

그림 11-12 실행 중인 앱 식별자 확인

프리다 14 버전 이하를 사용하는 경우 앱의 패키지명을 지정하여 실행 중인 앱에 후킹 스크립트를 실행할 수 있다.

② 생성 실행 방식

명령어를 실행하여 새 프로세스를 생성할 때 프리다는 즉시 앱의 코드가 실행되기 전에 후킹 스크립트를 적용한다. 메인 스레드가 실행되기 전에 후킹하므로 앱이 실행되기 전 무결성 검사, 루팅 탐지 여부 등을 검사하는 함수를 후킹할 수 있다. 프리다 스크립트를 앱 프로세스 생성과 동시에 실행하려면 -f [앱 식별자] 옵션을 사용한다.

프리다 생성(spawn) 실행 방식

```
PC > adb frida -U [앱 패키지명] -l [후킹 스크립트 파일명].js
```

 주의하기

생성 방식으로 스크립트 로드 시 —no-pause 옵션은 이전 버전의 프리다에서 '앱 코드 시작 지점에서 실행하지 않고 일시 중지' 상태를 해제한다. 하지만 이 옵션은 프리다 15.2.2 버전부터 사용되지 않는 옵션이며, 기본 실행 상태가 '대기하지 않고 실행'이다.

15.2 버전 이후 스크립트를 로드하며 앱 실행 시 시작 지점에서 중지하기 위해서 —pause 옵션을 사용할 수 있다. 중지 이후 재개하기 위해서는 %resume 명령을 사용한다.

앞선 실습에서 실행했던 onCreate 함수 후킹의 경우, 앱이 완전히 실행되고 난 이후에 후킹 스크립트를 연결하면 원하는 동작을 확인할 수 없다. 프리다 스크립트를 앱 프로세스의 생성 시점과 함께 실행해야 후킹에 성공하고 로그에 기록된다. 이처럼 분석을 원하는 함수나 앱의 구조에 따라서 각각의 실행 방식을 선택할 수 있다.

11.3 프리다 - 파이썬 바인딩

프리다는 파이썬 모듈을 제공하며, 사용할 수 있는 함수는 다음과 같다. 다음 함수를 이용하면 파이썬을 통해 프리다 스크립트를 실행하고 앱 흐름을 제어할 수 있다.

코드 11-2 파이썬 프리다 모듈 함수 목록

```
import inspect
import frida
for mb in inspect.getmembers(frida, inspect.isfunction):
    print(mb)


# 실행 결과
('attach', <function attach at 0x7f04816eb620>)
('enumerate_devices', <function enumerate_devices at 0x7f04816eba60>)
('get_device', <function get_device at 0x7f04816eb950>)
('get_device_manager', <function get_device_manager at 0x7f04816ebbf8>)
('get_device_matching', <function get_device_matching at 0x7f04816eb9d8>)
('get_local_device', <function get_local_device at 0x7f04816eb7b8>)
('get_remote_device', <function get_remote_device at 0x7f04816eb840>)
('get_usb_device', <function get_usb_device at 0x7f04816eb8c8>)
('inject_library_blob', <function inject_library_blob at 0x7f04816eb730>)
('inject_library_file', <function inject_library_file at 0x7f04816eb6a8>)
('kill', <function kill at 0x7f04816eb598>)
('resume', <function resume at 0x7f0481f34c80>)
('shutdown', <function shutdown at 0x7f04816ebb70>)
('spawn', <function spawn at 0x7f04858bcb70>)
```

파이썬 모듈에서 제공하는 함수를 이용하여 명령행에서 프리다를 실행하는 것처럼 코드를 통해 앱 실행을 제어할 수 있다. 다음은 앱 프로세스 생성 방식과 앱 프로세스 연결 방식의 코드를 파이썬으로 구현한 것이다.

코드 11-3 앱 프로세스 생성 방식 파이썬 코드

```
import frida, sys, time
def on_message(message, data):
    if message['type'] == 'send':
        print("[*] {0}".format(message['payload']))
    else:
```

```
        print(message)
js = """후킹 스크립트 위치"""
device = frida.get_usb_device()
pid = device.spawn('com.sampleapp')
session = device.attach(pid)
script = session.create_script(js)
script.on('message', on_message)
script.load()
device.resume(pid)
sys.stdin.read()
```

코드 11-4 앱 프로세스 연결 방식 파이썬 코드

```
import frida, sys
def on_message(message, data):
    if message['type'] == 'send':
        print("[*] {0}".format(message['payload']))
    else:
        print(message)
js = """후킹 스크립트 위치"""
process = frida.get_usb_device().attach('com.sampleapp')
script = process.create_script(js)
script.on('message', on_message)
script.load()
sys.stdin.read()
```

11.4 프리다를 이용한 후킹 실습 2

함수 호출 시 인자를 읽기 위해서는 정적 분석이 필요하다. 정적 분석을 통해 함수의 이름, 인자 개수, 자료형 등 구조를 파악하고 후킹 스크립트로 작성한다. 이번 섹션의 실습부터는 프리다를 활용할 수 있는 실습 앱을 사용한다. 프리다를 처음 사용하는 분석가를 위해 해외 개발자가 개발한 앱이며, 깃허브 홈페이지(https://github.com/azurda/com.learn.frida/releases)에서 다운로드받고 설치할 수 있다. 앱을 설치하면 버튼별로 기능을 수행하는 함수가 매핑되어 있으며, 프리다를 이용해서 후킹 실습을 할 수 있다. 또한 개발된 기능들의 코드를 확인할 수 있도록 안드로이드 스튜디오 개발 프로젝트 파일과 빌드 파일도 공개하고 있어 직접 기능을 변경하면서 학습할 수 있다.

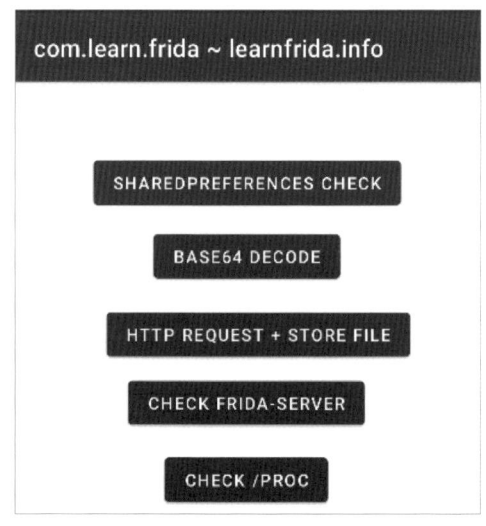

그림 11-13　프리다 실습 앱 설치 화면

실습에서는 첫 번째 버튼에 대해서 후킹한다. **7.1. 단말 내 중요 정보 저장**에서 다루었던 sharedPreferences 객체를 사용하며, 저장된 데이터를 읽어오는 코드이다. 앱을 정적 분석하기 위해 디컴파일하고 메인 액티비티의 코드를 분석한다.

코드 11-5 첫 번째 버튼 클릭 시 동작하는 함수 코드

```
btn_sharedprefs.setOnClickListener {
        val sharedPreferences = this.getPreferences(Context.MODE_
PRIVATE)
        val stringValue = sharedPreferences.getString(R.string.
savedString.toString(), "foobarstring")
        if (stringValue == "foobarstring") {
            Toast.makeText(this, "Instrumentation is not correct.",
Toast.LENGTH_SHORT).show()
        } else {
            Toast.makeText(this, "Instrumentation OK!", Toast.LENGTH_
SHORT).show()
        }
    }
```

첫 번째 버튼을 클릭할 때의 콜백 함수가 등록되어 있으며, 이미 저장되어 있는 sharedPreferences 저장소에서 문자열을 읽어서 조건문을 통해 foobarstring이라는 문자열과 일치 여부를 확인하고 있다. 조건문의 일치 여부에 따라 실행되는 구문이 달라진다. 저장소에서 값을 읽어올 때 사용하는 getString 함수를 후킹한다. 후킹 코드를 작성하기 위해서 함수의 구조를 파악한다.

- **getString을 후킹하기 위해서 속해있는 클래스 확인**: android.app.SharedPreferencesImpl
- **함수 파라미터의 자료형과 개수 파악**: java.lang.String, java.lang.String 총 2개

파악한 정보를 이용하여 후킹 스크립트를 작성한다.

코드 11-6 getString 함수 후킹 스크립트

```
Java.perform(() => {
    const sharedPreferences = Java.use('android.app.SharedPreferencesImpl');
    sharedPreferences.getString.overload('java.lang.String', 'java.lang.
```

```
String').implementation = (value, defaultvalue) => {
        console.log("on_enter parameters", value, defaultvalue);

    return this.getString(value, defaultvalue);
    };
});
```

프리다의 후킹 코드는 후킹할 함수를 찾는 부분과 찾은 함수를 재정의하는 부분으로 나눌 수 있다. 전체 자바 함수 중에서 후킹하려는 함수와 일치하는 하나의 함수를 후킹해야 하기 때문에 후킹할 getString 함수의 위치를 전체 앱 패키지에서부터 클래스까지 정확하게 지정한다. 자바의 함수는 오버로딩을 지원하기 때문에 같은 이름을 가진 함수를 여러 개 가질 수 있다. 하지만 함수 이름이 동일하면서 자료형, 인자 개수가 같은 함수를 선언할 수 없기 때문에 .overload 함수를 이용하여 자료형과 인자 개수를 선언해준다. 선언한 함수가 앱 내에 존재하지 않는 경우 프리다 실행 시 에러가 발생한다.

후킹할 함수를 찾는 선언부의 작성이 완료되었으면, 함수가 후킹되었을 때 어떤 코드를 실행할지 작성한다. 코드를 작성하기 전 함수가 어떤 동작을 하는지 분석한다. SharedPreferencesImpl 클래스의 getString 함수는 Shared preferences에 저장된 값을 불러오기 위해서 사용한다. getString 함수의 첫 번째 파라미터에는 해당 값을 찾기 위한 키를, 두 번째 파라미터에는 기본값을 지정한다. 함수의 실행 결과로 주어진 키에 대한 값을 찾아서 반환하거나, 해당 키에 대한 값이 없을 경우 기본값을 반환한다. **11.2.1 프리다를 이용한 후킹 실습** 1에서 작성한 코드와 같은 의미이지만 다른 문법을 사용하였다. 대괄호 내에 자바스크립트 문법에 맞게 작성한다. getString 함수가 실행된 결과를 그대로 반환값으로 전달하기 위해 this.getString(value, defaultvalue)를 통해 기존의 인자를 그대로 전달하여 실행에 대한 결괏값을 반환한다. 프리다 후킹 코드를 연결하고 앱을 실행한 다음,

앱에서 sharedPreferences 버튼 클릭 시 로그가 발생한다.

```
gom — frida -U -l sharedpref_hooking.js learnfrida — 111×38
bash-3.2$ frida -U -l sharedpref_hooking.js learnfrida
     ____
    / _  |   Frida 16.1.5 - A world-class dynamic instrumentation toolkit
   | (_| |
    > _  |   Commands:
   /_/ |_|       help      -> Displays the help system
   . . . .       object?   -> Display information about 'object'
   . . . .       exit/quit -> Exit
   . . . .
   . . . .   More info at https://frida.re/docs/home/
   . . . .
   . . . .   Connected to Android Emulator 5554 (id=emulator-5554)

[Android Emulator 5554::learnfrida ]-> on_enter parameters 2131689593 foobarstring
[Android Emulator 5554::learnfrida ]->
```

그림 11-14 getString 함수 후킹 결과 로그 출력

11.5 함수 호출 인자 변경

이전 실습에서 작성한 스크립트는 저장된 문자열을 읽는 함수의 호출 과정의 파라미터값은 확인 가능하지만, 앱 코드에서 조건문 검사의 결과는 동일하다. 함수 실행 시 인자값을 변경하여 조건문을 우회하는 실습을 진행한다. 조건문을 우회하기 위해서 어떤 변수를 검사하고 있는지 확인해야 한다. [코드 11-5]를 참고하면, getString 함수 실행을 통해 받아온 결괏값을 stringValue 변수에 담아 foobarstring과 일치하는지를 확인한다. 함수 호출의 결과를 foobarstring이 아닌 임의의 값으로 변경하면 조건문의 우회가 가능할 것으로 예상할 수 있다. 후킹 스크립트를 다음과 같이 작성할 수 있다. 후킹 스크립트를 앱을 연결하거나 후킹 스크립트로 실행하여 실행 결과도 확인한다.

코드 11-7 getString 함수 호출 결과 변경을 위한 후킹 스크립트

```
Java.perform(() => {
    const stringCls = Java.use('java.lang.String');
    const newString = stringCls.$new("learnfrida!");
```

```javascript
    const sharedPreferences = Java.use('android.app.
SharedPreferencesImpl');
    sharedPreferences.getString.overload('java.lang.String', 'java.lang.
String').implementation = function (value, defaultvalue) {
        console.log("on_enter parameters", value, defaultvalue);
        console.log("newString:", newString.toString());
        return newString;
    };
});
```

```
bash-3.2$ frida -U -l change_param.js learnfrida
     ____
    /  _ |    Frida 16.1.5 - A world-class dynamic instrumentation toolkit
   | (_| |
    > _  |    Commands:
   /_/ |_|        help      -> Displays the help system
   . . . .        object?   -> Display information about 'object'
   . . . .        exit/quit -> Exit
   . . . .
   . . . .    More info at https://frida.re/docs/home/
   . . . .
   . . . .    Connected to Android Emulator 5554 (id=emulator-5554)

[Android Emulator 5554::learnfrida ]-> on_enter parameters 2131689593 foobarstring
newString: learnfrida!
[Android Emulator 5554::learnfrida ]->
[Android Emulator 5554::learnfrida ]->
```

그림 11-15 후킹을 이용한 함수 호출 인자 변경

그림 11-16 후킹 스크립트 실행 및 앱 조건문 우회 확인

임의의 문자열로 대체하기 위해 문자열 클래스(stringCls)를 선언하여 learnfrida 문자열을 반환하도록 하였다. getString 함수가 호출될 때마다 항상 동일한 값을 반환하도록 후킹 스크립트를 작성하였다. 프로그램의 로직이나 데이터를 변경하기 위해서는 후킹된 함수 내에서 추가 로직을 구현하고, 필요한 경우 기존의 함수를 호출하거나 결괏값을 변형하는 방법을 사용한다.

11.6 프리다 스크립트 생성

설명한 방법 외에도 조건문을 우회하는 방법은 다양하다. areEqual 함수를 통해 두 개의 인자를 비교할 때 특정 문자열과 비교하는 경우 참이 아닌 거짓 값을 반환하도록 구성하는 방법으로도 후킹이 가능하다. 또는 앱 실행 시 메인 액티비티의 첫 동작으로 Shared preferences에 foobarstring 문자열을 저장하는 로직이 있다. 문자열을 저장하는 putString 함수를 후킹하여 다른 값이 저장되도록 후킹 스크립트를 작성할 수 있다. 이번에는 디컴파일러(jadx)에서 제공하는 프리다 스크립트 생성 기능을 이용한다. 분석하려는 함수에서 우클릭 후에 나타나는 메뉴에서 [Copy as frida snippet]을 선택한다.

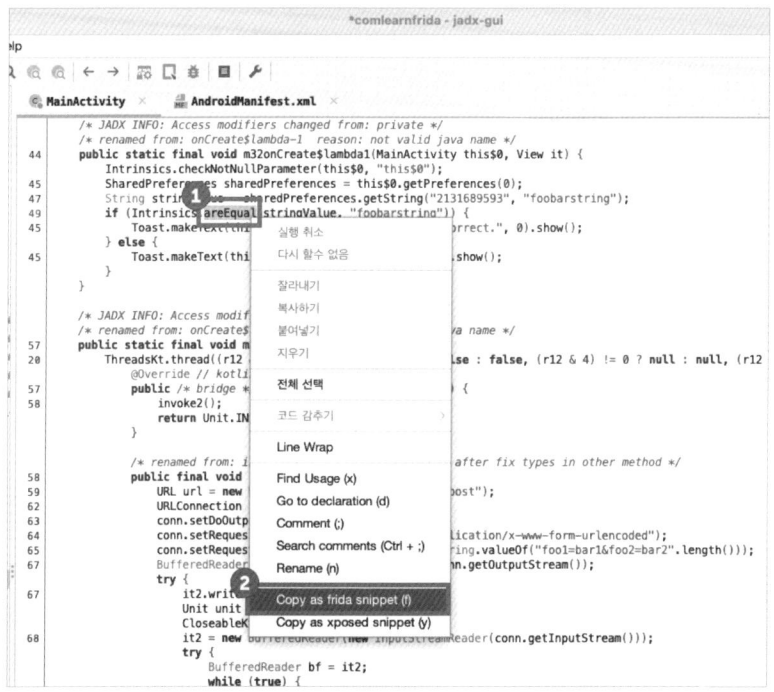

그림 11-17 디컴파일러 도구(jadx-gui)에서 프리다 스크립트 생성

코드 11-8 자동 생성된 프리다 스크립트

```
let Intrinsics = Java.use("kotlin.jvm.internal.Intrinsics");
Intrinsics["areEqual"].overload('java.lang.Object', 'java.lang.Object').
implementation = function (first, second) {
    console.log('areEqual is called' + ', ' + 'first: ' + first + ', ' +
```

```
    'second: ' + second);
    let ret = this.areEqual(first, second);
    console.log('areEqual ret value is ' + ret);
    return ret;
};
```

예제의 코드는 코틀린으로 작성된 Intrinsics 클래스에 있는 areEqual 함수를 후킹하여 실행 시 로그를 기록하도록 작성된 프리다 스크립트이다. 오버로드[overload] 함수는 함수의 시그니처에 맞는 오버로드된 함수 중에서 일치하는 함수를 선택한다. 함수가 호출될 때 콘솔에 로그를 출력하고, 원래의 areEqual 함수를 호출하여 반환값을 확인한다. 파라미터나 반환값의 변조를 수행하지는 않지만 실행 시 모니터링에 사용할 수 있으며, 스크립트를 응용하여 변조 또한 수행할 수 있다.

앱 소스코드의 특정 함수를 후킹하기 위한 과정을 정리하면 다음과 같다.

① 앱에서 분석하려는 동작을 수행할 때 어떤 함수가 사용되는지 확인한다.
② 함수가 앱 실행 중 어떤 단계에서 실행되는지 위치를 파악한다. 주로 정적 분석 단계에서 분석이 가능하지만, 코드 난독화 등으로 로직을 찾기 어려울 때는 앞서 소개했던 클래스별로 함수의 목록을 나열하는 후킹 스크립트를 사용할 수 있다.
③ 함수를 실행하는 인자는 어떤 것이 있는지, 반환하는 값의 형태는 어떠한지 분석하여 후킹 스크립트를 작성한다.

11.7 프리다 후킹 스크립트 예제

앱 분석 시 범용적으로 활용할 수 있는 프리다 스크립트를 소개한다. 소개하는 스크립트 이 외에도 프리다 공식 홈페이지의 코드 공유 페이지(https://

codeshare.frida.re/)에서 커뮤니티로 많은 분석가들이 자신의 스크립트를 공유하고 있으며, 깃허브 페이지에서도 활발하게 이슈와 논의가 이루어지고 있다. 프리다 코드 조각^{frida code snippets}, 참고 자료^{frida code cheat sheet} 등으로 검색 키워드를 사용하여 더 많은 스크립트를 확인할 수 있다.

11.7.1 클래스, 메서드 목록 나열

난독화 등으로 정적 분석이 어려울 때 실행 시점의 클래스, 함수 등을 분석할 수 있다. 정적 분석을 통해 액티비티명을 확인한 후 클래스에서 사용하고 있는 함수를 출력하는 기능을 수행하는 스크립트이다.

코드 11-9 액티비티명으로 클래스 내 함수 목록 출력 스크립트

```
const Class = Java.use("com.sample.app");
function inspectClass(obj) {
    const obj_class = Java.cast(obj.getClass(), Class);
    const fields = obj_class.getDeclaredFields();
    const methods = obj_class.getMethods();
    console.log("Inspect " + obj.getClass().toString());
    console.log("\tFields:");
    for (var i in fields)
        console.log("\t" + fields[i].toString());
    console.log("\tMethods:");
    for (var i in methods)
        console.log("\t" + methods[i].toString());
}
```

11.7.2 네이티브 함수 후킹

네이티브 언어로 작성된 함수 또한 후킹이 가능하다. 다음 코드는 libnative-lib.so 라이브러리 내에 있는 Jniint 함수를 후킹하는 스크립트이다. 자바와는 다르게

onEnter, onLeave 키워드를 사용하여 후킹하려는 함수의 메모리에 진입 시, 실행 종료 시 수행할 동작을 정의할 수 있다.

코드 11-10 네이티브 함수 후킹 스크립트 예제

```
Interceptor.attach(Module.getExportByName('libnative-lib.so', 'Jniint'), {
    onEnter: function(args) {
      this.first = args[0].toInt32(); // int
      console.log("on enter with: " + this.first)
    },
    onLeave: function(retval) {
      const dstAddr = Java.vm.getEnv().newIntArray(1117878);
      console.log("dstAddr is : " + dstAddr.toInt32())
      retval.replace(dstAddr);
    }
});
```

후킹할 함수의 이름만 알고 있을 때, 클래스에 널 값을 전달할 수 있다. 프리다는 클래스 이름 대신 널 값이 전달된 경우 함수를 탐색한다. 발견하지 못하면 주어진 문자열을 접두어로 하여 해당 이름을 가진 모듈이 있는지 탐색한다. 다음은 파일을 여는 함수인 fopen 함수를 후킹하는 스크립트 예제이다.

코드 11-11 네이티브 함수 이름으로 후킹하는 스크립트 예제

```
Interceptor.attach(Module.findExportByName(null, "fopen"), {
    onEnter: function(args) {
        console.log("Interceptor attached onEnter...");
    },
    onLeave: function(args) {
        console.log("Interceptor attached onLeave...");
    }
}
```

11.7.3 바이트코드를 문자열로 변환

프리다는 메모리 영역에 직접 접근이 가능하여 저장된 데이터를 읽을 수 있다. 메모리에 저장된 값을 직접 읽어오는 경우에는 사람이 읽을 수 있는 형태로 변환하여야 한다. 자바스크립트에서 제공하는 fromCharCode 함수의 인자로 바이트코드의 배열을 전달하는 방식으로 사용할 수 있다.

코드 11-12 바이트코드를 문자열로 변환하는 스크립트

```
function bin2String(array) {
  var result = "";
  for (var i = 0; i < array.length; i++) {
    result += String.fromCharCode(array[i]);
  }
  return result;
}
```

11.7.4 호출 스택 확인

후킹한 함수가 어디서부터 호출되었는지 확인하는 방법이 필요할 때가 있다. 동일한 함수가 여러 위치에서 사용되고 있는 경우, 정적 분석으로 하나씩 분석하는 것보다 함수의 호출 스택을 확인하는 것이 더 효율적이다. 호출 스택을 분석하면 정적 분석에 소요되는 시간을 줄이고, 호출 과정에서 다른 함수를 식별할 수도 있다.

코드 11-13 호출 스택을 확인하는 후킹 스크립트

```
Java.perform(() =>{
    const thread = Java.use('java.lang.Thread').$new();
    const b64Claz = Java.use('java.util.Base64$Decoder');
        b64Claz.decode.overload('[B').implementation = function
(inputString) {
            const retval = this.decode(inputString);
            const stacktrace = thread.currentThread().getStackTrace();
```

```
        return retval;
    }
});
```

11.8 프리덤프

프리덤프^{fridump}는 프리다 프레임워크를 사용하는 오픈소스 메모리 덤프 도구이다. 프리다가 지원하는 다양한 운영체제에서 실행되는 바이너리의 접근 가능한 메모리를 덤프할 수 있는 기능을 제공한다. **7.6 메모리 내 중요 정보 평문 노출**에서 다루었던 취약점을 프리덤프를 이용하여 동일하게 확인할 수 있다. 제작자의 깃허브 페이지(https://github.com/rootbsd/fridump3)에서 다운로드받을 수 있으며, 파이썬 스크립트로 제공하고 있어 별도의 설치 과정 없이 실행만으로 결과를 확인할 수 있다. 실행할 파이썬 파일(fridump3.py)은 200줄이 되지 않으니 직접 스크립트를 분석하는 것도 권장한다.

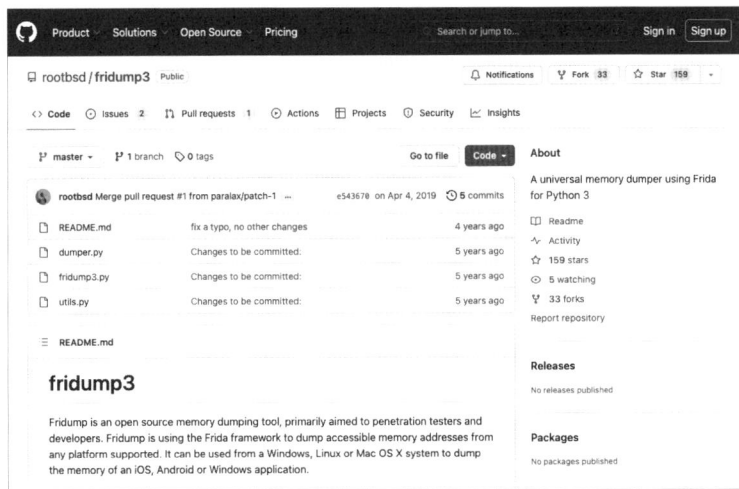

그림 11-18 프리덤프 깃허브 페이지

분석할 앱 프로세스 식별자(PID) 확인

```
PC > frida-ps -Uai
```

```
bash-3.2$ frida-ps -Uai
 PID  Name                Identifier
 ----  ------------------  ----------------------------------------
 2717  Calendar            com.google.android.calendar
 4632  Chrome              com.android.chrome
 2934  Gmail               com.google.android.gm
 1358  Google              com.google.android.googlequicksearchbox
 1358  Google              com.google.android.googlequicksearchbox
 3861  Maps                com.google.android.apps.maps
 2303  Messages            com.google.android.apps.messaging
 3821  Phone               com.android.dialer
 4083  Wallpapers          com.google.android.apps.wallpaper
 2898  YouTube             com.google.android.youtube
 4340  learnfrida          com.learn.frida
    -  Camera              com.android.camera2
    -  Clock               com.google.android.deskclock
    -  Contacts            com.android.contacts
    -  Diva                jakhar.aseem.diva
    -  Drive               com.google.android.apps.docs
    -  Files               com.android.documentsui
    -  Google Play Music   com.google.android.music
    -  Photos              com.google.android.apps.photos
    -  Settings            com.android.settings
    -  checkcheck          com.gomguk.checkcheck
bash-3.2$
bash-3.2$
bash-3.2$
bash-3.2$
```

그림 11-19 분석할 앱 프로세스 식별자 확인

프리덤프를 이용한 메모리 덤프

```
PC > python fridump3.py -u -r [PID] -s

PC(예시) > python fridump3.py -u -r 4340 -s
```

```
bash-3.2$ python3 fridump3.py -u -r 4340 -s
     _      _
    / _|   (_)   | |
   | |_ _ __ _  __| |_   _ _ __ ___  _ __
   |  _| '__| |/ _` | | | | '_ ` _ \| '_ \
   | | | |  | | (_| | |_| | | | | | | |_) |
   |_| |_|  |_|\__,_|\__,_|_| |_| |_| .__/
                                    | |
                                    |_|

Current Directory: /Users/gom/_pentest_mobile/fridump3-master
Output directory is set to: /Users/gom/_pentest_mobile/fridump3-master/dump
Creating directory...
Starting Memory dump...
/Users/gom/_pentest_mobile/fridump3-master/fridump3.py:128: DeprecationWarning: Script.exports w
ill become asynchronous in the future, use the explicit Script.exports_sync instead
  agent = script.exports
Oops, memory access violation!--------------------------------] 7.19% Complete
Oops, memory access violation!--------------------------------] 19.92% Complete
Running strings on all files:#################################] 99.21% Complete
Progress: [###################################################] 100.0% Complete

Finished!
bash-3.2$
bash-3.2$
bash-3.2$
```

그림 11-20 프리덤프 실행

 주의하기

fridump 실행 시 에러 발생(unable to find remote frida-server)

파이썬으로 작성된 프리다 스크립트가 동작할 때 PC에 연결된 단말의 연결 상태를 대기하지 않도록 설정되어 있어 발생하는 에러이다. 대기 시간(초)을 지정하는 방법으로 해결할 수 있다. 다운로드받은 파일 중 fridump3.py 파일의 79번째 행의 코드를 다음과 같이 수정한다.

수정 전

- session = frida.get_usb_device(0).attach(APP_NAME)

수정 후

- session = frida.get_usb_device(1).attach(APP_NAME)

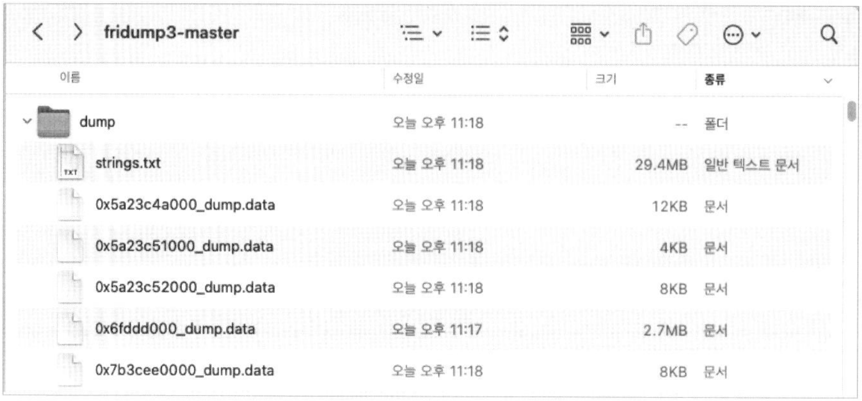

그림 11-21   프리덤프 실행 결과 파일

프리덤프를 실행한 위치에 dump 폴더가 생성되고, 앱의 메모리 주소에 해당하는 덤프가 파일로 생성된 것을 확인할 수 있다. 실행 시 -s 옵션을 지정하였기 때문에 문자열로 식별될 수 있는 메모리값을 추출하여 단일 파일인 strings.txt에서 확인할 수 있다. 다만 방대한 양의 데이터가 포함되어 있으므로, 앱에서 직접 입력한 중요 정보나 단말의 화면에 보이는 데이터를 검색하여 전후 위치를 분석하는 방법으로 확인할 수 있다.

중요 정보가 앱의 메모리 영역에 평문으로 저장되어 있는지를 확인하기 위함이므로 앱에서 관련 기능을 충분히 사용한 후에 메모리 덤프를 수행해야 함에 유의한다. 사용자 비밀번호, 중요 정보 등이 기능 사용 이후에도 초기화되지 않고 메모리에 남아 있는 경우 또는 암호화된 값이더라도 암·복호화 과정에서 메모리에 평문으로 저장되는 경우 취약으로 판단한다.

11.9   프리다 트레이스

프리다 트레이스frida-trace는 함수 호출을 동적으로 추적하기 위한 도구이다. 다른 분석 방법을 통해 앱에서 특정 이름을 가진 함수를 호출하고 있음을 확인했을 때, 호출 과정과 상관없이 이름만 전달하여 함수가 어디에서부터 호출되어 왔는지 호출 스택을 확인할 수 있다. 특정 함수의 호출을 실시간으로 추적하는 데 유용하다. 추적할 함수의 패턴을 지정하여 프리다 트레이스를 사용할 수 있으며 자세한 사용 방법은 다음과 같다.

함수 추적

```
PC > frida-trace -i "추적할 함수명" -U [앱 식별자]
```

JNI 함수 추적

```
PC > frida-trace -U -i "java_*" -U [앱 식별자]
PC(예시) > frida-trace -U -i "open" diva
```

```
bash-3.2$ frida-trace -i "open" -U Diva
Instrumenting...
open: Auto-generated handler at "/Users/gom/__handlers__/libc.so/open.js"
Started tracing 1 function. Press Ctrl+C to stop.
          /* TID 0x126d */
  5806 ms     open(path="/data/misc/profiles/cur/0/jakhar.aseem.diva/primary.prof", oflag=0x88002)
          /* TID 0x1252 */
 11166 ms     open(path="/data/user/0/jakhar.aseem.diva/databases/ids2", oflag=0xa8042)
 11169 ms     open(path="/data/user/0/jakhar.aseem.diva/databases/ids2-journal", oflag=0xa8042)
 11170 ms     open(path="/data/user/0/jakhar.aseem.diva/databases", oflag=0x80000)
 11172 ms     open(path="/data/user/0/jakhar.aseem.diva/databases/ids2-journal", oflag=0xa8042)
 11172 ms     open(path="/data/user/0/jakhar.aseem.diva/databases", oflag=0x80000)
 11174 ms     open(path="/data/user/0/jakhar.aseem.diva/databases/ids2-journal", oflag=0xa8042)
 11174 ms     open(path="/data/user/0/jakhar.aseem.diva/databases", oflag=0x80000)
          /* TID 0x126d */
 45819 ms     open(path="/data/misc/profiles/cur/0/jakhar.aseem.diva/primary.prof", oflag=0x88002)
          /* TID 0x1252 */
 53009 ms     open(path="/data/user/0/jakhar.aseem.diva/shared_prefs/jakhar.aseem.diva_preferences.xml", oflag=0x241)
          /* TID 0x126d */
 85830 ms     open(path="/data/misc/profiles/cur/0/jakhar.aseem.diva/primary.prof", oflag=0x88002)
bash-3.2$
```

그림 11-22 DIVA 앱에서 open 함수를 대상으로 프리다 트레이스 실행 결과

프리다 트레이스를 통해 함수의 추적에 성공하면, 콘솔창에서 시간 순서대로 함수의 호출 스택을 보여준다. 각각의 호출은 다른 색으로 구분하며, 어떤 과정으로 함수가 호출되었는지 함수가 호출된 시간, 함수에 전달된 인자, 함수의 반환값을 포함한 개요를 보여준다. 함수의 이름만으로 후킹하기 때문에 예상하지 못한 시점에서 호출되는 경우, 인자와 반환값 내 민감한 정보를 포함하는 경우에도 변조를 시도할 수 있다.

11.10 프리다와 동적 분석

프리다가 함수의 호출을 추적하고 변조를 할 수 있는 데에는 다음의 원리로 구현된다.

① **함수 내 코드 주입**: 프리다는 앱 프로세스의 메모리에 코드를 주입하여, 특정 함수의 호출 시 이벤트가 동작하도록 한다.
② **함수 추적**: 주입된 코드는 특정 함수가 호출될 때마다 이를 감지하고, 해당 함수의 이름, 호출 시간, 인자와 반환값 등의 정보를 기록한다.
③ **데이터 수집 및 분석**: 프리다는 수집된 데이터를 제공하며, 데이터를 이용하여 앱의 동작을 분석하고 취약점을 발견한다.

프리다는 복잡한 프레임워크인 만큼 다양한 기능을 제공한다.

- 메모리에서 동작하는 클래스 분석
- 인스턴스로 동작 중인 클래스에서 함수 호출
- 함수 호출 시 인자값 및 반환값 로깅
- 함수 인자값 및 반환값 변조

앞서 소개한 기능을 포함하여 더 많은 기능을 수행하도록 확장할 수 있다.

- **동적 분석**: 프리다를 사용하여 앱의 실시간 동작을 분석할 수 있다. 앱이 실행되는 동안의 메모리, 함수 호출이나 데이터 처리를 실시간으로 분석한다.
- **네트워크 트래픽 모니터링**: 앱과 서버 간의 네트워크 통신을 스니핑이 아닌 코드 레벨에서 분석할 수 있다. 네트워크로 전송하기 전의 패킷을 분석하거나, 수신 후 앱에서 처리하기 전의 패킷을 조작할 수 있다.
- **사용자 인터페이스 조작**: 사용자 상호작용이 필요한 부분을 스크립트로 작성하여 자동화할 수 있다. 입력 폼에 값을 넣고 전송 버튼을 클릭할 때의 동작에서 데이터를 전달하는 함수를 후킹하여 반복 호출할 수 있고, 입력된 데이터에서 특정 과정을 추가하도록 하여 변조된 값으로 기능을 수행하도록 후킹할 수 있다.

프리다는 진단가가 자신의 필요에 맞게 스크립트를 작성하고 커스터마이징할 수 있는 유연성을 제공한다. 예를 들어 사용자의 위치를 수집하거나, 파일을 읽고 쓰는 동작 등은 안드로이드에서 제공하는 함수를 사용해야 한다. 이 함수를 후킹한다면 하나의 앱이 아닌 다른 앱에서 동일한 동작을 수행하는 경우 범용적으로 후킹 스크립트를 사용할 수 있다는 장점이 있다. 이를 효율적으로 사용하기 위해서는 많은 앱의 분석이 필요하다.

CHAPTER 12 루팅 탐지 로직과 우회 기법

단말의 루트 권한을 가진 사용자는 단말의 모든 부분을 조작할 수 있다. 루팅 단말에서 앱 사용이 가능하면, 다양한 공격에 노출될 수 있다. 모바일 뱅킹, 쇼핑, 인증 앱과 같은 중요도가 높은 앱은 실행 전 단말의 루팅 여부를 검사한다. 단말에서 루팅이 탐지되는 경우 보안에 취약할 수 있음을 경고하는 메시지를 띄우거나 앱 정책에 따라 실행 자체를 중지한다. 루팅 탐지와 함께 백신 앱 설치 여부, 보안 앱 설치 여부 등을 검사하는 경우도 있으며 이는 루팅 탐지 기법과 유사하게 적용 가능하기 때문에 별도로 다루지 않는다. 구현 가능한 몇 가지 루팅 탐지 기법의 원리와 우회 기법을 알아본다.

12.1 su 파일 및 시스템 경로 접근 확인

루팅 시 접근 가능한 경로가 존재하는지를 검사하여 존재하는 경우 탐지하는 방법이다. 루팅된 단말에서는 시스템 파일 및 경로에 대한 접근이 가능하다. 앱에서 직접 시스템 경로의 접근을 시도하여 접근이 가능한 경우 루팅된 단말로 판단한다. su 파일이 위치할 수 있는 파일 클래스의 exists 함수를 통해 파일 존재 여부를 검사한다. su 파일은 루팅된 단말에서 루트 권한에 접근할 때 사용하는 바이너리이다. 구현 코드는 다음과 같다.

코드 12-1 파일 존재 여부 확인을 통한 루팅 탐지 로직

```
import java.io.File
//...(생략)
private boolean suBinaryCheck(){
 String[] suPaths = {"/system/xbin/su", "/sbin/su", "/system/su", "system/bin/su"};
 for (String suPath : suPaths) {
```

```
    File f = new File(suPath);
    boolean fileExists = f.exists();
    if(fileExists){
      Log.i("ContentValues", "SU binary detected: " + suPath);
      return true;
    }
  }
  return false;
}
```

파일 탐지에 대한 우회는 exists 함수를 후킹할 수 있다. 함수가 구현된 클래스를 찾아야 하며, 파일 클래스(java.io.File)에서 구현된 함수임을 선언부를 통해 확인할 수 있다. 또한 함수에 대한 기능은 자바에서 제공하는 클래스의 경우 공식 문서에서 확인할 수 있으며, 함수가 사용된 위치의 전후 코드를 분석하여 기능을 확인할 수 있다. exists 함수는 인자로 전달된 위치의 파일이나 경로가 존재하는 경우 참을 반환하고, 그렇지 않으면 거짓을 반환하는 함수이다.

exists 함수는 내부 호출 과정에서 단말의 경로 정보를 가져오기 위해 getPath 함수를 호출한다. 루팅 탐지 로직 우회를 위해서는 su 경로의 존재 여부를 검증하고 있으므로 문자열 비교 인자를 변경하거나 함수 호출 자체를 무효화할 수 있다. 스크립트 작성을 위해 주어진 문자열에서 공통점을 찾는다. 배열의 모든 문자열이 su로 끝나는 것을 확인할 수 있으며, getPath 함수가 호출될 때 su로 끝나는 문자열을 검사하는 경우 exists 함수를 호출하지 않고 거짓을 반환하도록 후킹 스크립트를 작성한다.

코드 12-2 파일 존재 여부 확인을 통한 루팅 탐지 로직 우회 후킹 스크립트

```
Java.perform(function(){
   const File = Java.use('java.io.File');
   File.exists.implementation = function () {
      const filePath = this.getPath();
      // 비교하는 파일 경로 문자열이 "su"로 끝나는 경우
```

```
        if (filePath.endsWith("su")){
            console.log(`Bypassing exists() call to: ${filePath}`);
            return false;
        }
        console.log(`Calling exists() on: ${filePath}`);
        return this.exists();
    };
})
```

 주의하기

자바 함수를 후킹하거나 자주 사용되는 함수를 후킹하는 경우, 앱 실행 시 다른 위치에서 같은 함수를 사용 중일 수 있다. 무조건적인 반환값 변조를 시도하는 경우 의도하지 않은 위치에서 후킹한 값을 반환하는 등 잘못된 동작을 수행할 수 있으므로 비교하는 대상 문자열에 대해 조건문을 통해 검사하는 등 주의하여 스크립트를 작성한다.

12.2 루팅 시 설치되는 바이너리 존재 여부 확인

루팅 방법에 따라 차이가 있지만, 대표적인 바이너리들을 목록화하여 설치된 패키지명과 비교하여 일치하는 경우를 루팅으로 판단한다. 매지스크magisk와 같은 앱은 단말 루팅 과정에서 종종 필수적으로 사용되는 앱이며, 단말 루팅 후 설정을 지원하는 앱의 목록도 포함하고 있다. 단말에 설치된 앱과 목록에 선언된 패키지명에서 일치하는 앱이 있는 경우 함수는 참을 반환한다. 앱 바이너리의 목록 예시와 탐지 로직은 다음과 같다.

코드 12-3 루팅 시 설치되는 앱 목록 및 탐지 로직 예시

```
private boolean isRootApp(){
 PackageManager pm = context.getPackage();
```

```
    String[] rootPackages = ["com.noshufou.android.su", "com.noshufou.
android.su.elite", "eu.chainfire.supersu",
        "com.koushikdutta.superuser", "com.thirdparty.superuser", "com.
yellowes.su", "com.koushikdutta.rommanager",
        "com.koushikdutta.rommanager.license", "com.dimonvideo.
luckypatcher", "com.chelpus.lackypatch",
        "com.ramdroid.appquarantine", "com.ramdroid.appquarantinepro",
"com.devadvance.rootcloak", "com.devadvance.rootcloakplus",
        "de.robv.android.xposed.installer", "com.saurik.substrate", "com.
zachspong.temprootremovejb", "com.amphoras.hidemyroot",
        "com.amphoras.hidemyrootadfree", "com.formyhm.hiderootPremium",
"com.formyhm.hideroot", "me.phh.superuser",
        "eu.chainfire.supersu.pro", "com.kingouser.com", "com.topjohnwu.
magisk"
    ];

for(String packagename: rootPackages){
    try {
        pm.getPackageInfo(packagename,1);
        Log.i("ContentValues", "Root package installed: " + packagename);
        return true;
    } catch (PackageManager.NameNotFoundException e){
    }
}
return false;
}
```

우회 로직을 작성하기 위해 어떤 함수를 후킹해야 하는지 분석한다. 패키지 목록을 불러오는 getPackage 함수를 후킹할 수 있다. 단말에 설치된 앱의 패키지명을 불러오는 함수의 기능과 동작 방식을 이해한 후 후킹 스크립트를 작성한다. 다음 예시에서는 선언한 배열의 문자열을 포함하는 패키지명의 존재 여부를 검사하는 경우 존재하지 않는 임의의 패키지명으로 변경하여 탐지를 우회하도록 작성하였다.

코드 12-4 루팅 시 설치되는 앱 목록 확인을 통한 루팅 탐지 로직 우회 스크립트 예시

```
var PackageManager = Java.use("android.app.ApplicationPackageManager");
var RootPackages = ["com.noshufou.android.su", "(...생략...)", "com.topjohnwu.magisk"];
PackageManager.getPackageInfo.overload('java.lang.String', 'int').implementation = function(pname, flags) {
    var shouldFakePackage = (RootPackages.indexOf(pname) > -1);
    if (shouldFakePackage) {
        send("Bypass root check for package: " + pname);
        pname = "set.package.name.not.exists";
    }
    return this.getPackageInfo.overload('java.lang.String', 'int').call(this, pname, flags);
};
```

더 알아보기

getPackage 함수는 안드로이드 공식 문서에 기능과 필요 인자에 대해 명시되어 있다. 이 함수는 안드로이드 11(API Level 33)부터 사용되지 않는 함수이다. 이전 버전에서 실행하는 경우 인자로 전달한 패키지의 설치 여부와 관계없이 예외('NameNotFoundException')가 발생한다. 이후 버전부터는 같은 기능을 하는 getInstalledPackages 함수를 사용한다.

공식 문서
- https://developer.android.com/reference/android/content/pm/PackageManager

12.3 프리다 탐지 로직

12.3.1 프리다 서버 파일 존재 여부 확인

네이티브 코드를 사용해서 프리다 탐지를 적용할 수 있다. 파일의 상태를 확인

하는 stat 함수를 이용하여 경로를 인자로 전달하면, 반환되는 결괏값에 따라 파일의 존재 여부를 확인할 수 있다. 일반적으로 사용하는 프리다의 경로를 전달하고 존재하는 경우 프리다 탐지로 판단하여 앱 실행을 종료하는 로직을 구성할 수 있다.

코드 12-5 프리다 서버 파일 존재 여부 확인을 통한 프리다 탐지 코드 예제

```
extern "C"
JNIEXPORT jboolean JNICALL
Java_com_example_myapplication_MainActivity_isFridaRunning(JNIEnv *env,
jobject thiz){
  int result;
  struct stat sb;
  if (stat("/data/local/tmp/frida-server", &sb) == 0)
  {
    return true
  }
  return false;
}
```

우회하는 후킹 스크립트의 경우 stat 함수의 인자에 frida 문자열이 포함되어 있으면 존재하지 않는 대체 경로(/data/local/tmp/foobar-server)로 변경하여 기존 실행과 다른 결과를 반환하도록 하는 방법을 사용할 수 있다.

코드 12-6 프리다 파일 탐지 코드 우회 후킹 스크립트

```
const pathString = Memory.allocUtf8String("/data/local/tmp/foobar-server");
Interceptor.attach(Module.getExportByName(null, 'stat'), {
  onEnter(args) {
    if(args[0].readUtf8String().includes('frida')){
      args[0] = pathString;
    }
```

```
    }
});
```

더 알아보기

프리다 후킹 실습 앱으로 사용한 com.frida.learn 앱의 〈check frida-server〉 버튼에 프리다 서버 파일 존재 여부 확인을 통한 프리다 탐지가 구현되어 있다. 소개한 후킹 스크립트를 통해 우회할 수 있다.

12.3.2 프리다 프로세스 실행 여부 확인

실행 중인 프로세스 중 frida 이름을 가진 것이 있는지 확인하는 코드이다. 유닉스 계열 운영체제는 프로세스, 소켓 등 모든 것을 파일의 개념으로 관리한다. 따라서 중요 정보들이 파일로 저장되어 관리되는 위치만 확인하면 많은 정보를 확인할 수 있다. 실행 중인 프로세스에 접근하기 위해서 파일을 여는 fopen 함수로 접근하는 것도 프로세스에 접근하기 위함이다. 함수의 인자로 사용한 경로(/proc/self/maps)에는 현재 단말에서 실행 중인 프로세스의 목록이 나열되어 있다. 경로에 접근 후 문자열을 비교하는 함수인 strstr 함수를 사용하여 프리다의 실행 여부를 확인한다.

코드 12-7 프리다 프로세스 탐지를 통한 프리다 탐지 코드 예제

```
extern "C"
JNIEXPORT jboolean JNICALL
Java_com_example_myapplication_MainActivity_isFridaProc(JNIEnv *env,
jobject thiz){
  FILE *fp;
  char line[512] = {0};
  fp = fopen("/proc/self/maps", "r");
  if(fp)
  {
```

```
    while(fgets(line, 512, fp)){
      if(strstr(line, "frida"))
      {
        return true;
      }
    }
  }
  return false;
}
```

후킹 스크립트는 탐지하고 있는 로직을 분석하여 어떤 인자를 비교하고 있는지 확인 후 우회하도록 작성한다. fopen 함수의 인자로 프로세스 목록을 확인하는 경로에 접근하고, strstr 함수를 통해 frida를 포함하는 문자열을 비교하려는 경우 함수 실행의 결괏값을 거짓(0)으로 반환한다.

 주의하기

fopen 등 자주 사용되는 함수의 경우 안드로이드 앱이 실행되면서 공유 라이브러리 로드, 로컬 파일 사용을 목적으로 과도하게 호출될 수 있다. 불특정 대상으로 호출되는 함수에 후킹을 사용하는 경우 필요한 함수만 후킹하고, 다른 모든 함수를 대상으로 하지 않는다. 예를 들어 특정 라이브러리 또는 패키지 내에서 호출되는 함수만 선택적으로 후킹하여 필요한 정보만을 후킹할 수 있다.

코드 12-8 프리다 프로세스 탐지 우회 후킹 스크립트

```
Interceptor.attach(Module.getExportByName(null, 'fopen'),{
  onEnter(args) {
    this.strstr = null;
    if (args[0].readUtf8String() == "/proc/self/maps"){
      this.strstr = Interceptor.attach(Module.getExportByName(null,
'strstr'), {
        onEnter(args) {
          this.arg_1 = args[0].readUtf8String();
```

```
      },
      onLeave(retval) {
        if(this.arg_1.includes('frida'))
        {
          retval.replace(0);
        }
      }
    });
  }
},
onLeave(retval){
  if(this.strstr){
    this.strstr.detach();
  }
 }
});
```

더 알아보기

프리다 후킹 실습 앱으로 사용한 com.frida.learn 앱의 〈check /proc〉 버튼에 프리다 프로세스 실행 여부 확인을 통한 프리다 탐지가 구현되어 있다. 소개한 후킹 스크립트를 통해 우회할 수 있다.

12.4 추가 실습 앱 소개

12.4.1 루트 비어

루트 비어^{RootBeer}는 안드로이드 플랫폼에 특화된 오픈소스 루트 검사 프레임워크이다. 지금까지 다루었던 루팅 탐지 로직을 포함하여 추가적으로 사용할 수 있는 루팅 탐지 로직을 포함한다. 앱 개발자들에게 쉽게 적용할 수 있도록 하고, 루팅된 단말의 앱 접근을 차단하도록 하는 것이 루트 비어의 목표이다. 실습을 통해서 루팅 탐지 로직이 어떻게 적용되어 있는지 확인하고, 앞서 다룬 우회 기법을 포함한 후킹 스크립트를 작성하여 루팅 탐지를 우회할 수 있도록 한다. 해당 기법이 적용되어 개발된 앱은 플레이 스토어(https://play.google.com/store/apps/details?id=com.scottyab.rootbeer.sample)에 공개되어 있다. 루트 비어에서 다루고 있는 루팅 탐지 기법은 다음과 같다.

- 루팅 관리 앱 확인(checkRootManagementApps)
- 잠재적으로 위험한 앱 확인(checkPotentiallyDangerousApps)
- 루팅을 숨기는 앱 확인(checkRootCloakingApps)
- 테스트키 존재 여부 확인(checkTestKeys)
- 위험한 설정 적용 여부 확인(checkForDangerousProps)
- 비지박스 바이너리 존재 여부 확인(checkForBusyBoxBinary)
- 'su' 바이너리 존재 여부 확인 1(checkForSuBinary)
- 'su' 바이너리 존재 여부 확인 2(checkSuExists)
- 시스템 경로 쓰기 권한 부여 확인(checkForRWSystem)
- 네이티브 코드에서 'su' 바이너리 존재 여부 검사

루트 비어 앱을 분석하기 위해서는 루팅 탐지를 하고 있는 함수를 먼저 찾아야 한다. 디컴파일 후에 앱의 메인 액티비티로 접근하여 선언된 CheckForRootWorker 객체를 더블클릭하여 접근한다.

```
RootBeer × | Const × | AndroidManifest.xml × | MainActivity × | MainActivity$animateResults$1 × | MainActivi
import java.util.Collection;
import java.util.HashMap;
import java.util.Iterator;
import java.util.List;
import kotlin.Metadata;
import kotlin.jvm.internal.DefaultConstructorMarker;
import kotlin.jvm.internal.Intrinsics;
import kotlin.jvm.internal.Ref;
import kotlinx.coroutines.BuildersKt__Builders_commonKt;
import uk.co.barbuzz.beerprogressview.BeerProgressView;
import uk.co.barbuzz.beerprogressview.BuildConfig;

/* compiled from: MainActivity.kt */
@Metadata(bv = {1, 0, 3}, d1 = {"\u0000L\n\u0002\u0018\u0002\n\u0002\u0018\u0002\n\u0002\b\u0002\n\u0002\u0018\u0002\n\u0000\n\u0002
/* loaded from: classes.dex */
public final class MainActivity extends ScopedActivity {
    public static final Companion Companion = new Companion(null);
    private static final String GITHUB_LINK = "https://github.com/scottyab/rootbeer";
    private HashMap _$_findViewCache;
    private AlertDialog infoDialog;
    private final RootItemAdapter rootItemAdapter = new RootItemAdapter();
    private final CheckForRootWorker checkForRoot = new CheckForRootWorker(this);

    @Override // com.scottyab.rootbeer.sample.ui.ScopedActivity
    public void _$_clearFindViewByIdCache() {
        HashMap hashMap = this._$_findViewCache;
        if (hashMap != null) {
            hashMap.clear();
        }
    }
```

그림 12-1 메인 액티비티(MainActivity.class) 내 CheckForRootWorker 클래스 선언으로 이동

선언된 클래스로 접근하면, 루팅 탐지 로직에서 활용될 수 있는 문자열을 소스코드에서 확인할 수 있다. 루팅 여부를 확인하는 함수 CheckForRootWorker에서 선언하고 있는 새로운 클래스 RootBeer를 더블클릭하여 추가 분석한다.

```
RootBeer × | Const × | AndroidManifest.xml × | MainActivity × | MainActivity$animateResults$1 × | MainActivity$checkForRoot$1 × | CheckFor >
package com.scottyab.rootbeer;

import android.content.Context;
import android.content.pm.PackageManager;
import android.os.Build;
import com.scottyab.rootbeer.util.QLog;
import java.io.BufferedReader;
import java.io.File;
import java.io.IOException;
import java.io.InputStream;
import java.io.InputStreamReader;
import java.util.ArrayList;
import java.util.Arrays;
import java.util.HashMap;
import java.util.List;
import java.util.NoSuchElementException;
import java.util.Scanner;
import uk.co.barbuzz.beerprogressview.BuildConfig;

/* loaded from: classes.dex */
public class RootBeer {
    private boolean loggingEnabled = true;
    private final Context mContext;

    public RootBeer(Context context) {
        this.mContext = context;
    }

    public boolean isRooted() {
        return detectRootManagementApps() || detectPotentiallyDangerousApps() || checkForBinary("su") || checkForDangerousProps() || checkForRWPaths() || detectTestKeys()
    }
```

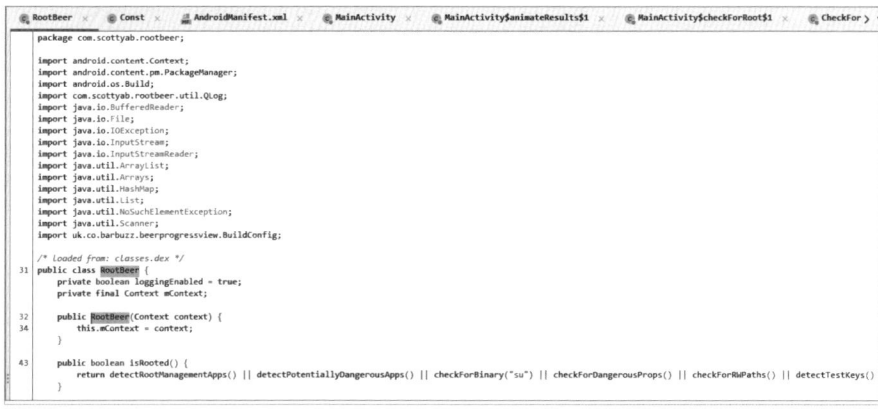

그림 12-2 RootBeer 객체 선언 확인(CheckForRootWorker.class)

> **더 알아보기**
>
> 실습에서는 메인 액티비티부터 시작하여 필요 기능이 포함된 함수(실습에서는 루팅 탐지)까지 실행 순서대로 따라가는 방법으로 접근하였다. 하지만 소스코드가 난독화되어 있지 않은 경우 디컴파일러의 검색 기능을 이용해서 앱에 나타나는 문자열(root, rooting, superuser, su 등), 종료 시 안내 메시지 등을 검색해서 해당 문자열을 사용하는 클래스로 접근할 수 있다.

RootBeer 클래스의 isRooted 함수는 불린 값을 반환하는 함수이며, 결괏값으로 반환하는 각각의 함수 실행 결과에 논리 연산자 ||를 사용한다. 결괏값 중 하나라도 참을 반환하는 경우 루팅된 단말로 판단한다.

그림 12-3 RootBeer 객체 선언부 및 루팅 탐지 관련 메서드 확인(RootBeer.class)

루팅 탐지 로직이 구현된 부분까지 분석했으므로, 각각의 함수에 대해서는 직접 분석을 수행해본다. 어떤 값이나 파일을 참조하는지 분석한 다음, 실행 시점의 인자를 후킹을 통해서 확인하고 필요한 로직을 스크립트 작성을 통해 변경하면 루팅 탐지를 우회할 수 있다.

12.4.2 안디터

그림 12-4 Anditer 설명 페이지

안디터^{Anditer}는 오픈소스 프로젝트로 깃허브 페이지(https://github.com/naroSEC/Anditer)에서 앱 소스코드 및 APK 파일을 다운로드받을 수 있다. 안드로이드 7 이상 버전에서 실습이 가능하며, 안드로이드 9 이상에서의 실습을 권고한다. 앱의 취약점 진단 관점에서 마주칠 수 있는 다양한 경우의 수가 구현되어 있으며, 앱에서 옵션을 켜고 끄는 방법으로 다양한 탐지 기법을 기능별로 실습할 수 있도록 환경을 제공한다. 실습할 수 있는 기능은 다음과 같다.

■ 루팅 탐지

① 패키지 탐지 방식(bypass packages)
② 바이너리 파일 탐지 방식(bypass binaries)
③ 명령어 실행 가능 여부 탐지 방식(bypass command execution)
④ 빌드 속성의 비정상 값 탐지 방식(bypass build-tags)
⑤ 특정 디렉터리 쓰기 가능 여부 탐지 방식(bypass writeable)
⑥ build.prop[secure] 비정상 값 탐지 방식(bypass system property)
⑦ 프로세스 상태 탐지 방식(bypass check process)

■ 디버깅 탐지

① 트레이서 프로세스 식별자 비정상 값 탐지 방식(bypass tracer PID)
② build.prop[debuggable] 비정상 값 탐지 방식(bypass debuggable)
③ 디버깅 도구 탐지 방식(bypass debug tools)
④ 개발자 모드 탐지 방식(bypass develop mode)
⑤ USB 디버깅 모드 탐지 방식(bypass debugging mode)
⑥ USB 연결 탐지 방식(bypass connect USB)

■ 애뮬레이터 탐지

① 애뮬레이터 빌드값 탐지 방식(bypass build setting)
② 애뮬레이터 전용 바이너리 파일 탐지 방식(bypass default files)
③ 애뮬레이터 전용 패키지 탐지 방식(bypass packages)

■ 프리다 탐지

① 프리다 디폴트 파일, 디렉터리 탐지 방식(bypass file & path)
② 프리다 리스닝 포트 탐지 방식(bypass port)
③ 모듈 탐지 방식(bypass module)

④ 파이프 특정 문자열 탐지 방식(bypass pipe)

- **피닝 우회**

① 기기 Root CA 인증서 탐지 방식(bypass pinning(Root CA))
② 고정 인증서 탐지 방식(bypass pinning(Allow CA))

- **무결성**

① 앱 이름 변조 여부 탐지 방식(bypass app name)
② 사이닝키 변조 여부 탐지 방식(bypass hash key)
③ 마켓 출처 탐지 방식(bypass installer)
④ dex 파일 체크섬 변조 여부 탐지 방식(bypass CRC)

- **동적 로딩**

① dex 파일 동적 로딩 탐지 기법(파일 삭제하지 않는 경우)
② dex 파일 동적 로딩 탐지 기법(로딩 후 파일 삭제하는 경우)

- **잠금 화면**

① **비밀번호**: 잠금 비밀번호 우회 방법
② **패턴**: 잠금 패턴 우회 방법
③ **지문**: 생체 인증 방식의 잠금 우회 방법

- **네이티브**

① C/C++ 라이브러리 호출을 이용한 루팅 관련 패키지 및 바이너리 파일 탐지
② C/C++ 라이브러리 호출을 이용한 Which 명령어를 이용한 SU 바이너리 탐지
③ C/C++ 라이브러리 호출을 이용한 TracerPid 이상값 탐지
④ C/C++ 라이브러리 호출을 이용한 Frida 관련 파일 탐지
⑤ C/C++ 라이브러리 호출을 이용한 Frida 리스닝 포트 탐지

12.5 추가 루팅 탐지 우회 기법

앞서 소개한 방법들은 자바 코드나 네이티브 코드에서 루팅된 단말에서 존재하는 특징을 이용하여 루팅을 탐지하고, 프리다를 이용하여 우회 스크립트를 작성하였다. 이 외에도 다른 우회 방법을 소개한다.

12.5.1 루팅 탐지 로직으로 분기하지 않도록 코드 패치

루팅 탐지 로직의 정적 분석이 가능한 경우 코드 패치를 적용할 수 있다. 루팅 탐지 로직의 경우 앱 시작 시 탐지하는 경우가 대부분이며, 앱의 시작점부터 코드를 분석하면 탐지 로직으로 분기하는 흐름을 찾을 수 있다.

12.5.2 설정된 루팅 탐지 로직을 직접 우회

파일 탐지나 프로세스 탐지를 통한 루팅 탐지는 후킹 스크립트 작성도 가능하지만, 직접 저장된 경로를 수정하거나 파일의 이름을 변경하여 프로세스 탐지를 우회할 수 있다. 네이티브 함수 후킹에서 프리다 경로 확인이나 프리다 프로세스의 경우 경로에 frida-server라는 파일이 존재하면 탐지하므로 임의의 문자열로 파일의 이름을 변경하는 방법을 사용할 수 있다. 또는 반대로 백신 앱, 솔루션 앱 실행 여부 등을 확인하는 과정이 존재하는 경우 임의의 프로세스를 실행시켜 이름을 변경하면 필수 앱 미설치 차단의 우회 로직으로 사용할 수 있다.

12.5.3 루팅 탐지 로직을 포함하는 함수의 반환값 후킹

코드의 정적 분석 또는 호출 스택의 분석이 가능하다면, 여러 가지 루팅 탐지 기법의 결과를 반환하는 함수를 후킹하여 결괏값을 변조할 수 있다. 또는 루팅 탐지 시 종료 함수(exit, abort 등)를 호출하도록 구성된 경우 종료 함수를 후킹하여 아무 동작을 수행하지 않도록 수정할 수 있다.

루트 비어 실습의 경우 각각의 루팅 탐지 로직이 함수로 구분되어 있기 때문에 최종 결과로 루팅되지 않은 상태를 반환하려면 파일 탐지, 프로세스 탐지 등의 로직을 포함하여 결과를 관리하는 isRooted 함수의 실행 결과를 변경할 수 있다.

12.5.4 루팅 탐지 우회 솔루션 사용

매지스크를 이용하여 루팅한 경우 [매지스크 숨기기]는 선택한 앱의 루트 권한을 숨긴다. 선택한 앱에 대한 루트 권한을 숨기면 해당 앱은 단말이 루팅되지 않은 것처럼 동작한다. 매지스크 24 버전에서는 [매지스크 숨기기]가 제거되고 자이지스크^{zygisk} 모듈 설치를 통해서 거부 목록을 사용할 수 있으며, 루팅을 숨기는 기능을 사용할 수 있다.

[매지스크 숨기기] 옵션을 활성화한 이후 즉시 단말을 재부팅한다. [재부팅 이후 설정] 〉 [거부 목록 구성]으로 이동한다. 그리고 [매지스크 숨기기] 또는 자이지스크의 적용이 필요한 앱을 선택한다.

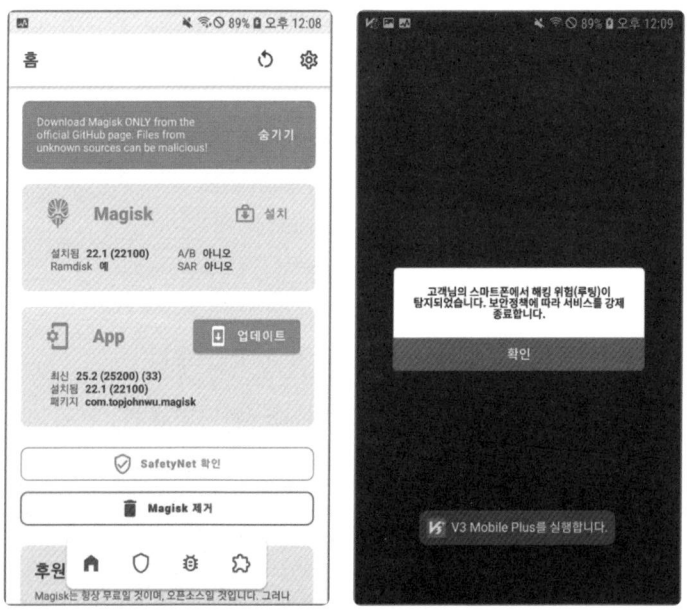

그림 12-5 루팅 단말에서 앱 실행 시 루팅 탐지 로직 동작

그림 12-6 매지스크 숨기기를 통한 루팅 탐지 로직 우회

자이지스크는 매지스크 프레임워크에서 지원하는 모듈로, 자이고트^{zygote} 프로세스에서 우회에 필요한 코드를 주입하여 앱 프로세스의 동작을 조작한다. 이를 통해 시스템 레벨에서 필요한 수정을 할 수 있으며, 루팅 시 발생하는 시스템 레벨의 변화를 마치 루팅 이전의 상태로 되돌린 것처럼 조작한다. 또한 자이지스크는 자이고트 프로세스에서 실행 중인 앱 프로세스의 흐름을 분기시키거나 특정 함수의 호출을 숨김으로써 루팅 탐지를 우회한다. 안드로이드 부팅 단계에서부터 자이고트 프로세스를 따라가보면 다음과 같다.

① 부팅 읽기 전용 메모리^{bootROM}에서 부트로더가 내부 램에 로드된다.
② 부트로더는 메모리를 초기화하고 무결성과 보안 사항들을 확인한 후에 커널을 로드한다.
③ 커널은 인터럽트 컨트롤러, 메모리 보호, 캐시 및 예약을 설정하고 사용자 공간 프로세스를 실행한다.

④ 초기화 프로세스는 초기화 스크립트를 파싱하고, 파일 시스템을 마운트하며, 자이고트 및 시스템 프로세스를 시작한다.
⑤ 자이고트 프로세스는 안드로이드 객체의 자바 런타임 및 init 메모리를 설정한다.
⑥ 시스템은 핵심 안드로이드 서비스를 시작한다.

안드로이드 앱은 자바 코드로 작성되어 있고 가상 머신인 ART에서 동작한다. 앱이 실행될 때마다 가상 머신을 초기화하고 자원을 할당하는 작업은 실행을 느리게 하는 원인이 된다. 자이고트 프로세스는 앱이 실행되기 이전에 실행된 가상 머신의 코드 및 메모리 정보를 공유함으로써 실행 시간을 단축한다. 자이지스크는 자이고트 프로세스에 직접 코드를 주입하며, 자이고트 프로세스 이후에 실행되는 모든 앱 프로세스에 영향을 끼친다. 자이고트가 삽입하는 코드의 원리는 다음과 같다.

① **코드 주입**: 자이고트 프로세스가 시작할 때, 사용자 정의 코드를 자이고트의 메모리 공간에 삽입한다. 이 코드는 자이고트 프로세스의 초기화 단계에서 실행되며, 이후 생성되는 모든 앱 프로세스에 영향을 미친다.
② **프로세스 분기**: 자이고트 프로세스 이후에 생성된 앱 프로세스의 실행 흐름을 변경한다. 루팅된 단말을 감지하는 로직을 우회한다.
③ **함수 호출 취소**: 루팅 탐지와 관련한 특정 함수 호출을 호출하지 않은 것처럼 한다. 시스템 레벨의 파일 접근이나 프로세스 목록 확인과 같은 작업을 감지하는 함수가 호출되었을 때, 이를 숨기거나 결괏값을 변조하여 루팅 탐지를 우회한다.
④ **시스템 레벨 변화 조작**: 루팅 과정에서 발생하는 시스템 레벨의 변화를 조작한다. 루팅된 단말에서만 나타나는 시스템 파일의 변경이나 설정값을 루팅 이전의 상태로 보이게 하며, 앱에서 값을 검사할 때 변조된 값을 읽도록 한다.

루팅 탐지 로직은 루팅된 단말에서 발생하는 설정값 변경이나 바이너리 존재 여부 등을 검사하여 구성된다. 이번 챕터에서 소개한 기법을 포함하여 다양한 탐지 로직이 더 존재한다. 루팅 탐지 로직 외에도 디버깅 탐지와 프리다 탐지 로직을 구현할 수 있으며, 모든 탐지 항목에 대해 정적 분석과 동적 분석을 체계적으로 수행해야 한다. 루팅 탐지 로직은 앱 코드에 구현되어 있으며, 단말에서 발생하는 행위이므로 리버스 엔지니어링을 통해 분석할 수 있다. 모든 앱에 동일한 우회 로직을 적용할 수는 없지만 대부분 비슷한 과정을 거친다. 다양한 루팅 탐지 기법이 존재하기 때문에 구현된 로직을 우회하는 방법도 다양하게 존재하므로, 항상 새로운 시각으로 접근하는 것이 중요하다.

난독화나 보안 대책이 적절히 적용된 앱을 분석하기 위해서는 상황에 따라 특정 보안 요소 우회가 필요하다. 그러나 우회를 하기 위해서는 또 다른 보안 요소를 우회해야 하는 구조를 갖고 있기 때문에 앱에 존재하는 잠재적인 취약성(금융 피해, 중요 정보 유출 등)을 효과적으로 방지할 수 있다. 그렇기에 중요 정보를 활용하는 앱 서비스 제공 벤더사의 경우 사용자 데이터를 보호하기 위해서는 필수적으로 보안 기술을 적용해야 하며, 효과적인 보안 안전성을 위해서 일부 기능만 적용하기보다는 서비스 특성에 맞게 필수적인 기능과 선택적인 기능을 종합적으로 적용하여 다양한 방면의 위협을 방지하는 것이 필요하다.

마치며

진단 프레임워크 소개

전 세계 많은 취약점 진단가가 안드로이드 앱을 더 쉽게 진단할 수 있도록 제작한 도구들을 소개한다. 각각의 도구는 특성과 장점을 가지고 있으며 취약점 진단 업무에 유용하게 사용할 수 있다. 다만, 하나의 도구에 대한 무조건적인 신뢰는 지양한다. 각 도구는 특정 상황이나 진단 과정에 있어 효과적으로 사용할 수 있으며 때로는 에러와 한계를 가질 수 있다. 여러 가지 도구를 교차 사용하여 검증할 때 더 정확하고 신뢰할 수 있는 결과를 얻을 수 있다.

- **프리다 코드 조각 모음** frida code snippets

링크: https://github.com/rocco8620/useful-android-frida-snippets

프리다 코드 조각 모음은 안드로이드를 포함한 모바일 앱 보안 분석을 위한 다양한 프리다 스크립트를 모아놓은 저장소이다. 안드로이드 앱의 다양한 기능을 후킹하고 분석하는 데 사용할 수 있다. 예를 들어 암호화 함수의 후킹, 네트워크 트래픽 모니터링, 사용자 인터페이스 조작 등이 있다.

- **오브젝션** objection

링크: https://github.com/sensepost/objection

오브젝션은 프리다를 기반으로 하는 동적 분석 도구로, 안드로이드를 포함한 모바일 앱의 보안 진단을 위해 사용한다. 명령줄 인터페이스 환경에서 동작하며 앱의 파일 시스템 접근, 메모리 수정, 함수 후킹, SSL 피닝 우회 등 다양한 기능을 제공한다. 오브젝션은 직관적인 명령어로 사용이 간편하며 복잡한 스크립트 작성 없이도 많은 기능을 수행할 수 있다.

- **프리다 하우스**^{frida house}

링크: https://github.com/nccgroup/house

프리다 하우스는 웹 기반의 프리다 스크립트 작성 및 관리 도구이다. 사용자 친화적인 인터페이스를 제공하며 스크립트 작성, 결과 확인을 웹 브라우저를 통해 쉽게 할 수 있다.

- **LSPlant**

링크: https://github.com/LSPosed/LSPlant

LSPlant는 안드로이드 앱 분석을 위한 Xposed 프레임워크 기반 도구이다. 이 도구는 앱의 실행 환경을 조작하고 함수 호출, 이벤트 처리 등을 후킹하여 앱의 동작을 분석할 수 있다.

맺는말

보안 취약점 진단 컨설팅을 시작하는 분들께

루팅 탐지 방법을 설명하고 우회하는 과정을 마지막으로 설명했지만 앱 진단을 처음 시작하는 분들에게 루팅 탐지 로직 우회는 흔히 마주치는 장애물이다. 마주하는 과제들은 처음 보기에는 복잡하고 어려워보일 수 있다. 실제로 앱 진단에 소요하는 시간 중 큰 비중을 차지하기도 한다. 하지만 도전은 보안 분야에 있어 성장과 발전을 위한 하나의 단계이다. 난독화 해제는 앱의 코드를 이해하고 분석하는 데 있어 기본적인 단계이며, 루팅 탐지 로직 우회는 안드로이드 운영체제 특성과 앱의 보안 로직을 이해하는 데 도움이 된다. 이 과정에서 얻는 경험과 지식은 미래에 더 복잡한 로직을 이해하는 자산이 된다.

난독화나 보안 대책이 적용되어 있는 앱을 분석하기 위해서는 상황에 따라 구현된 탐지 로직의 우회가 필요하다. 우회 과정은 진단가에게는 필수적이지만 앱 개발자에게는 보안성을 강화하는 중요한 지표가 된다. 하나의 탐지 로직을 우회한다 하더라도 또 다른 요소를 우회하는 구조를 갖고 있기 때문에 앱에 존재하는 취약점을 방지할 수 있다. 민감한 정보를 다루는 앱일수록 데이터를 보호하기 위해서는 필수적으로 보안 대책을 적용해야 한다. 일부 기능에 대해서만 적용하기보다는 서비스의 특성에 맞게 필수 기능과 선택 기능을 명확하게 구분하여 다양한 위협을 방지해야 한다.

이러한 과정 속에서 취약점 진단가는 다양한 도구와 기법을 활용하여 앱의 취약점을 찾고 분석해야 한다. 어떠한 도구나 기법도 완벽하지 않다. 여러 도구와 새로운 기법들을 끊임없이 탐색하고 연구하는 것이 중요하다. 이를 통해서 더 정확하고 신뢰할 수 있는 진단 결과를 얻을 수 있으며, 이는 최종적으로 앱 사용자의 데이터를 보호하고 보안성을 높이는 데 기여할 수 있다.

유명한 모든 전문가도 처음에는 초심자부터 시작했다. 보안 분야에서의 전문성은 하루아침에 이루어지지 않는다. 지속적인 학습, 연구, 그리고 실습을 통해서만 점진적으로 발전해나간다. 난관에 부딪혔을 때 포기하지 않고 문제를 해결하기 위해 다양한 접근 방법을 시도하는 것이 중요하다. 국내에 국한하지 않고 해외 커뮤니티의 도움을 받거나 관련 문헌을 참고하는 것도 좋은 방법이다. 찾아도 검색되지 않는 물음표가 있다면 직접 질문을 게시하는 방법도 있다. 수많은 과정을 통해 어려움을 극복하고 성장하는 자신을 발견할 수 있을 것이다. 보안 분야를 공부하면서 마주하는 벽은 때로는 도전적이지만 그만큼의 보람과 성취를 제공한다. 포기하지 않고 꾸준히 도전하여 전문성을 쌓길 바란다.

취약점에서 위협으로

앱을 분석하면 진단 대상 앱이 새로운 개발 기법과 다양한 취약점을 가지고 있는 것을 확인할 수 있다. 특히 많은 액티비티로 구성된 앱을 분석하면 개발자가 의도한 기능 구현을 확인할 수 있다. 하드코딩된 데이터를 검색하는 것 외에도 네트워크 설정 에러, 자바스크립트 인터페이스, 메모리 내 중요 정보를 평문으로 저장하는 경우, 특정 기능에 대한 입력 유효성 검사 미흡, 취약한 암호 사용 등 앱의 기능에서 발생할 수 있는 취약점에 종합적으로 접근해야 한다. 예를 들어 디컴파일 도구의 검색 기능을 사용하여 하드코딩된 문자열을 찾는 데 그치지 않고, @ 문자열을 검색하여 잠재적으로 악용될 수 있는 취약한 자바스크립트 인터페이스를 찾고 잘못 구성된 파라미터가 있는지 확인한다. 진단 방법론은 하나의 액티비티에만 국한되지 않고 사용 중인 모든 로직에 대해 반복하고 확장해야 한다. 여러 종류의 앱을 분석할수록 시야는 넓어질 것이다.

구현된 기능에 수용적인 자세보다는 항상 비판적인 시각으로 분석해야 한다. 추측을 배제하고 디컴파일된 코드와 서버로부터 송수신되는 데이터를 기반으로 상황을 평가해야 한다. 모든 가능성이 열려 있기 때문에 아직 발견되지 않은 취약점이 여전히 존재하며 취약점을 발견하고 조치를 안내하는 역할이 매우 중요하다. 컨설팅 업무를 수행하는 데 있어 취약점을 발견하는 것만큼 중요한 것이 대상의 운영 환경에 맞는 보안 대책을 제시하는 것이다. 현실적으로 보안 대책을 적용하는 것이 어려울 수 있으며 다양한 환경에서 마주할 수 있는 제약을 고려하여 실용적이고 유연한 대응이 필요하다. 예를 들어 메모리 내 중요 정보가 평문으로 노출되고 있는 경우 암호화나 가상 키보드 등을 사용하도록 권고할 수 있지만, 앱 내에서 사용하고 있는 중요 정보는 최소한으로 메모리에 유지하도록 할 경우에는 앱 전체의 구조나 흐름을 변경할 필요도 있음을 파악하고 권고해야 한다.

취약점 항목 하나에 국한하지 않고 전체 앱 아키텍처를 살펴보고 데이터의 흐름과 처리 방식을 이해하는 것이 필요하다. 취약점을 진단할 때는 진단 항목 하나하나를 정확한 방법으로 확인하는 것도 중요하지만, 여러 취약점을 종합적으로 분석했을 때 발생할 수 있는 위협을 식별하는 것도 필요하다. 종합적인 분석은 보안 컨설턴트로서의 역할을 강화하며 보다 효과적인 보안 대책을 제시할 수 있게 한다. 보안 컨설턴트는 단순히 취약점을 찾는 것을 넘어서 그 취약점이 실제 운영 환경에서 어떠한 위협을 초래할 수 있는지 평가하고, 이에 대응하는 실질적이고 현실적인 해결책을 제공해야 한다. 이 과정에서의 깊이 있는 분석과 전문적인 조언은 앱의 보안 수준을 높이는 데 결정적인 역할을 하며 나아가 기업에 대한 사용자의 신뢰와 안전을 보장하는 데 큰 역할을 한다.

라이선스

안드로이드 취약점 진단 방법 및 보안 대책은 직접 연구하며 작성한 것이지만 일부 예제 코드 및 그림은 공개 라이선스를 포함하고 있다. 포함된 코드와 그림은 아파치 2.0 라이선스$^{\text{Apache License 2.0}}$를 준수하며 다음과 같이 명시한다.

라이선스 표기(Apache 2.0)

Copyright (c) 1995-2015 International Business Machines Corporation and others

Copyright © 2024 W3C (MIT, ERCIM, Keio, Beihang).
Copyright (c) 2012-2022 Japan Smartphone Security Association

* Licensed under the Apache License, Version 2.0 (the "License");
* you may not use this file except in compliance with the License.
* You may obtain a copy of the License at

* http://www.apache.org/licenses/LICENSE-2.0

* Unless required by applicable law or agreed to in writing, software
* distributed under the License is distributed on an "AS IS" BASIS,
* WITHOUT WARRANTIES OR CONDITIONS OF ANY KIND, either express or implied.
* See the License for the specific language governing permissions and
* limitations under the License.

찾아보기

ㄱ
객체	19
권한	42, 67
그래들	52
기드라	93

ㄴ~ㄷ
널 안전성	20
대상 API 수준	39
덱스	50
도메인 특정 언어	52
동일 출처 정책	247
동적 바이너리 조사 도구	292
디컴파일	51

ㄹ
레이스 컨디션	80
루팅	41
매니페스트	55
명령줄	93

ㅂ
바이너리 수준 인터페이스	38
버퍼 오버플로	80
버프 스위트	252
보안 소켓 계층	249

ㅅ
상속	20
서비스	71, 72
소프트웨어 개발 도구	20
신뢰 경계	34
실행 파일 형식	93

ㅇ
안드로이드 디버그 브릿지	119
안드로이드 런타임	40
안드로이드 설치 파일	49, 160
안드로이드 앱 번들	97
안드로이드 취약점 실습 앱	9
액티비티	68
앱별 저장소	124
위협 모델링	34
유효성 검사	82
응용 프로그램 인터페이스	7
인증 기관	250
인텐트	72, 74, 205
입력 데이터 정제	82

ㅈ
자바 가상 머신	55
자바 네이티브 인터페이스	65
자바 키 저장소	99
자원 식별자	211
자원 지시자	212

작업 관리자	148
전송 계층 보안	249
전역 참조 테이블	289
중간자 공격	251

ㅋ

캡슐화	19
커널	38
컴파일	49, 50
컴파일러	50
컴포넌트	67
코드 난독화	109, 191
코드 조각	292
크로스 사이트 스크립트	235
크로스 사이트 요청 오염	235
클래스	19

ㅍ

패키지명	66
포맷 스트링	80
프로시저 링크 테이블	288
프리다	292

ㅎ

하드웨어 추상화 계층	38
헥스-레이	93
후킹	285

A

AAB	97
AAPT2	53
ABI	38
activity	68
ADB	119
AndroidManifest.xml	55, 65
API	7
APK	49, 54
App-specific Storage	124
ART	40

B

BOF	80
Burp Suite	252

C

CA	250
CLI	93
compile	50
compiler	50
CSRF	235

D

DBI	292
decompile	51
DEX	50
DIVA	9

찾아보기

DSL	52	null safety	20
		PLT	288

E~F
ELF	93		
Format String	80		

G
Ghidra	93
GOT	289
Gradle	51, 52

R~S
Race Condition	80
sanitization	82
SDK	20
smali	62
snippets	292
SQL 삽입 공격	115
SSL	249
SSL 인증서 우회	252

H
HAL	38
hex-ray	93

T~U
target API level	39
TLS	249
URI	211
URL	212

I~J
IDA	93
JKS	99
JNI	65

V~X
validation	82
XSS	235

K~M
kernel	38
Man in the Middle Attack	251
MVC	23
MVP	26

N~P
NSA	93

안드로이드 모의해킹 입문
실습을 통한 취약점 진단

출간일 | 2024년 6월 28일

지은이 | 박도현
펴낸이 | 김범준
기획·책임편집 | 이옥희
교정교열 | 윤나라
편집디자인 | 이기숙
표지디자인 | 박용식

발행처 | 비제이퍼블릭
출판신고 | 2009년 05월 01일 제300-2009-38호
주소 | 서울시 중구 청계천로 100 시그니처타워 서관 9층 949호
주문/문의 | 02-739-0739   **팩스** | 02-6442-0739
홈페이지 | https://bjpublic.co.kr   **이메일** | bjpublic@bjpublic.co.kr

가격 | 27,000원
ISBN | 979-11-6592-285-6(93000)
한국어판 ⓒ 2024 비제이퍼블릭

이 책은 저작권법에 따라 보호받는 저작물이므로 무단 전재와 무단 복제를 금지하며,
내용의 전부 또는 일부를 이용하려면 반드시 저작권자와 (주)비제이퍼블릭의 서면 동의를 받아야 합니다.

 이 책을 저작권자의 허락 없이 **무단 복제 및 전재(복사, 스캔, PDF 파일 공유)하는 행위**는 모두 저작권법 위반입니다. 저작권법 제136조에 따라 **5년** 이하의 징역 또는 **5천만 원** 이하의 벌금을 부과할 수 있습니다. 무단 게재나 불법 스캔본 등을 발견하면 출판사나 한국저작권보호원에 신고해 주십시오(불법 복제 신고 https://copy112.kcopa.or.kr).

잘못된 책은 구입하신 서점에서 교환해드립니다.